本书系国家社科基金项目"'一带一路'视野下的跨界民族及边疆治理国际经验比较研究"（项目批准号：15ZDB112）、"中国参与大湄公河次区域合作中的环境政治问题研究"（项目批准号：15BGJ053）成果

澜沧江—湄公河
次区域研究丛书

环境政治视野下的大湄公河次区域合作研究

刘稚 陈松涛 等◎著

中国社会科学出版社

图书在版编目（CIP）数据

环境政治视野下的大湄公河次区域合作研究 / 刘稚等著. —北京：中国社会科学出版社，2020.6

（澜沧江—湄公河次区域研究丛书）

ISBN 978-7-5203-5842-2

Ⅰ.①环… Ⅱ.①刘… Ⅲ.①湄公河—流域—国际合作—区域经济合作—研究 Ⅳ.①F114.46②F125.533

中国版本图书馆 CIP 数据核字（2019）第 294478 号

出 版 人	赵剑英
责任编辑	马　明
责任校对	王福仓
责任印制	王　超

出　　版	中国社会科学出版社
社　　址	北京鼓楼西大街甲 158 号
邮　　编	100720
网　　址	http://www.csspw.cn
发 行 部	010-84083685
门 市 部	010-84029450
经　　销	新华书店及其他书店
印　　刷	北京君升印刷有限公司
装　　订	廊坊市广阳区广增装订厂
版　　次	2020 年 6 月第 1 版
印　　次	2020 年 6 月第 1 次印刷

开　　本	710×1000　1/16
印　　张	16.75
插　　页	2
字　　数	241 千字
定　　价	78.00 元

凡购买中国社会科学出版社图书，如有质量问题请与本社营销中心联系调换
电话：010-84083683
版权所有　侵权必究

《澜沧江—湄公河次区域研究丛书》
编辑委员会

主　任　刘　稚
副主任　卢光盛
委　员　(以姓氏笔画为序)
　　　　　卢光盛　刘　稚　毕世鸿　李晨阳
　　　　　吴　磊　邹春萌　罗圣荣　翟　崑

总　序

发源于中国青藏高原唐古拉山的澜沧江（出境后称为湄公河）素有"东方多瑙河"之称，自北向南流经中国、缅甸、老挝、泰国、柬埔寨、越南六国，全长4880公里，是亚洲一条重要的国际河流。"澜沧江—湄公河次区域"即澜沧江—湄公河流域地区，同时也是由中、老、缅、泰、柬、越沿岸六国共同组成的澜沧江—湄公河合作的区域，总面积256.86万平方公里，总人口约3.34亿。该区域是连接中国与东南亚、南亚的桥梁和枢纽，也是连接太平洋和印度洋、亚欧大陆和南亚次大陆的海陆交通要冲，战略地位十分重要。中国与湄公河流域国家山水相连，人文相通，"同饮一江水、命运紧相连"，是天然的合作伙伴。湄公河国家是我国践行"亲、诚、惠、容"的周边外交，建设"一带一路"和"周边命运共同体"的重要战略依托，2016年启动的澜沧江—湄公河合作是中国周边外交和区域合作的亮点和先行示范区。云南省与湄公河地区一衣带水，云南大学具有开展澜湄次区域研究的区位优势和扎实的研究基础。20世纪90年代以来次区域国家即成为云南大学国际问题研究的重点，2006年正式成立了大湄公河次区域研究中心，该中心是国内第一个专门从事大湄公河次区域研究的机构，2008年以来作为云南大学211三期重点项目开展建设，2014年被教育部列为云南大学实施中西部高校提升综合实力工程的重点项目进行专项建设。2016年根据形势发展和国家战略需求更名为澜沧江—湄公河次区域研究中心，2017年列入教育部国别和区域研究中心备案建设，已发展成为在国内外具有重要影响的澜湄次区域及相关国家的研究机构。

近年来，随着中国由地区性大国向全球性大国的转型发展，国别与区域研究日益引起了方方面面的普遍重视，服务"一带一路"建设，服务构建人类命运共同体，成为国别和区域研究在新时代的主要任务。广义而言，国别区域研究是针对特定国家或者区域的政治、经济、社会、历史、人文、军事、法律等领域的社会科学研究，是侧重于公共事务和公共政策的专门研究，具有丰富的内涵和外延。总体来说，国情、区情是区域国别研究的基础和出发点，国际关系、国际问题则是研究的重点，由此决定了国别和区域研究具有多学科、跨学科的性质，与政治学、历史学、经济学、外交学、社会学等学科有千丝万缕的联系，这就要求我们从事区域国别研究时需要有多学科的视角，广泛汲取相关学科的方法和成果，形成多学科对话的"研究共同体"，而这也正是多年来云南大学澜沧江—湄公河次区域研究的努力方向。在这一进程中，澜湄次区域研究也成长为云南大学最具特色和优势的国别与区域研究方向，贡献了一批有重要学术价值和应用价值的科研成果。在此基础上，为进一步服务国家战略，并促进云南大学"世界一流大学、一流学科"建设，云南大学澜沧江—湄公河次区域研究中心正式推出《澜沧江—湄公河次区域研究丛书》，根据澜湄次区域的特点和国家战略需求，结合自身的学科传统优势，将从以下几个方面深入开展对澜湄次区域的研究并推出系列研究成果。

一是澜沧江—湄公河次区域合作与中国西南对外开放研究。澜湄次区域是世界上双边、多边经济合作最为活跃的地区，除了大湄公河次区域经济合作（GMS）、东盟—湄公河流域开发合作（AMBDC）和湄公河委员会（MRC）以及2016年成立的澜沧江—湄公河次区域合作机制外，还有众多经济走廊、跨境和边境经济合作区等小区域合作形式。有鉴于此，将综合运用区域经济、国际经济等学科的理论、方法，紧紧围绕国家和地方重大战略需求，对次区域合作及中国西南对外开放进程中的重点、难点和热点问题——如次区域合作机制建设问题、互联互通和经济走廊建设问题、产能合作问题、贸易与投资问题、水资源开发问题、跨境经济合作以及国际人文交流等问题开展动态跟踪和深入研究，为中国参与、推进澜湄合作与中国西南对外开放提供理论支持和决策咨询。二是湄公河地区国际关系与地区安全研究。随着国际和周边形势的发展变化，湄公河地区日益成为"周边是首要"的中国外交战略格局的重要一环。在这方面将运用政治学、国际关系学的方法，重点针对区域内国际关系、特别是湄公河国家与中国的关系，以及大国博弈、西南周边安全环境特别是非传统安全问题开展研究，以适应我国发展与该地区各国多边双边关系，增进政治互信、维护地区安全与构建周边战略依托的形势发展要求。三是澜湄次区域跨界民族与边疆治理问题的研究。作为中国的周边地区，湄公河地区与中国西南边疆在地理人文上具有十分密切的联系，甚至可以视为一个民族文化圈。缅甸、越南、老挝与中国的云南、广西有5000多公里的边界线，有17个民族跨国界而居；相关各国边疆地区既是国际交流合作的重要平台和基地，同时也是国家间、区域间地缘经济利益、地缘政治利益、地缘战略利益交织、竞争的复杂地带。在全球化、区域化深入发展的背景下，周边国家边疆民族问题的外溢对我边疆民族地区及"一带一路"建设有着不可忽视的影响。基于此，运用民族学、边疆学的方法以国际视野对相关各国跨界民族及边疆治理问题进行研究也是十分必要的。四是国际河流和跨境生态环境问题的研究。澜沧江—湄公河是把流域内中、老、缅、泰、柬、越六国联系在一起的天然纽带，澜湄合作也是因水而生的合作机制，流域水资源开发利用是一个不可分割的整体，也是澜湄命运共同体能否顺利建成的关键。在这一方面，将运用环境政治学、生态学的方法围绕澜沧江—湄公河水资源开发合作开展国际河流与西南跨境生态安全问题研究，以促进次区域合作的可持续发展。五是结合多学科方法，从区域和国别的视角对湄公河国家的政治局势、经济发展、社会变迁、历史发展、民族文化和多种机制交织下的区域合作开展全方位综合研究，特别是对进入政治转型期、对华关系摇摆期的某些国家进行重点观察和分析，并深入探讨由此带来的对我国开展周边外交和澜湄合作、促进"一带一路"建设实施以及周边环境与边疆安全的影响，进而提出具有战略性、前瞻性、针对性的对策建议，为我国拓展周边外交、深化区域合作和维护边疆安全与稳定发展做出应有的贡献。

刘　稚

2019 年 6 月 12 日

前　言

环境政治是国际关注的热点和多学科交叉研究的前沿，大湄公河次区域则是我国践行"亲诚惠容"的周边外交，建设"一带一路"和"周边命运共同体"的重要依托。本书以大湄公河次区域合作中的环境政治问题为实例对环境政治与国际关系的互动性、关联性进行探讨，深入分析环境政治问题对中国参与次区域合作的作用机理，全面评估环境政治问题对中国在次区域国家投资贸易的现实和潜在影响，并在此基础上探索建构相关理论分析框架，这对于新形势下我国推进次区域合作和构建澜湄国家环境利益共同体具有重要的理论参考价值，同时也可为环境政治学、国际关系学和区域经济学等相关学科的研究提供新的视角和案例。

本书内容主要包括以下几个方面：一是关于当代国际关系与区域合作中的环境政治问题的理论探讨，重点分析环境政治问题对区域合作、国际关系产生冲击和影响的动因、特点和效应；二是系统研究中国参与 GMS 合作中面临的环境政治问题的背景、现状与趋势，厘清环境政治对中国参与次区域合作的作用机理和路线图；三是深入分析影响次区域环境政治问题发展的主要行为体和相关因素，包括各国政府、国际组织、企业、公众和 NGO，以及美日等大国和国际组织在次区域的环境战略与影响；四是全面评估环境政治问题对中国参与次区域合作以及对次区域各国双边、多边关系的现实和潜在影响；五是基于以上研究提出应对环境政治发展新趋势，提升中国参与次区域合作层次的发展思路。

本书系云南大学澜沧江—湄公河次区域研究中心主任刘稚研究员主

持的 2015 年度国家哲学社科基金项目"中国参与大湄公河次区域合作中的环境政治问题研究"（项目批准号：15BGJ053）和国家社科基金重大项目"'一带一路'视野下的跨界民族与边疆治理国际经验比较研究"（项目批准号：15ZDB112）的研究成果，全书共六章，具体分工是：刘稚负责全书的总体框架、导论和第六章的撰写；第一章由陈松涛撰写，第二章由陈飞羽、李秀芳撰写，第三章由张励、刘稚撰写，第四章由徐秀良撰写，第五章由刘稚、陈松涛撰写，全书由刘稚修订并统稿。

目　录

导　论 ……………………………………………………………………（1）

第一章　当代国际关系与区域合作中的环境政治 ………………（26）
第一节　环境政治的内涵与议题 ……………………………………（27）
第二节　国际关系、区域主义视角下的环境政治 …………………（43）
第三节　GMS 经济合作中的环境议题 ………………………………（54）

第二章　中国参与大湄公河次区域合作中的环境政治问题 ………（61）
第一节　缅甸：政治转型与环境运动的互动及挑战 ………………（63）
第二节　老挝：萌芽中的环境政治及潜在风险 ……………………（76）
第三节　泰国：环境政治旋涡中的中泰铁路 ………………………（84）
第四节　柬埔寨：暗流涌动中的环境政治 …………………………（91）
第五节　越南：最下游国家的担忧与期盼 …………………………（98）

第三章　影响次区域环境政治发展的主要行为体及相关因素 ……（104）
第一节　次区域各国政府的环境发展战略与环境政治诉求 ………（104）
第二节　域内多边机制、国际组织开展的环境合作及影响 ………（119）
第三节　非政府组织与社区公众在环境政治中的诉求与作用 ……（133）
第四节　中国企业对湄公河国家投资活动的环境影响 ……………（145）
第五节　域外国家在湄公河地区实施的环境战略及影响 …………（151）

第四章　环境政治问题对中国参与次区域合作的影响 …………（161）
第一节　对中国在次区域国家投资和经济合作项目的影响 ……（161）
第二节　对中国参与次区域资源开发和基础设施建设的影响 …（165）
第三节　对"一带一路"建设和"走出去"战略的影响 ………（175）
第四节　对中国与湄公河国家关系及国家形象的影响 …………（179）

第五章　大湄公河次区域的环境合作与中国的参与 ……………（184）
第一节　大湄公河次区域环境合作的背景和意义 ………………（184）
第二节　GMS 环境合作的机制与项目 …………………………（198）
第三节　中国参与 GMS 环境合作的缘起与进展 ………………（212）

第六章　命运共同体视角下的澜湄国家环境利益共同体建设 ……（226）
第一节　推动澜沧江—湄公河国家环境利益共同体建设 ………（226）
第二节　构建澜湄全流域的环境和水资源合作治理机制 ………（233）
第三节　构建澜湄次区域相关利益主体共同参与的利益
共享机制 ……………………………………………………（240）
第四节　进一步提升中国对湄公河国家投资合作中的
环保能力 ……………………………………………………（242）

参考文献 ……………………………………………………………（247）

导　论

20世纪90年代以来，在环境问题成为当代国际政治与经济的新焦点的背景下，当今国际关系发展趋势中出现了一种基于环境问题而引发的新型政治——环境政治（或生态政治），并以其跨国性、广泛性、敏感性等特点对国际关系、区域合作产生着越来越重要的互动与影响。与此同时，在中国与缅甸、老挝、泰国、柬埔寨、越南六国共同参与的大湄公河次区域合作进程中，随着中国对次区域国家投资力度的不断加大，环境政治问题表现得日益尖锐与突出，引起了相关国家和国际社会的广泛关注，对中国参与次区域合作形成了严峻挑战。

在此背景下，本书从环境政治学和国际关系学跨学科交叉研究的视角出发，对大湄公河次区域环境政治问题的由来和发展、各利益相关方的环境政治诉求和战略目标进行全面系统的研究和评估；深入分析和准确把握环境政治问题对中国参与GMS经济合作的影响，在此基础上提出具有前瞻性、指导性、针对性的对策建议，为新形势下我国开展国际环境合作和环境外交，推进大湄公河次区域以及澜沧江—湄公河合作可持续发展提供学术支撑和理论参考。

一　选题缘由

（一）环境问题已成为大湄公河次区域合作的重要议题

澜沧江—湄公河是亚洲一条重要的国际河流，中国境内段称为澜沧江，中国境外段称为湄公河。澜沧江—湄公河发源于中国青藏高原唐古拉山，自北向南流经中国青海、西藏、云南三省区和缅甸、老挝、泰国、柬埔寨、越南五国，于越南胡志明市附近注入南中国海，全长4880公里。中国与湄公河流域国家山水相连，人文相通，经济互补，是天然的合作伙伴。大湄公河次区域合作（Greater Mekong Sub-region Cooperation，简称GMS合作）于1992年由亚洲开发银行发起，其范围包括柬埔寨、老挝、缅甸、泰国、越南和中国的云南省及广西壮族自治区，该区域总面积256.86万平方公里，总人口3.34亿，域内蕴藏着丰富的水资源、生物资源、矿产资源，具有巨大的经济潜能和广阔的开发前景。大湄公河次区域合作是亚太地区一个重要的次区域合作，也是我国与周边国家和地区开展最早、成效较为显著的次区域合作。然而，近年来随着缅甸、老挝、泰国、柬埔寨等次区域国家环境政治问题的发展和美国、日本等域外大国干预力度加大，中国在GMS国家投资引发的环境问题成为相关国家和国际社会指责中国的热点，甚至被污名化，以致缅甸密松电站、莱比塘铜矿、皎漂—昆明铁路及中柬合作大坝等重大项目相继被搁置或叫停，不仅重挫了中国企业投资次区域国家的信心，也对中国参与次区域合作乃至国际形象产生了不利影响。

  生态环境问题是一个世界性、永久性的问题，自人类社会诞生以来，就相伴左右。在不同的历史时期，人们对生态环境的认知也不尽相同。在前工业化社会时期，人类社会普遍认为自然资源是取之不尽用之不竭的，将人对自然的征服视为理所当然。随着工业化、现代化的发展，人类对自然的破坏累积到了一定程度，一系列的自然灾害相继发生，生态环境问题也越发严峻。20世纪70年代，随着《寂静的春天》和《人口炸弹》等书的出版，环境问题引起了国际社会的高度关注。环境问题的内涵极为丰富，其表现形态包括原生环境问题（如海啸、地震等）和次生环境问题（如环境污染、生态破坏等），当前主要表现为空气污染、水土污染、物种灭绝、森林锐减、能源短缺、沙漠化与气候变化等，具有较强的"负外溢效应"，影响着全人类的生存与发展。全球化时代的环境问题超越了传统范畴，自冷战结束以来，已发展成为一个重要的安全问题和地缘政治问题，跨国性、区域性和全球性环境问题日益突出，大多数环境领域的重大事件已成为人类面临的重要公共事务、政治主题和公共政策目标，① 并与国际政治、经济、文化、国家主权等非环境领域因素紧密结合，各国政府、民众表现出日益高涨的环保主义思潮和热情，环境保护已成为一种全球共识，国际社会在努力寻求经济发展、社会需求与生态资源之间的平衡点。

在环境问题成为当代国际政治与经济的新焦点的背景下，基于环境问题而产生的环境政治（或生态政治）、环境安全以其跨国性、广泛性、敏感性等特点对国际政治、区域合作产生着日益突出的影响，由此构成了国际关系领域中一个新的利益博弈焦点。全球环境问题已上升至国际安全问题的高度，对人类社会和生态系统的生存发展造成的现实与潜在危害，构成所谓的"安全"层次上的威胁和危险，越来越多的国际政策和法律文件关注环境安全问题已成为当代国际社会的一种趋势和进步。1987年布兰伦特委员会在《我们共同的未来》中首次使用了"环境安全"概念，1998年7月第12届联合国大会通过该报告后，环境安全获得了广泛的国际认同，一些国家已将环境安全纳入本国国家安全范畴，如美国1991年公布的国家新安全战略就包括了环境安全。环境安全是指人类环境的生存和完整性处于一种不受污染和破坏的威胁并且不威胁人类生存发展的安全状态，主要指一个地区环境要素及其结构的状态，以及这些要素的功能和调节能力处于可承受的安全范围之内。② 环境安全是个复杂的社会安全问题，涉及一国的生产方式和生活方式，国家合作之间分工格局与利益分配结构，首先表现为自然环境的物理性影响，如空气污染、水污染、生物多样性丧失、水土流失、沙漠化、海平面上升等导致的一系列社会政治问题，继而对国家关系、地区安全与稳定产生潜在影响。

---

① ［奥］乌尔里希·布兰德、马尔库斯·威森文：《全球环境政治与帝国式生活方式——复合危机中国家—资本关系的表达》，李庆、郇庆治译，《鄱阳湖学刊》2014年第1期。

② 王金南、吴舜泽、曹东等：《环境安全管理评估与预警》，科学出版社2007年版，第1页。

环境安全是环境问题的本质特征，环境问题一旦安全化，如果不及时治理，将逐渐演变成影响国家发展、国际和平的重大问题。① 环境威胁存在于国内、地区和全球三个层面，是在人类文明发展过程中超越了国家地域范围、触及现代文明甚至传统人类文明内核的内源性、深层次危机或挑战。② 在20世纪60年代以前，主权国家的环境安全问题主要表现为资源稀缺对国家安全的威胁，而地区的环境安全问题主要源于跨国污染和共享资源的利用问题，涉及两国或更多国家之间的关系。③ 环境问题转变为环境安全问题包括两个过程：环境问题可以对人类社会构成现实或潜在的威胁；环境问题所构成的这种潜在或现实的威胁被人类社会认同为安全问题。④ 环境安全是人类生存与发展最基本的安全需求，在国家安全体系中与国防、经济、社会安全等同等重要，而且是其中的基础和载体。20世纪末以来，随着安全概念的扩大，以维护全球生态安全、保护生态环境为核心的安全体制成为国际新秩序的主要内容，资源占有和环境容量成为国际竞争的重点，以节能减排和清洁能源为核心的低碳发展将成为世界政治经济新一轮的竞争高地。⑤

大湄公河次区域的生态环境是一个整体，不以国家的行政疆域为界，任何环节的破坏都会打破整个生态系统的平衡并产生跨界影响。次区域正逐渐成为世界经济增长的热点地区，伴随着国家工业化和城市化的不断发展，在发展的过程中不可避免产生了一系列环境问题，包括空气污染、生物多样性减少、土地污染、气候变化、水资源匮乏、森林面积锐

---

① 李向阳主编：《未来5—10年中国周边环境评估》，社会科学文献出版社2017年版，第24页。
② 郝少英：《区域环境合作：丝绸之路经济带生态保障的法律对策》，《南京工业大学学报》（社会科学版）2016年第1期。
③ 肖显静：《生态政治——面对环境问题的国家抉择》，陕西科学技术出版社2003年版，第182页。
④ 张勇：《环境安全论》，中国环境科学出版社2005年版，第30页。
⑤ 巴忠倓主编：《生态文明建设与国家安全——第七届中国国家安全论坛论文集》，时事出版社2009年版，第88页。

减和自然灾害频发等。当前,生态环境退化已成为该地区社会、经济转型的重要成本和主要问题之一,对流域国家产生了巨大的经济、社会和安全影响,影响次区域各国的可持续发展,为整个地区面临的共同问题提供了具体的实证,也凸显了跨界环境因果中的相互关联性。① 此外,环境因素还日益渗透到区域国际关系领域,导致了相关国家之间的环境冲突,次区域国家都意识到了环境问题的存在,并将其作为对外政策的一个重要方面。在次区域合作框架下,环境安全的重要性不断上升,其内涵包括两个层次:一是在开发和利用过程中,避免区域环境遭到污染和破坏,从而确保区域内各国适宜的生存和发展环境;二是区域整体及域内国家应通过合作减轻自然灾害的破坏力,将环境影响的风险降至最低。② 进入 21 世纪以来,GMS 合作拓展了关注点,亚洲开发银行自 2006 年开始实施两个主要的环境合作机制,即核心环境项目(Core Environment Program,CEP)和生物多样性保护走廊倡议(Biodiversity Conservation Corridors Initiative,BCI),以期在经济发展、环境和社会议题之间寻求平衡。

(二) 中国参与大湄公河次区域合作中的环境政治问题具有典型性

全球共有 267 个跨界水域(包括国际河流和湖泊),具有跨国性、系统性和公共物品三大属性,在国际社会无政府的状态下,主权国家是水资源开发的主体,因而存在着两个共同问题:首先是如何确保水资源可持续利用的最大化,其次是如何避免潜在的冲突。③ 跨境河流流域国家之间的大多数问题都与水密切相关并构成地缘经济和地缘政治争夺的一个重要领域,涉及国家政治稳定、地区安全、经济繁荣、环境保护和可持

---

① Lorraine Elliott, "ASEAN and Environmental Cooperation: Norms, Interests and Identity", *The Pacific Review*, Volume 16, Issue 1, 2003, p. 47.

② 刘稚:《环境政治视角下的大湄公河次区域水资源合作开发》,《广西大学学报》(哲学社会科学版) 2013 年第 5 期。

③ International Water Management Institute (IWMI), *Environmental Livelihood Security in Southeast Asia and Oceania: A Water-Energy-Food-Livelihoods Nexus Approach for Spatially Assessing Change*, White Paper, 2014, p. 29.

续发展等,具有强烈的政治色彩。① 跨界河流的开发利用具有无偿性和共享性,围绕流域水资源的利用和分配,流域国家之间本身就存在利益冲突,而且普遍的情况是国家之间的主权边境和生态边境不一致,加剧了流域国家在水资源所有权分配、生态环境保护等方面的分歧和矛盾,是影响流域国家间关系的一个变量,跨界水资源问题也因此成为公共资源困境的典型代表。②

中国是19条国际河流、湖泊的沿岸国家,跨界河流的争端在澜沧江—湄公河合作开发上表现得尤为突出,流域各国对水资源的开发利用存在不同的利益诉求,加之区域外部力量干预等因素导致合作进程存在着诸多困难和障碍,对次区域的国际关系产生了一定的影响,表现出典型的环境政治特征,环境政治问题已成为影响中国参与GMS合作乃至与相关国家关系的一个重要因素。③ 首先是中国对流域水资源的开发利用引起了下游国家的不满和担忧,主要包括能获得的水资源的总量和质量、下游沿岸居民的交通运输和生计安全、生态环境安全和经济安全等。④ 跨境河流的公共物品属性使各国尽可能在开发利用中寻求自身利益的最大化,其中涉及的环境、移民、民族等问题容易导致冲突,也往往成为区域外势力介入的突破口,认为中国在上游的开发利用损害了下游国家的利益,一些国家宣扬"中国水威胁论",指责中国把水资源作为一种政治武器对下游国家施压,在一定程度上影响了中国参与开发的进程。

国际河流上的水电项目虽然位于一个国家的物理边界之内,但其政治影响跨越了国界,涉及主要利益相关者之间互动。中国公司已经成为

---

① 王志坚、何其二:《简论国际河流水政治复合体》,《水利经济》2013年第4期。
② 许长新、孙洋洋:《基于"一带一路"战略视角的中国周边水外交》,《世界经济与政治论坛》2015年第5期。
③ 刘稚:《环境政治视角下的大湄公河次区域水资源合作开发》,《广西大学学报》(哲学社会科学版)2013年第5期。
④ Linden Ellis and Jennifer L. Turner, "Environmental Security and Regional Politics in the Mekong Basin", 2017年9月22日, https://www.wilsoncenter.org/event/environmental-security-and-regional-politics-the-mekong-basin.

全球水电站的主要建设者和投资者，参与了 74 个国家的 330 多个大坝项目，集中在非洲、拉丁美洲和东南亚。① 在对湄公河的开发方面，水电项目所导致的一系列问题往往成为国家、社区居民、非政府组织等反对的重要原因，任何水电站项目都会在环境问题上遭遇挑战，水电建设给有关国家带来能源和利好的同时，也产生了深远的环境和社会影响。湄公河水电开发对沿岸国家及地区安全有着不可忽视的影响，主要体现在三个方面：国家资源安全，表现为国家间的水分配冲突，通常成为上下游国家争端的关键因素；经济安全，表现为对特定国家的重要性，如老挝的水电发展，不仅关系本国利益还涉及与周边国家的关系；人的安全，指的是发展项目对当地社区及国家政治稳定的影响与意义。② 因湄公河水电开发所导致的非传统安全问题包括水资源争端、粮食与渔业安全、居民安置等，围绕水电开发产生的利益纷争可能成为影响湄公河次区域和平与稳定的关键所在，③ 能否对这些非传统安全问题做出正确评估和妥善解决，对地区的和平、安全与合作至关重要，也关系到湄公河流域国家的经济增长和社会稳定。

中国作为澜沧江—湄公河上游国家和水电开发的主体，常常陷于矛盾冲突的中心，为认识和探讨环境政治背景下中国在次区域合作中的国际定位提供了一个范本。例如，2011 年 3 月缅甸吴登盛政府上台后，便于 9 月 30 日宣布密松大坝工程在其任职期间暂停，这是中国海外首个在建期间被搁置的大坝项目。密松大坝成为围绕中国投资所引起的环境和社会争议的焦点。湄公河国家除了关注中国正在进行及计划进行的水电项目外，也对一些拓宽河道、改善航运的工程进行批评和指责，认为会

---

① [英] 马克·史密斯、皮亚·庞萨帕：《环境与公民权：整合正义、责任与公民参与》，侯艳芳、杨晓燕译，山东大学出版社 2012 年版，第 182 页。

② Evelyn Goh, "Environmental Security in Southeast Asia", *Draft Paper Presented at UNU-Ford Foundation Conference on "A New Security Agenda? Non-Traditional Security in Asia"*, United Nations Headquarters, New York, 15 March 2002, pp. 5–6.

③ 韦健锋、张会叶：《湄公河水电开发对地区局势的影响》，《亚太安全与海洋研究》2015 年第 2 期。

威胁到河流的生态环境。基础设施建设和完善是开展 GMS 合作的重要保障，为进一步提升湄公河航运能力及减少通航事故，《2015—2025 年澜沧江—湄公河国家间航运发展规划》规划了湄公河国际航道疏浚工程，目的是使 500 吨级货船通行，涉及中国云南省至老挝 600 公里以上的流域。但在工程实施过程中，遭到泰国环保组织、民众的反对和质疑，第二航务工程（泰国与老挝之间的湄公河皮龙河段）勘察自 2016 年 12 月开展以来至 2017 年 2 月上旬共遭遇三次发生在泰国的示威活动。2017 年 1 月初，泰国清莱府环保组织抗议爆破清理礁石将"破坏环境"，一些泰国专家批评该计划"只对中国有利、对泰国老挝有负面影响"。[①] 2017 年 2 月上旬，清孔县发生大规模的抗议活动，当地一个非政府组织表示抗议没有政治意图，只是希望引起对自然环境保护的关注，也希望泰国政府"不要对中国唯命是从"。[②]

（三）中国的对外投资行为引发"中国环境威胁论"

随着全球投资的增加，国际投资对自然环境产生了最直接、深远的影响，由此提出了一个普遍的拷问，即投资是否恶化了目标国的环境。海外投资对生态环境的影响具有复杂性、敏感性和综合性等特点，投资国和东道国具有不同的政治、经济、法律与外交背景，在环境标准、环境管理和保护意识等方面存在客观的差异，投资行为所导致的环境问题更容易引起东道国、民众甚至国际社会的注意。投资导致跨界生产扩展，某些发展中国家因外来投资导致的环境和社会影响是客观存在的，有些甚至触目惊心，并由此引发社区的紧张关系甚至抗议、示威，使投资活动受到影响。[③] 在学术研究及实践中缺乏系统途径关注对外直接投资所产

[①] 《中国驻泰领事回应湄公河疏浚争议：为各国共识》，2017 年 8 月 30 日，新华网（http://news.xinhuanet.com/thailand/2017-01/20/c_129454504.htm）。

[②] 《中国主导湄公河疏浚计划遭泰团体抗议》，2017 年 8 月 30 日，联合早报网（http://www.zaobao.com/realtime/china/story20170302-731161）。

[③] Tao Hu and Yiting Wang, *Environmental and Social Risk Management of Chinese Transnational Corporations*, a Collaboration of Yale School of Forestry and Environment Studies and WWF, 2014, p. 38.

生的环境影响,但投资与环境之间的关系存在两种解释理论:一是环境库涅茨曲线(environmental Kuznets curve),认为经济与环境之间存在紧密联系,一个地区经济增长的规模和速度不可避免地对环境产生影响,后者反之影响经济增长;逐底竞争效应(race to the bottom),为了保持竞争优势,国家间会竞相采取比他国更低的环境标准吸引外来投资,最终导致类似于"公地悲剧"(tragedy of the commons)的共损局面。二是环境避难假说,指的是实施低环境标准的国家或地区,企业需要承担的环境成本相对低,获利多于环境标准高的国家生产的同类产品,这种由成本差异所产生的拉力会大力吸引国外环境敏感型和区位敏感型企业的投资。①

中国对外投资始于21世纪初,2000年国家正式发布"走出去"政策后,越来越多的中国企业通过工程合同与直接投资等形式积极开展对外投资。客观上,中国企业投资为东道国带来了巨大的收益,如创造就业机会、促进GDP和税收的增长。以2017年为例,中国对外直接投资1246亿美元,分布在全球174个国家和地区,中资企业为投资所在国创造了135万个就业岗位,上缴税费300多亿美元。② 但中国的对外投资同时存在诸多的社会和环境风险,投资领域在一定程度上具有资源导向性特征,当前仍主要集中在污染较重的行业,如采矿、大坝建设、木材和基础设施建设等,本身就存在环境风险,项目所在地很多处于东道国自然环境、政府政策及监管都比较薄弱的地区,管理不到位很容易产生环境问题。中国媒体偏重于报道中国企业"走出去"的状况和成就,而较少涉及环境方面的内容,西方媒体的报道则更多聚焦于对中国海外投资发展速度和规模的恐慌及对当地造成的环境问题。③ 在"走出去"之初,政府环

---

① 葛察忠、夏友富、智颖飙、龙凤等编:《中国对外投资中的环境保护政策》,中国环境科学出版社2010年版,第12页。

② 《我国将下调汽车和部分日用消费品进口关税》,2018年5月27日,人民网(http://bj.people.com.cn/n2/2018/0312/c233086-31331972.html)。

③ 葛察忠、夏友富、智颖飙、龙凤等编:《中国对外投资中的环境保护政策》,中国环境科学出版社2010年版,第33页。

境政策指引和企业社会责任感双向不足的确是客观存在的，由于监管不力导致一些中国企业的投资行为给当地环境带来一些影响，而一些国家、组织和媒体，出于种种原因或考虑，对中国海外投资尤其是对石油和金属等矿产的投资开采造成的环境影响进行歪曲、炒作，① 将环境问题与政治、文化问题相结合，催生了中国环境威胁论、资源诅咒等论调。中国的投资行为成为当地环境问题的一部分，后续效应是政治因素介入，以环保之名迫使一些大型基础设施和矿产、油气资源的投资项目关停，大量前期资金投入后不能开工或运营中断，造成了巨额经济损失。②

对外投资所伴生的环境问题给中国企业带来巨大挑战，从长远来看，不关注环境和社会义务可能会对投资国带来的环境影响，将阻碍投资活动的开展。鉴于中国企业在以往的海外投资中无论是由于环境保护责任缺失或是其他原因，以环境保护之名叫停项目并非个案，已表明环境保护问题不容忽视。③ 如何管理海外投资的环境和社会风险已经成为中国企业面临的一个关键挑战，同时这个问题也将影响投资的可持续性以及目标国民众对中国企业的认知，进而影响到中国国家形象及国家间的关系。

近年来，中国对湄公河国家的投资不断增长，已成为湄公河国家主要的外资来源国。截至 2016 年底，中国对湄公河国家各类投资累计达到 392.7 亿美元，目前中国是柬埔寨、缅甸和老挝最大的外资来源国，也是越南第四大外资来源国、泰国第三大外资来源国。④ 这些投资大多分布在次区域国家的资源开发和基础设施建设领域，存在产业分布过于集中，

---

① 李霞：《中国对外投资的环境风险综述与对策建议》，《中国人口·资源与环境》2015 年第 7 期。

② 胡涛、赵颖臻、周李、Denise Leung：《对外投资中的环境与社会影响案例研究：国际经验与教训》，世界资源研究所工作论文，2013 年 7 月，第 3 页。2017 年 11 月 24 日，http://www.wri.org.cn/sites/default/files/managing_environmental_impact_international_experience_and_lessons_in_risk_management_for_overseas_investments.pdf。

③ 周亚敏：《以绿色区域治理推进"一带一路"建设》，社会科学文献出版社 2016 年版，第 1 页。

④ 中华人民共和国商务部：《以经贸合作擦亮澜湄合作"金字招牌"》，2018 年 3 月 17 日，人民网（http://finance.people.com.cn/n1/2017/1216/c1004-29711130.html）。

易受到东道国法律法规欠缺、政治文化冲突的不利影响,以及缺乏对环境的保护意识等问题,易于引起环境纠纷,不仅影响到项目的开展,还会上升为环境政治问题,从而影响到中国与东道国的关系。

二 研究意义

如上所述,大湄公河次区域合作中的环境政治问题十分突出,且对中国参与次区域合作及与相关国家的关系造成了不容忽视的影响,但目前国内具体针对中国参与大湄公河次区域合作中的环境政治问题的研究仍较为欠缺,而国外相关研究则多为戴着"有色眼镜"的谴责性报告,有待于给予正面回应。在此背景下,本课题的研究十分必要且迫切,同时具有重要的理论价值和现实意义,涉及的相关理论和现实问题均具有前沿性和创新性。

(一)学术价值

冷战结束以来,环境政治已成为国际关注的热点和多学科交叉研究的前沿,本书以环境政治为切入点审视和研判中国参与大湄公河次区域合作所面临的问题和对策,并以此为实例深入探讨环境政治问题对区域合作、国际关系产生冲击和影响的效应及传导机制,在此基础上对环境政治与国际关系互动的特点、规律和发展趋势进行理论概括,并探索建构相关的理论分析框架。在具体问题分析中,通常界定当地/国家/地区/全球的不同空间范围,但在现实中是不可分割的,全球化的重要性使个体、社区和国家的相互联系更加紧密,地方关注的问题不能从地区和全球现象中分离、移除,地方环境议题映射了全球的经济政治状况。大湄公河次区域的环境政治问题并非完全独立于世界其他地区,既有环境政治的共性,也有区域特性,通过对中国在次区域遭遇的环境政治问题的案例分析,以区域的特殊性和经验进一步丰富环境政治学、国际关系学、区域经济学和环境外交等相关学科的研究,为之提供新的视角和案例。

"环境"(environment)一词本身包含了长期以来人与自然关系的讨论,即在人类社会形成中自然的作用以及人类如何改变了自然,其中概括了北方国家的工业污染可能导致的饥荒和社会灾害，南方国家的环境途径更多用于发展项目，① 导致了对环境问题和可持续发展的隐忧。近年来中国积极倡导人类命运共同体建设、互利共赢的新型国际关系理念，在具体议题上，环境领域无疑是个较好的、同时也是没有获得足够重视的时势场域。在国家角色的塑造上，环境问题是"建设性"而非"破坏性"的，对待环境问题的立场、态度及应对行为是中国践行和平发展的一个重要平台，使中国倡导的新理念更有说服力和感召力，也可为新形势下中国开展国际环境合作、环境外交提供重要的理论参考。

（二）应用价值

从区位看，大湄公河次区域是中国连接东南亚、南亚的桥梁和枢纽，也是连接太平洋和印度洋、亚欧大陆和南亚次大陆的海陆交通要冲，战略地位十分重要。对于中国来说，"同饮一江水、命运紧相连"的湄公河沿岸各国是我国践行"亲、诚、惠、容"的周边外交，建设"一带一路"和"周边命运共同体"的重要战略依托。从国际大环境来看，近年来以美国为代表的单边主义、保护主义、新孤立主义在全球蔓延，也在倒逼澜湄次区域各国携手共同应对。中国将坚定不移地实行更加开放的政策，维护多边主义与贸易自由主义，并积极拓展多元化的国际市场。湄公河国家多处在经济发展起飞阶段，市场有限，外向型经济特点突出，且在全球生产网络中处于低端位置，最先感受到单边主义、保护主义的冲击，迫切需要加强区域合作，利用相互之间山水相连、文化相通的地缘人文优势，抱团取暖，共度时艰，通过深化合作来推动域内生产要素快速、高效流动，释放经济活力，共同提升在全球价值链中的地位，为区域经济可持续增长注入强劲动力。在这一进程中，生态环境问题因其正当性、敏感性和普适性，往往成为域内各国合作的博弈点和域外势力、国际舆论的介入点，对次区域合作形成新的挑战。在此形

---

① Gustavo Sosa-Nunez and Ed Atkins（eds.），*Environment, Climate Change and International Relations*, Bristo: England, 2016, pp. 42–43.

势下，从环境政治的视角深入分析影响中国参与澜湄次区域合作的相关因素和发展前景，并提出具有前瞻性、指导性的对策建议，具有重要现实意义和应用价值。

环境议题是中国继人权等问题之后被国际社会尤其是西方国家关注的又一个焦点，作为中国威胁论的一部分不断被政治化和扩大化。作为发展中大国和环境大国，在和平崛起意义的考量下，加强对环境领域新问题新动向的研究，不仅是维护中国海外利益的需求，也是关注区域责任和国际责任的体现。应适应周边区域环境政治和环境安全的发展要求，探讨中国对外投资、环境外交战略调整的必要性和可能性，加强与相关国家在环境问题上的合作，避免环境问题的高度政治化，有助于疏导相关国家对中国的猜疑和不信任，与周边国家构建休戚与共的环境利益共同体，提升与周边国家的政治互信，促进贯彻落实党中央提出的"亲、诚、惠、容"周边外交新理念和打造"澜沧江—湄公河命运共同体"的进程。

三　研究综述

（一）国外研究综述

近年来，国外关于中国海外投资和援助的研究成果大多对中国所主导的大型项目工程的环境影响持批判态度，动辄提及资源开发与基础设施建设对自然环境和人类生存状况的破坏，认为是中国出口污染的一部分。[①] 就中国参与大湄公河次区域面临的环境政治问题而言，国外相关研究主要侧重于以下几个方面：

1. 关于湄公河国家环境政治的相关情况

较具代表性的有辛普森和亚当姆（Simpson, Adam）所著 *Transforming Environmental Politics and Policy: Energy, Governance and Security in*

---

① ［德］托马斯·海贝勒、迪特·格鲁诺、李惠斌主编：《中国与德国的环境治理——比较的视角》，中央编译出版社2012年版，第13页。

*Thailand and Myanmar (Burma): A Critical Approach to Environmental Politics in the South*① 一书，该书分别探讨了缅甸环境问题背景、缅泰两国的激进环境治理主义、缅泰两国的环境政治概况、地方主义的活动情况、非政府组织的活动情况、跨国界的环境运动及南方国家的环境政治。作者根据其掌握的一手资料，通过具体案例的分析，对诱发缅泰两国环境运动的因素进行了较为全面的概述和总结。本杰明·萨瓦库（Benjamin Sovacool）在 *Environmental Conservation Problems and Possible Solutions in Myanmar*② 一文中，对缅甸现存的主要环境问题进行了分类，并从国家、社会和个人不同层面提出了应对缅甸生态环境问题的可行措施。缅甸学者 Tun Myint 在 *Environmental governance in the SPDC's Myanmar*③ 一文中探讨了缅甸军人政权时期的环境政治问题，主要聚焦于这一时期缅甸生态环境面临的种种威胁。

2. 关于中国的投资开发行为影响流域生态环境问题

2010 年 4 月，位于华盛顿的美国智库史汀生中心发布了关于湄公河开发问题的报告《湄公河的转折点：水电大坝、人类安全和区域稳定》，认为在当前湄公河流域仍然缺乏水电开发的合作与协调的背景下，中国在上游修建的 15 座大型水坝是一种不公平、不可持续的水资源开发，将影响下游的社会、经济与环境，并且可能引发国家之间的争端，导致区域摩擦、贫困和不稳定，在最极端的情况下还会产生冲突。④

近年来，一些国际非政府组织针对中国在缅甸等次区域国家的投资

---

① Adam, Simpson, *Transforming Environmental Politics and Policy: Energy, Governance and Security in Thailand and Myanmar (Burma): A Critical Approach to Environmental Politics in the South*, Farnham Surrey, GBR: Ashgate Publishing Ltd., 2014.

② Benjamin Sovacool, "Environmental Conservation Problems and Possible Solutions in Myanmar", *Contemporary Southeast Asia, A Journal of International and Strategic Affair*, Vol. 34, 2012, pp. 217 - 248.

③ Tun Myint, "Environmental governance in the SPDC's Myanmar", *Implications of Current Development Strategies for Myanmar's Development Social Science Electronic Publishing*, Vol. 56, 2009.

④ Richard P. Cronin and Timothy Hamlin, Mekong Tipping Point: Hydropower Dams, Human Security and Regional Stability, The Henry L. Stimson Center, 2010.

项目对当地造成的环境破坏发布了一系列批评性的研究报告，如"国际地球权益组织"的《中国跨国公司加大在缅甸水电、原油及天然气和采矿业的投资力度》和《中缅油气管道：侵犯人权、适用法律和收入秘密》（2011 年），"瑞天然气运动"的《强权的走廊——中缅油气管道》（2011 年）；"国际河流"的《缅甸密松水坝的教训》（2012 年），"跨国研究所"的《资助掠夺——中国在缅北替代种植项目》（2012 年）；"克钦发展网络"《龙的呻吟和咆哮——缅甸联邦克钦邦民众反对建设伊落瓦底江电站的报告》（2011 年）等。2011 年 9 月，缅甸政府单方面叫停密松电站项目，给出的理由是民众因担心"电站破坏环境、影响野生动物生存、导致附近居民被迫搬迁"而对政府施压要求停建，缅甸生物多样性和自然保护协会（BANCA）出具的环评报告则认为密松大坝将淹没克钦族的文化生活中心，并将导致 30 多个村庄的 8000 多名居民被迫搬迁。① 缅甸一些民间组织经常批评中国企业大量征地使不少农民失去赖以生存的生产生活资料，同时砍伐森林、开矿污染水源和土地，破坏了当地生态环境，但是不重视对当地医疗、教育、通信和交通等基础设施建设的投入。另外，也有相关报告分析了中国的态度与应对途径，认为在应对环境议题的挑战方面，中国有三种外交政策选择，即和平、破坏性或暴力途径，在和平崛起的安全意义考量下，中国更有可能寻求合作、积极的外交途径而非冲突和暴力手段。②

3. 关于次区域环境治理的机制问题

有学者认为在 GMS 合作框架内，市场新自由主义的发展促进了国家间的贸易关系、基础设施建设的发展及跨界自然资源的开发，使得环境议题逐渐进入到公民社会及区域合作制度中，经济发展和环境议程之间

---

① 周亚敏：《以绿色区域治理推进"一带一路"建设》，社会科学文献出版社 2016 年版，第 2 页。

② Kristen W. Cassidy, *China's Environmental Security Challenge: Policy Options in an Environmental Crisis*, May 2015, p. 1. 2017 年 10 月 22 日，https://jscholarship.library.jhu.edu/bitstream/handle/1774.2/38148/CASSIDY-THESIS-2015.pdf.

的不协调,由此提出了沿岸国家共同合作保持流域内的生物多样性、为当地生计提供最大化保护的要求,并在地缘政治和经济范围内开展跨界环境治理。① GMS 的发展涉及多个相关利益的行为体,包括政府、NGO 组织、跨国公司、私人企业、多边和双边组织、社区居民、学术研究机构或支持网络等,都在寻求各自不同、有时甚至是相互冲突的利益和目标。政府间的地区合作机制如大湄公河次区域合作、东盟—湄公河、湄公河委员会等发挥着有价值的作用,为沿岸国家的合作和协作提供了多个渠道,但在国家利益高于区域的整体利益的情况下,没有哪个机制能有效解决环境问题。相比之下,公民社会组织和当地、国家及国际非政府组织更为积极地关注被忽略的环境议题。② 次区域的环境区域主义既包括正式的自上而下的涉及政府间组织的机制,也包括非正式的自下而上的或涉及多个行为体的机制,③ 所有区域机制存在的共同弊病是包含了经常相互重叠的成员、机构及组织之间有限的合作和伙伴关系,通常表现为对手而非伙伴。④ 大坝项目对于环境和社区的影响通常作为一个政治和法律问题,局限于对公民补偿的争论,却没有纳入对支撑项目计划和环境影响评估的综合性成本—收益分析当中。⑤

一些研究报告认为,当前双边和多边的合作未能成功解决环境退化问题,需要更加有效地保持环境和经济发展之间的平衡,政府间的机制通过规范互惠和合作,能减少国家间权利的不均衡。环境问题的解决需要更多的实际行动,例如包括不同机制和组织之间更好的协调

---

① Kevin Woods, "Transboundary Environmental Governance in the Greater Mekong Subregion: the Politics of Participation", *Watershed*, Vol. 10, No. 2, November 2004 – June 2005, p. 11.

② Iibd., pp. 14 – 15.

③ John Dore, "Environment Governance in the Greater Mekong Sub-region", p. 9. 2017 年 12 月 21 日, http://pdf.wri.org/mekong_ governance_ mreg_ dore.pdf.

④ Philip Hirsch and Kurt Morck Jensen, "National Interests and Transboundary Water Governance in the Mekong", Copenhagen: Danish Ministry of Foreign Affairs, 2006, 2017 年 8 月 30 日, http://sydney.edu.au/mekong/documents/mekwatgov_ mainreport.pdf.

⑤ [英]马克·史密斯、皮亚·庞萨帕:《环境与公民权:整合正义、责任与公民参与》,侯艳芳、杨晓燕译,山东大学出版社 2012 年版,第 182 页。

和合作及更加有效的实施工具,① 需要区域/跨界的政治合作,包括湄公河盆地水资源使用协商、亚洲开发银行的地区环境和治理机制、柬埔寨洞里萨湖的可持续多边使用、柬埔寨治理行动计划、澜沧江大坝建设,等等。②

(二) 国内研究综述

国内学术界对中国参与大湄公河次区域合作中的环境政治问题也开展了一些相关研究。刘稚在《环境政治视角下的大湄公河次区域水资源合作开发》③ 一文中,从水安全问题入手,分析了环境政治影响大湄公河次区域水资源合作开发的主要因素、主要表现及中国的应对策略。卢光胜与邓涵在《中国与大湄公河流域国家环境合作的进展、机制与成效》一文中,探讨了中国在参与大湄公河次区域合作中涉及的环境问题,并提出了强化多边环境合作的几点思考。④ 罗圣荣与安东程在《缅甸资源民族主义及其影响研究》⑤ 一文中,对缅甸资源民族主义做出了清晰的界定,并从不同影响变量入手分析了该主义的成因及作用。冀亚峰、冯凯等在《缅甸油气勘探开发中的环境问题研究》⑥ 一文中,探讨了缅甸的环境政治组织情况和管理制度,并结合油气开发问题探讨了资源开发过程中的潜在危机。王冲在《缅甸非政府组织反坝运动刍议》⑦ 中探讨了非政府组织与缅甸环境运动的互动关系,为非政府组织视角下的环境政治研究提供了实证研究。总体来看,近年来国内学术界对这一问题的

---

① Andrea Haefner, "Regional Environmental Security: Cooperation and Challenges in the Mekong Subregion", *Global Change, Peace & Security*, 2013, Vol. 25, No. 1, pp. 27 – 41, 32.

② John Dore, "Environment Governance in the Greater Mekong Sub-region", p. 4. 2017 年 12 月 21 日, http://pdf.wri.org/mekong_governance_mreg_dore.pdf.

③ 刘稚:《环境政治视角下的大湄公河次区域水资源合作开发》,《广西大学学报》(哲学社会科学版) 2013 年第 5 期。

④ 卢光胜、邓涵:《中国与大湄公河流域国家环境合作的进展、机制与成效》,载《大湄公河次区域合作发展报告 (2014)》,社会科学文献出版社 2014 年版,第 60 页。

⑤ 罗圣荣、安东程:《缅甸资源民族主义及其影响研究》,《世界民族》2016 年第 4 期。

⑥ 冀亚峰、冯凯、李瑞贤:《缅甸油气勘探开发中的环境问题研究》,《中国安全生产科学技术》2014 年第 S2 期。

⑦ 王冲:《缅甸非政府组织反坝运动刍议》,《东南亚研究》2012 年第 4 期。

研究主要侧重于以下几个方面。

1. 以缅甸密松大坝项目搁置为典型案例的因果关系分析

密松大坝位于缅甸北部的克钦邦山区，投资规模 2200 亿人民币，被称为"海外三峡"，项目本身充满了争议，理由包括环境和文化遗产破坏、居民安置、两国间电力产出分配不均等，以及该项目对克钦族与缅政府之间冲突的影响等，主要观点有：

一是环境因素论。在反对密松项目的舆论中，环保和移民问题声浪最大，缅方在声明中将项目搁置的原因解释为对当地生态环境和民众生计的影响。中国学者针项目搁置原因的一项调查结果同样表明，大部分缅甸民众担心该项目将破坏生态环境以及项目缺乏透明度，质疑环境影响评估的质量和独立性。[①]

二是政治因素论。认为密松水电站事件是环境政治对中国参与东南亚跨境河流开发合作产生不利影响的一个典型，本质上是一次由环境议题为导火索的政治冲突。水电站搁置的背后有深厚的国际背景，区域外大国意在遏制中国在东南亚地区的影响力，缅甸新政府力求在大国之间寻求平衡以获得利益最大化，密松项目成为国际地缘政治角力的筹码。[②] 2011 年缅甸民选政府为展示尊重民意的姿态叫停密松项目，削弱了中国在缅甸资源开发领域一家独大的局面，在大国关系方面也达到了某种均衡。[③]

三是利益分配论。认为中国企业对外投资在更多情况下仍然属于一种经济行为，无论对跨国企业还是东道国而言，成本和收益的计算始终是最关键因素，密松水电站项目的搁置是由于缅甸国内各方力量从中利益分配的不均所致，东道国与中国的双边关系、大国博弈、东道国的平

[①] 卢光盛、李晨阳、金珍：《中国对缅甸的投资与援助：基于调查问卷结果的分析》，《南亚研究》2014 年第 1 期。

[②] 洪菊花、骆华松：《中国与东南亚地缘环境和跨境河流合作》，《世界地理研究》2015 年第 1 期。

[③] 罗圣荣、安东程：《缅甸资源民族主义及其影响研究》，《世界民族》2016 年第 4 期。

衡外交、民主化转型等因素往往只起到刺激作用，不直接决定中国投资项目的成败。① 中资公司没有妥善处理军政府和民地武的利益分配问题，是导致项目搁置的根本问题。湄公河流域的水资源主要用途之一是水力发电，不可避免地影响到河流水量的时空分配及流域的生态环境。

四是机制因素论。国际法律规范、国际惯例、双边多边协议和宣言中强调国际河流合作的同时，更强调上游国的义务和对上游国开发利用的限制，② GMS合作机制本身还不健全，执行力度也有所欠缺，湄公河六国处于不同河段，具有不同的影响力和政治经济权力，在水量分配和环境保护方面存在固有的结构性分歧和矛盾，③ 随着该地区经济发展对电力需求的持续增长，仍然会影响一些国际合作项目的开展和推进。

2. 对"中国环境威胁论"的分析

认为"中国环境威胁论"是"中国威胁论"在国际环境领域的具体演绎，实际上是西方发达国家立足于西方利益和思维，在西方视野中放大了中国投资行为对环境的影响，对中国经济发展在国际环境领域中进行的道德和舆论限制。④ 这一提法含有强烈的政治意图，目的是限制中国发展所需的环境容量，为中国的和平发展制造障碍。次区域环境政治的发展涉及区域各国、国际机构、非政府组织、地方社区、民族武装等多个利益相关方，美、日、欧盟的介入则是重要的外部因素，东南亚地区中国环境威胁论的盛行多源于美国的鼓噪。⑤ 在国家和民众的环境保护意识普遍提升背景下，西方国家选择环境牌比较容易制造民众的恐慌和担忧，通过民众施压当地政府改变对中国的相关政策，是一种借助环境安

---

① 石源华主编：《中国周边外交学刊》（2016年第1辑），社会科学文献出版社2016年版，第97页。
② 洪菊花、骆华松：《中国与东南亚地缘环境和跨境河流合作》，《世界地理研究》2015年第1期。
③ 刘稚：《环境政治视角下的大湄公河次区域水资源合作开发》，《广西大学学报》（哲学社会科学版）2013年第5期。
④ 范亚新：《冷战后中国环境外交发展研究》，中国政法大学出版社2015年版，第97页。
⑤ 于宏源：《国际气候环境外交：中国的应对》，中国出版集团东方出版中心2013年版，第106—107页。

全非传统型的软议题来插手中国对外事务的方式,且将会长期使用,必须引起重视并及时给予应对。①

3. 探讨 GMS 环境政治的发展趋势

进入 21 世纪以来,随着中国国力的增强和地区形势的变化,中国周边跨界水资源问题日益显现,已成为影响中国周边安全、中国与周边国家关系的一个重要因素,并考验着中国的外交能力。东南亚"大国平衡战略"和大国干预是中国所面临的区域地缘环境,水事争端问题突出,合作前景不容乐观。从发展态势来看,未来几年水资源安全问题和领土问题的纠合密度会进一步加大,水政治的周边效应将进一步凸显,而地区解决框架的缺失和域外国家介入等因素将使环境政治问题的影响更加突出。② 从战略重点来看,缅甸作为中国从陆上走向印度洋地区最为重要的通道,同时又是政局变化最大、不确定性最大的国家,当前,资源民族主义在以资源为经济命脉的发展中国家已成为一种普遍现象,缅甸也将其作为发展国内经济、维护国家利益的重要手段之一。中国对缅一些新的战略性重大项目很难达成协议或实际推进。③

4. 相关对策研究

GMS 国家面临的共同环境问题成为涉及该地区国家之间关系的重大问题,对此黄河提出"环境类区域性公共产品"的理念,认为 GMS 国家联合提供环境类区域性公共产品将成为重要趋势。④ 韦健峰、张会叶认为湄公河开发需要从全流域出发综合考虑、科学论证,需要坚持可持续发展原则,互相尊重各国利益为根本前提,处理好经济发展与环境保护的关系,中国在参与湄公河水电开发时必须严格按照国际标准和国

---

① 张洁主编:《中国周边安全形势评估(2016)一带一路:战略对接与安全风险》,社会科学文献出版社 2016 年版,第 218 页。

② 李向阳主编:《未来5—10 年中国周边环境评估》,社会科学文献出版社 2017 年版,第 240 页。

③ 同上书,第 159 页。

④ 黄河:《区域公共产品与区域合作:解决 GMS 国家环境问题的新视角》,《国际问题研究》2010 年第 2 期。

际法规则，坚持"生态优先、适度开发、互利共赢"原则，加强环评工作与湄公河委员会之间的信息交流，建立水文资料共享机制，以此防止他国借机歪曲污蔑。① 中资企业应当注重互利共赢，实施惠及民生的战略，为当地民众提供大量的就业机会，推进项目的本土化。② 2015年7月，《中国企业海外投资的环境与社会风险》发布，以中国在拉丁美洲和东南亚的海外投资项目为例分析了中国海外水电大坝建设和采掘业与东道国的相互影响关系，提出中国海外投资环境与社会风险新框架，尤其高度重视采矿、火电、基建、钢铁、水泥、建材、化工、纺织印染等项目的环境影响。③ 2017年9月发布的《中国对外投资环境风险管理倡议》鼓励对外投资企业和金融机构充分了解项目所在国的环境和社会风险，加强环境风险管理方面的能力建设，确保项目的可持续发展。④

总体而言，国内外相关研究成果为本课题的研究提供了可参考的理论分析框架和一些资料，但目前国内具体针对中国参与大湄公河次区域合作中的环境政治问题的研究仍比较欠缺，而国外相关研究和报道则多为戴着"有色眼镜"甚至是别有用心的谴责性报告，有待于给予正面回应。综合现有相关成果来看，中国参与大湄公河次区域合作中的环境政治问题的研究现状可总结为：一是中国参与 GMS 合作的环境政治问题尚未引起足够的重视，没有作为一个单独的议题获得深入系统的研究，相关内容大多分散于中国对外投资影响、密松水电站案例及特定国家的环境问题研究中，没有突出环境政治的重要性和系统性。二是基础性和前瞻性研究均有所欠缺，基础性研究方面欠缺表现为对次区域合作

---

① 韦健锋、张会叶：《湄公河水电开发对地区局势的影响》，《亚太安全与海洋研究》2015年第2期。
② 石源华主编：《中国周边外交学刊》（2016年第1辑），社会科学文献出版社2016年版，第106页。
③ 《〈中国企业海外投资的环境和社会风险报告〉发布会在京举行》，2018年1月3日，WWF 中国网（http://www.wwfchina.org/pressdetail.php? id = 1626）。
④ 《〈中国对外投资环境风险管理倡议〉发布》，2017年10月22日，经济参考网（http://jjckb.xinhuanet.com/2017-09/06/c_136587171.htm）。

中的环境政治问题缺乏整体梳理，前瞻性研究方面欠缺表现为预测了次区域环境政治发展的大概趋势，但是没有涉及影响环境政治发展的相关因素本身可能出现的变化，相关对策也缺乏战略性的理论思考和针对性的政策建议。

有鉴于此，本课题的研究旨在从理论到实践对中国参与 GMS 合作中的环境政治问题进行更为全面、系统、深入的研究，提出更具前瞻性、科学性和有效性的对策建议。

四　研究内容

（一）主要内容

本书的研究对象是中国参与大湄公河次区域合作进程中面临的环境政治问题，即基于中国对次区域国家投资开发、项目建设对当地环境生态的影响而引发的环境政治问题，包括背景、现状、影响、相关因素和发展趋势，并以此为实例探讨环境政治对区域合作、国际关系产生冲击、影响的效应与作用机理，就新形势下我国如何应对大湄公河次区域环境政治问题的发展，深化次区域环境合作提出具有前瞻性、指导性和针对性的对策建议。主要内容包括以下几个方面：

1. 关于当代国际关系与区域合作中的环境政治问题的理论探讨

从环境政治、国际关系、区域合作等学科的理论视角，研究全球化区域背景下环境政治与国际关系和区域合作的互动关系，探讨环境政治问题对区域合作、国际关系产生冲击和影响的动因及效应，在此基础上对环境政治与国际关系互动的特点和发展趋势进行理论概括，为课题的研究探索建构相关的理论分析框架。

2. 系统研究中国参与 GMS 合作中的环境政治问题的背景、现状与趋势

（1）背景。缅甸、泰国、老挝、柬埔寨等国进入政治经济转型期，新闻媒体逐渐开放、非政府组织日趋活跃，各国政府、公众环保意识增

强,资源民族主义上升;美日等幕后推手以"环保"为利器制衡中国在该地区的影响,中国企业对次区域以资源开发为主的投资模式本身也存在较大环境风险。

(2)表现。非政府组织以"环保"为口实对中方项目发难—媒体炒作—民众抗议—国际声援—政府违约叫停项目—中方投资停滞、萎缩;从中分析环境政治对中国参与次区域合作的作用机理和路线图。

(3)趋势。相关各国对资源环境的保护与控制加强,将进一步抬高投资环保门槛;大湄公河次区域合作也将从开发优先向开发与保护并重方向转变,环境政治问题对次区域合作的影响将进一步加大。

3. 深入分析影响次区域环境政治问题发展的主要行为体和相关因素

具体包括:各国政府、国际组织、企业、公众和 NGO 是影响环境政治的主要行为体;相关各国政府的发展战略与环境政治诉求,对《外国投资法》《环境保护法》和《资源开发法》等相关法律法规的调整、修订;美日等大国和国际组织在次区域的环境战略与影响;相关国家地方社区、民族武装、非政府组织在环境政治中的利益诉求与作用及影响;中方投资存在产业分布过于集中于资源开发与基础设施领域易受到东道国法律法规欠缺、政治文化冲突的影响,以及缺乏对环境的保护意识等问题。

4. 全面评估环境政治问题对中国参与次区域合作的现实和潜在影响

主要包括:对中国在次区域国家投资和经济技术合作项目的影响;对中国参与次区域水电、矿产、农林资源开发和基础设施建设的影响;对中国企业实施"走出去"战略的影响;对次区域经济走廊建设和中国与东盟互联互通的影响,以及对中国与次区域各国双边、多边关系以及中国在次区域合作中的地位和作用的影响等。

5. 提出应对环境政治发展新趋势,提升中国参与区域合作层次的对策建议

对内方面,主要是加强中国在次区域合作中的环境保护能力建设,

及时调整以资源开发为主的投资模式；引导企业树立责任意识，开展环境风险评估、预警机制、应对预案等针对性工作。对外方面，要以构建人类命运共同体和环境利益共同体的理念积极开展国际环境合作和环境外交，促进澜沧江—湄公河合作机制下的环评及环境管理制度、环境合作平台建设，推进澜沧江—湄公河合作和大湄公河次区域合作的可持续发展。

（二）研究思路和方法

本书从环境政治学和国际关系学跨学科交叉研究的视角出发，对中国参与大湄公河次区域合作面临的环境政治问题的现状与前景、各利益相关方的环境政治诉求和战略目标进行全面系统的研究和评估；深入分析和准确把握环境政治问题对中国参与 GMS 经济合作的影响，并基于此提出具有前瞻性、针对性、指导性的对策建议。在研究中将运用理论与实际相结合、战略分析与实证分析相结合、文献研究与问卷调查相结合的方法，力求得出比较客观科学的结论。

1. 历史唯物主义的分析方法

实践性理论通常建立在两个基础上，一是对当下的判断，二是对未来的预期。在研究中将遵循历史唯物主义的基本原理，既描述事实也进行分析，对中国在次区域合作中的环境政治问题进行梳理，以客观的实事为依据，在深入的综合分析和逻辑推导的基础上得出结论，尽可能减少价值判断对研究本身的影响。

2. 文献研究方法

通过文献检索和与国内外相关研究机构的学术交流，对中国参与大湄公河次区域合作中面临的环境政治问题的相关基础数据、资料进行全面搜集整理和认真研读，为课题研究奠定坚实的基础。

3. 问卷调查方法

利用在缅甸、老挝、柬埔寨和泰国考察的机会，就次区域国家利益相关群体如何看待中国投资对环境的影响、如何看待重大环境事件等问题进行问卷调查，获得第一手材料，提高研究的可信度和准确性。

4. 政策咨询方法

对次区域国家及国内有关部门相关研究机构及中国在次区域国家投资的相关企业进行政策咨询调研，达到了解国外态度、掌握国内政策并尊重专业意见的目的。

第一章

当代国际关系与区域合作中的环境政治

20世纪90年代以来,在气候和环境变化成为跨国性、全球性问题的背景下,当今国际关系发展趋势中出现了一种基于生态环境视角的新型政治——环境政治(或称生态政治)。由于人类的可持续发展在很大程度上依赖于生态环境的可持续性,所以,以生态环境为视角审视和处理相关政治问题的环境政治必将在国际关系中扮演重要的角色,甚至有学者认为21世纪将是环境政治的世纪。[①] 与此同时,在区域合作中具有跨国界特征的环境安全问题的重要性也在上升,其内涵主要包含两个层次。一是在开发和利用过程中,避免区域内的环境遭受污染和破坏,以维护区域内各国适宜的生存环境;二是区域整体及区域内国家应通过合作减轻自然灾害的破坏,将环境危机影响的风险降至最低。

大湄公河次区域合作是以纵贯中、老、缅、泰、柬、越六国的澜沧江—湄公河为天然纽带建立的国际流域次区域合作,由于域内资源富集而经济落后、基础设施薄弱,资源开发和交通等基础设施建设自然成为合作的重点。近年来,随着环境和气候变化等问题日益突出和一些国家

---

① 蔡拓:《当代中国如何在国际中定位的四大问题》,《当代世界与社会主义》2010年第1期。

进入政治经济转型期,湄公河国家对资源环境的保护与控制日益加强。由于中国位于多条国际河流的上游,又是湄公河国家主要的投资来源国,中国在次区域合作开发中受到的环保压力日益增大,并对次区域的国际关系、区域合作产生了一定的影响,从而表现出典型的环境政治特征,为我们认识和探讨环境政治背景下中国在区域合作中的国际定位提供了一个范本。①

第一节 环境政治的内涵与议题

一 何谓环境政治

环境政治这一术语肇始于 20 世纪六七十年代的西方,也称为生态政治或绿色政治。概言之,环境政治是人们对生态环境问题的一种政治性理解和应对,主要是探讨人类如何处理与地球及其生命存在形式的关系和以生态环境为中介的人们之间的关系。② 环境政治的特殊性在于,它是从生态、自然、环境的角度来看待政治问题的,是一个涉及政治、经济、社会、文化等诸多领域,综合性很强、覆盖面很广的问题。③ 作为一个学术概念,环境政治具有丰富的内涵,至少包括三个方面的含义:一是指国际政治理论中新崛起的一个非主流理论派别,二是指政治现象中的一种形式和状态,三是指一门新型边缘学科即政治生态学。④ 在理论层面上,环境政治是指人类如何构建与自然环境基础间的适当关系,而在实践层面上,泛指人类不同社会或同一社会内部不同群体对某种环境问题或对环境问题中某一层面的认知、体验、感悟和政治应对。⑤ 如果从政治

---

① 刘稚:《环境政治视角下的大湄公河次区域水资源合作开发》,《广西大学学报》(哲学社会科学版) 2013 年第 5 期。
② John Dryzek and David Schlosberg (eds.), *Debating the Earth: The Environmental Politics Reader*, Oxford: Oxford University Press, 2001, p. 2.
③ 蔡拓:《当代中国如何在国际中定位的四大问题》,《当代世界与社会主义》2010 年第 1 期。
④ 刘然:《生态政治研究引论》,《探索与争鸣》2003 年第 1 期。
⑤ 郇庆治:《环境政治国际比较》,山东大学出版社 2007 年版,导言第 1 页。

行为体的立场来看，环境政治就是政治主体围绕着生态环境议题而形成的权力结构及其互动关系。① 由于环境政治所涉及的生态、资源、环境等要素都是超国界的，是基于环境问题而引发的一种突破国家主体，淡化领土界限的政治，所以它天然地要求全球视野、全球治理，环境政治的跨国性构成了它与传统国际政治以国家为主体的基本区别。② 环境政治所要思考和探索的问题是政治系统在处理人与自然的关系时应采取的政策、活动及职责，寻求全球化背景下政治系统对生态环境的保护，关注如何唤醒公众的生态保护意识、如何确定生态环境的保护机制。③

作为当代西方社会的新规范，环境政治或可称为一种后现代的绿色政治理论思潮、广义的绿色政治运动、致力于新社会理想的绿党政治，其根本属性是政治的，基本特征包括：一是环境政治源于环境危机，服务于解决生态危机；二是强调协调、平衡是一种"大政治"，但也不回避斗争，表现为参与型的基层民主，亦可理解为一种生态民主政治；三是生态政治主张意识形态多元化，是一种别具特色的政治表现形式。在结构层次上，环境政治可以看作是两个系统，即政治内系统和政治外系统，前者指政治体系的内在各要素之间所形成的协调与统一的状态，后者则指一个特定的政治体系与其赖以生存与发展的社会和自然之间预设的一种共生互荣、一损俱损的关系模式，具体而言，一定的地理和生态状况与一定的政治体系有着密切关联。④ 环境政治把自然生态系统和人类社会看作是一个相互作用和影响的统一整体，将建立可持续的社会、自然、经济作为其思考的中心，涉及政治学的基本原则和政策操作层次、国家权力的结构和分配、国家间的关系等，反思现有政治体系的欠缺并试图

---

① 郇庆治：《环境政治视角下的生态文明体制改革》，《探索》2015 年第 3 期。
② 刘稚：《环境政治视角下的大湄公河次区域水资源合作开发》，《广西大学学报》（哲学社会科学版）2013 年第 5 期。
③ 吴海金、朱磊：《环境政治问题的深层思考——评丹尼尔·A. 科尔曼的环境政治观》，《理论月刊》2006 年第 10 期。
④ 杨党校：《一般本体论的生态政治》，《山东大学学报》（社会科学版）2014 年第 3 期。

进行调整,① 是对过去政治学的扬弃、不同于以往的全新政治形态。② 所有环境政治都是"地方"的,这一论断基于所谓的"行为体—结构难题",在此可理解为一种存在于作为社会秩序的资本主义的个人取向与资本主义政治经济的结构性特征之间的脱离。③ 其目的不是力图通过对政治—社会空间生态关系的确立来构建政治—社会关系上相互推动的生态回路,而是对现有的政治体系进行改造,促使人类对自然的利用符合生态规律,从而实现人与自然关系的最优化。环境政治过程不仅具有一国的地方性知识特征,还具有跨国乃至全球的相互关联性,各主体之间围绕环境利益的分配进行利益协调和博弈,环境政治主体是指以其存在或者行动处于政治生活或政治关系中的个人、群体或者政治结构,他们以生态政治价值观作为生态认知和行为导向,环境问题的特殊性导致了参与主体的多样性,包括一个国家内部的各个环境利益相关者,其他民族国家、国际组织等。④

环境政治已成为一种世界性的现象和制度内的存在,它与西方国家意义上的民主政治并无必然联系,可界定为一种全球视野下的环境关切,探寻人与自然、国家与社会、国家与国家关系模式的深刻变革。由于世界各国绿党的参政以及民众生态政治运动的深入和范围的扩大,各国政治和国际政治正向新的政治文明方向发展,是当前国际及各国内部政治发展的生态文明趋势。⑤

近年来,与环境政治有着密切关联的两个概念引起了广泛关注,即气候政治和环境外交。气候政治指的是围绕着解决气候问题而开展的一

---

① 陆聂海:《生态政治和政治生态化刍议》,《中共乌鲁木齐市委党校学报》2007年第4期。
② 崔海宏:《科尔曼生态政治观及其当代启示》,《学理论》2015年第4期。
③ [美]罗尼·利普舒茨:《全球环境政治:权力、观点和实践》,郭志俊、蔺雪春译,山东大学出版社2012年版,第148页。
④ 雷俊:《国家—社会—生态的互动:当代中国的环境政治过程》,《理论探索》2015年第6期。
⑤ 陆聂海:《生态政治和政治生态化刍议》,《中共乌鲁木齐市委党校学报》2007年第4期。

系列政治行为和活动，目的是协调好各国的利益冲突和矛盾，摆脱气候危机从而实现人类社会的可持续发展。① 气候变化是当前人类社会面临的最严重全球性环境问题之一，联合国政府间气候变化专门委员会（IPCC）2007 年《第四次评估报告》指出，气候变化是当今最基本的地缘政治问题，对世界各国经济健康发展、居民身体健康、能源安全和国际安全等具有至关重要的影响，并已成为推动国际主要大国博弈的重要因素。② 气候问题从一个环境问题演变成政治问题，再到气候政治的全球凸显，经历了 30 多年的时间，有学者将气候政治的发展划分为三个阶段：首先是人类对气候变暖的科学认知，从一个科学问题逐渐成为各国的公共问题并向国际蔓延；其次是气候政治的产生，世界各国围绕气候问题进行政治协商并试图协调行动，同时遭遇到各种利益碰撞；最后是后哥本哈根时代，气候政治对国家行为体的影响越来越大，气候变化已经成为政治问题的前提和自变量，③ 塑造着 21 世纪的国际社会新格局并成为国际关系的焦点。

与此相适应的是，环境外交也称生态外交（bio-diplomacy），是 20 世纪 70 年代兴起的国家间外交实践的一个新领域，通常将 1972 年联合国"人类环境会议"视为国际环境外交的起点，此后随着环境问题日益严重逐步兴起并专门化，成为双边与多边外交中的重要议题之一。环境问题具有的政治属性也使其具有了外交属性，世界各国在保护和争取环境资源、同时兼顾国际共同环境之间进行博弈，④ 在环境外交中，各方利益之间不是零和关系而是一种全赢或全输的模式。⑤ 环境外交通常包括两层含

---

① 华启和：《气候博弈的伦理共识与中国选择》，社会科学文献出版社 2014 年版，第 40 页。
② 于宏源：《国际气候环境外交：中国的应对》，中国出版集团东方出版中心 2013 年版，第 11 页。
③ 张胜军：《全球气候政治的变革与中国面临的三角难题》，《世界经济与政治》2010 年第 10 期。
④ 张梦雅、胡潇潇：《浅谈新媒体背景下我国公共外交的新发展》，《新闻研究导刊》2015 年第 13 期。
⑤ 夏永红、刘芳：《全球环境治理何以成为问题？》，《绿叶》2012 年第 8 期。

义：一是指以主权国家为主体，通过正式代表国家机构和人员的官方行为，运用谈判、交涉、缔约等外交方式处理和调整环境领域国际关系的一切活动；二是指利用环境保护问题实现特定的政治目的或其他战略意图。冷战结束以来，世界各国积极推行环境外交，其动机除了国家安全、国家利益与国际责任之外，也为了全面认识环境问题的特征和属性，强化对国际环境问题的研究。由于环境问题的复杂性，环境外交相对于传统外交而言呈现出一些新特征，表现为环境外交主体的多元化、目的和调整对象的扩大化、运作方式的多样化及规则的趋同化等，突破了传统的国家间关系范围，成为 21 世纪国际政治力量较量的一个新界面。① 环境外交主要处理跨界环境问题，有三个必要条件：一是环境问题具有超越国界的影响；二是在解决环境问题的过程中涉及跨国因素，如国际管制和国际合作等；三是一国环境问题的形成涉及跨国因素。② 随着环境外交的加强，环境保护和管理的水平、解决环境问题的能力及环境保护工业和技术的发达程度逐渐成为衡量一个国家可持续发展的标志，也是现代文明国家的形象和尊严，当前，环境外交领域正在开展环境无害技术转让战、生物基因争夺战与环境贸易战。③

环境外交的进一步延伸是绿色外交（green diplomacy）。2000 年美国学者保罗·哈根（Paul Hagen）提出，绿色外交主要指以生态环境保护为理念，世界各国及其他行为体通过双边或者多边国际合作，旨在通过限制人类活动从而解决全球生态环境问题并建立有效的机制以保护和改善生态环境、实现全球可持续发展的外交活动，是世界各国为解决全球生态环境问题而实行的一种外交手段、外交政策和方式的"绿化"、外交理念的"绿化"。④

---

① 刘乃京：《环境外交：国际力量互动与较量的新界面》，《国际论坛》2003 年第 6 期。
② 于宏源：《国际气候环境外交：中国的应对》，中国出版集团东方出版中心 2013 年版，第 5—6 页。
③ 郝少英：《区域环境合作：丝绸之路经济带生态保障的法律对策》，《南京工业大学学报》（社会科学版）2016 年第 1 期。
④ 吴志成、狄英娜：《欧盟的绿色外交及其决策》，《国外社会科学》2011 年第 6 期。

二　环境政治的研究内容与议题

从广义上而言，一切与生态环境相关的人类行为都是环境政治范畴内的活动，但从狭义上而言，环境政治的范畴仅仅是与生态环境相关联的政治行为。早期的环境关切问题主要集中在污染管控、生态保护、资源管理、人口增长等一些宏观的、概括性较强的问题。近年来，环境议题的数量众多并有不断增加之势，能源效应、动物保护、气候变化、有毒物质处理、基因安全等一些细化的环境议题也被纳入到国际政治的讨论当中。在此趋势下，环境议题已不是孤立存在，它已进化为一项多维的、与其他政治问题相交织的国际问题。

20世纪60年代以来，环境问题进入全球议程，其深层原因在于资本主义条件下政治、经济、文化间恶性互动所产生的全面性、整体性、结构性危机，加之美苏之间激烈的"核竞赛"使人类的生存和发展面临严峻挑战。① 环境政治研究通常以1972、1992、2002及2012年的四次国际会议作为重要节点，1992年，英国劳特里奇公司（Routledge）创刊《环境政治学》（Environmental Politics），作为环境政治研究的专业期刊，其研究兴趣集中于探讨工业化国家的"环境运动和政党的演进""公共环境政策在不同政治层面上的制定与落实""来自环境运动组织或个人的生态政治观念"和"重大的国际环境议题"等。② 不同国家由于经济社会发展水平、政治制度、文化观念等方面的异质性导致了在环境议题上的政策观点、现实利益和应对措施的差异，对环境政治理念与实践产生了重要影响。西方环境政治思潮以生态中心论和人类中心论为标准划分为"深绿"和"浅绿"两种主要类型，"深绿"主要遵从的是生态自治主义，而"浅绿"遵从生态资本主义。在生态学马克思主义者看来，无论

---

① 刘然：《生态政治研究引论》，《探索与争鸣》2003年第1期。
② 郇庆治：《环境政治国际比较》，山东大学出版社2007年版，导言第2页。

是"深绿"的生态自治主义还是"浅绿"的生态资本主义，都因其各自的理论局限而无益于生态危机的根本解决。① 数十年来，环境政治的研究经历了一个发展变化的过程，表现为研究视角的多样化，并逐渐形成了环境政治讨论的基本话语结构。②

环境政治主要研究和处理政治与生态环境之间的关系，20世纪80年代，其研究范围和经验进一步扩展，在研究中不仅沿用已有的概念和问题，还发展了新的概念并提出新问题，通过定性分析和案例比较得出的一些理论性结论成为这一时期的一大研究特色，总体上侧重于五大主题：整体性视角、议程设定、机制形成、机制效果和跨国网络，③ 在重点议程方面包括国家、主权、国际机制/制度、资本主义、全球贸易、跨国公司、国际金融、安全、伦理、市民社会等。④ 罗纳德·米歇尔（Ronald B. Mitchell）对环境政治研究议程的变迁进行了总结，概括为五个方面：一是国际环境政治和全球治理所进行的重新调整；二是行为体（包括超国家行为体、区域行为体、非政府行为体和跨国公司）正参与全球环境政治；三是国际环境政治的现实是多个层面发挥作用的结果；四是全球环境问题和治理与其他名义上非环境问题之间的关联日益密切；五是学术文献更多地认识到全球环境政治和治理的影响在不断扩大。⑤ 环境政治还具有伦理因素，本质上主张通过一定的行为保护生态环境价值，可划分为生态政治理论（思想）、环境运动（社会组织）和政党、环境管治与公共政策、国际（全球）环境政治四个组成部分，⑥ 在具体议题方面则包括气候变化治理、自然资源管理（水、空气、捕鲸、生物多样性、森

---

① 刘英：《论生态学马克思主义的生态政治思想》，《云梦学刊》2016年3月。
② ［澳］约翰·德赖泽克：《地球政治学：环境话语》，蔺雪雪、郭晨星译，山东大学出版社2012年版，第7页。
③ 张海滨：《环境与国际关系：全球环境问题的理性思考》，上海人民出版社2008年版，第3—4页。
④ 董亮：《国际环境政治研究的变迁及其根源》，《教学与研究》2016年第5期。
⑤ Iiliana B. Andonova and Ronald B. Mitchell, "The Rescaling of Global Environmental Politic", *Annual Review of Environment and Resources*, No. 35, 2010, p. 274.
⑥ 郇庆治：《雾霾政治与环境政治学的崛起》，《探索与争鸣》2014年第9期。

林与荒漠化等)、环境污染治理等。①

环境治理是环境政治研究中的一个重要议题。从国内来看,环境政治是围绕生态环境议题而展开的新型政治现象,而从国际来看,则是国家行为体在全球层面上就环境问题展开的博弈政治过程。在人类的大多数历史场景中,环境影响如污染或过分开采被视为当地问题加以处理,环境问题的影响没有政治边界,当今的环境议题联系到地方、国家和国际进程,对不断减少的自然资源的竞争,需要在一个相互依赖的世界中加以应对,环境问题已超越了国家边界外溢到域外,需要考虑跨界环境治理政策。在全球化进程中如何更好管理全球环境是个新的范式。环境问题全球化的后果之一是证明了单靠主权国家已经无法有效应对,必须依靠全球共同努力,从而催生了全球治理的理论和实践。②

全球环境治理肇始于 20 世纪 60 年代的环境运动,如空气污染等许多环境问题跨越了国界,避开了个体政府的司法控制。③ 联合国环境署(UNEP)的成立是全球环境治理机制形成的重要标志,其治理机制主要包括:防止臭氧层破坏、保护生物多样性和文化自然遗产等,通过多边合作构建当代全球环境治理机制的主导模式。在实践过程中,国际环境治理机制旨在促进有关某一有争议的或共享的资源或难题的特定行为方式,但是机制的确立和演变始终受到两种观点的挑战:一种观点认为环境恶化的趋势自 20 世纪 70 年代后期以来并未发生改变,而环境治理的紧迫性却没有引起足够的注意;另一种观点认为有关全球环境治理的内涵过于狭隘,国家行为体在环境治理问题上存在利益冲突,加强国家间的合作是全球环境治理机制的出路,需超越传统国家间交往与合作的界限,

---

① Matthew Paterson, *Understanding Global Environrnental Politics*: *Domination*, *Accumulation*, *Resistance*, New York: Macmillan Press, 2000, pp. 1 – 2.
② 梁海峰、周建标:《环境政治视角下的环境全球治理探析》,《山西农业大学学报》(社会科学版) 2010 年第 2 期。
③ [美] 罗尼·利普舒茨:《全球环境政治:权力、观点和实践》,郭志俊、蔺雪春译,山东大学出版社 2012 年版,第 190 页。

建立一种新的全球合作关系。① 主权国家体系的无政府状态通常被解读为国家的自私与竞争性行为并存，必将导致"公地悲剧"，环境政治理论日益强调全球治理的多层次、多主体理念，同时也需要依靠国际权威甚至是霸权。② 环境治理以全球化为起点和归宿，一方面是全球化进程引发的跨国投资、贸易等推动了全球性生态危机的蔓延和扩散；另一方面也体现了生态环境问题的跨国性、整体性和全球性特征，其解决需要全球国家的共同努力与合作。③

三　环境政治的话语体系

环境话语指的是通过人类努力来保护环境的话语，主导着环境公共事务的走向，进而实质上决定着政治权力及经济利益分配的格局，具有十分明显的跨文化性，它的交流不是以跨越国家或国际组织为特征，而是跨越了不同类型的文化传统。④ 这一话语体系是一定经济社会条件下生态环境问题或挑战应对实践的客观性反映，也是人文社科机构与学者所进行的理论构建活动的主观性结果，对绿色话语或理论的研究本身就是现实环境政治与社会实践（运动）中的一个重要组成部分或行为体。⑤ 随着全球政治经济联系的增强，环境保护已经发展成为一种跨文化话语在全球范围内发挥效用，影响着整个世界的经济社会发展进程，已经成为全部哲学社会科学关注的焦点。环境保护作为一种现代性的文化理念，在不同的文化中具有不同的表现形式，环境保护因持有者环境观的差异

---

① 仇华飞、孟峤：《当代国际环境政治研究理论探讨》，《同济大学学报》（社会科学版）2012年第6期。
② 曹德军、陈剑煜：《政治的自然之维：探寻国际生态政治理论图谱》，《鄱阳湖学刊》2016年第3期。
③ 李建平、李闽榕、王金南主编：《全球环境竞争力报告（2015）》，社会科学文献出版社2015年版，第573页。
④ 付广华：《环境保护的多重面相：人类学的视角》，《国外社会学科》2014年第5期。
⑤ 郇庆治：《环境政治学视野下的绿色话语研究》，《江西师范大学学报》（哲学社会科学版）2016年第4期。

表现出不同的样貌，有时成为社会运动的助推器，有时又制约着人们的生产生活行为，有时甚至堕落为"生态帝国主义"的帮凶。①

20世纪60年代以来，在环境政治事务讨论中出现了四种占主导的主要环境话语，即环境问题解决（environmental problem solving）、生存主义（survivalism）、可持续性（sustainability）和绿色激进主义（green radicalism）。其中，"环境问题解决"方法是将现存的政治经济体制视为理所当然，主张通过政策、特别是公共政策的调整来应对环境难题。"生存主义"在20世纪70年代初由罗马俱乐部及其他人所倡导，一直活跃至80年代末期，基本观点是持续的经济和人口增长将最终达到地球上自然资源和生态系统所能承载的极限，如果不发生根本性变革，现代类型的发展与增长将导致生态环境的崩溃。"绿色激进主义"反对工业社会的基本结构，反对环境被改变，支持对人类、人类社会和他们在地球上位置的各种替代性解释。②"可持续性"概念出现于20世纪80年代，其标志是1987年布伦兰特报告的发布，试图通过这一概念的界定来解决环境和经济价值之间的冲突，从而重新定义了增长与发展的概念。"可持续性"要求将环境保护与经济发展有机地结合起来，制订经济发展计划时要顾及环境保护，或在追求保护环境目标时兼顾发展，可持续发展的新模式则试图在保护环境和促进发展之间实现联姻，从而达到双赢效果。③ 在国际法及国际政治当中，可持续发展具有不确定地位，通常描述为一个原则、一个伞形的概念、国际法的一个体系，缺乏合法准则，但是对法律和制度具有巨大的实际和潜在影响。④ 可持续发展的两个特征获得了广泛认同：一是经济环境和社会领域的连锁特征，二是可持续发展作为一个政

---

① 付广华：《环境保护的多重面相：人类学的视角》，《国外社会学科》2014年第5期。
② ［澳］约翰·德赖泽克：《地球政治学：环境话语》，蔺春雪、郭晨星译，山东大学出版社2012年版，第13—14页。
③ 付广华：《环境保护的多重面相：人类学的视角》，《国外社会学科》2014年第5期。
④ Leach, Melissa, Ian Scoones, and Andy Stirling, *Dynamic Sustainabilities: Technology, Environment, Social Justice*, London, UK: Earthscan, 2010, p. 42.

治进程可导致多重的可持续性。①

除了以上四种占主导的环境话语外,"环境正义"也获得了广泛的关注。20世纪80年代以来,在环境保护实践面临的现实问题中,特别是在国际环境问题领域,以环境保护中权利和义务不对等引起的"环境不公"(environmental unequal)最引人注目,突出表现为发展中国家往往承担了过多全球性环境问题带来的负面影响及应对成本,并由此引发了遍及发达国家和发展中国家的"环境正义"(environmental justice)运动,成为世界范围内环境保护运动的一个亮点。②"环境正义"运动首先出现于美国,此后又出现与之相关的穷人环境主义(environmentalism of the poor),主要适用于印度和拉美的农村居民及土著人群。20世纪90年代中期以来,"环境正义"理念在非政府组织、环境运动和学术界中盛行,美国环境正义运动与拉美、非洲和亚洲穷人的环境主义之间建立起联系,穷人环境主义逐渐延伸为被剥夺者的环境主义(environmentalism of the dispossessed)。环境正义运动发展了一套特有的概念和运动口号,包括环境种族主义、流行病学、穷人及土著人的环境主义、生物剽窃、种树不是森林、生态债务、气候正义、粮食主权、土地掠夺和水正义、生态不平等交换及生态足迹(ecological footprint)等。③作为一种草根运动或者"由下而上"的运动,环境正义发展成为一种公民参与型运动,其中的构成性群体逐渐变成了风险共担者,不同于其他国家和国际倡议的发展轨迹。④环境正义所反对的还有生态分布冲突(ecological distribution conflicts),运用于生态经济学中,指的是在商品供应链存在如资源开采、运

---

① Leach, Melissa, Ian Scoones, and Andy Stirling, *Dynamic Sustainabilities: Technology, Environment, Social Justice*. London, UK: Earthscan, 2010, p. 64.
② 杜鹏:《环境正义:环境伦理的回归》,《自然辩证法研究》2007年第6期。
③ Joan Martinez-Alier, Leah Temper, Daniela Del Bene and Arnim Scheidel, "Is there a Global Environmental Justice Movement?", *The Journal of Peasant Studies*, Vol. 43, No. 3, 2016, pages: 731 – 755, p. 732.
④ [英]马克·史密斯、皮亚·庞萨帕:《环境与公民权:整合正义、责任与公民参与》,侯艳芳、杨晓燕译,山东大学出版社2012年版,第225页。

输和废物处理所导致的影响,但是在市场中没有得到估价也没有获得补偿。

四 环境政治的学科视角

环境政治是对人类社会与自然关系的特殊关注,主要研究和处理政治与环境之间的关系,而这一关系与环境政治学固有的庞大问题群相关。环境政治是由政治学与生态学交叉形成的一门边缘性新兴学科,是用政治学的视角来思考当今世界各国所面临的环境问题学科,事实上,生态学和政治学的历史勾联与理论渊源由来已久,当代生态环境问题的凸显进一步促进了生态学和政治学的联姻。① 环境政治具有综合性强、覆盖面广的特点,从自然、生态、环境的角度思考政治问题,同时涉及经济、政治、社会和文化等诸多领域,除了与生态学、政治学有关外,还与环境经济学、人类生态学、军事学、历史学、哲学等有关。不同学科从不同视角理解环境政治,政治学探讨国家如何在环境问题的产生和解决方面发挥作用,经济和社会学则推崇可持续发展研究。

环境问题最初只是作为国内政治或国际技术专家的研究范畴,由于环境问题本身所具有显著的跨国特征,环境政治所涉及的生态、资源、环境等要素都是超越国界的,是基于环境问题而引发的一种淡化领土界限的政治,本质上要求全球视野与全球治理,由此形成了与传统国际政治的基本区别。② 国际环境政治是国际政治吸纳环境议题之后所产生的结果,两者还具有互动关系,国内的一些生态理论外溢到国际政治领域,并根据现实情况进行了一定的调试,最终形成了较有特色并具有全球层面影响力的学说,主要表现为生态帝国主义、生态社会主义与生态女权

---

① [日]丸山正次:《环境政治理论的基本视角——对日本几种主要环境政治理论的分析与批判》,韩立新译,《文史哲》2005年第6期。
② 刘稚:《环境政治视野下的大湄公河次区域水资源合作开发》,《广西大学学报》(哲学社会科学版)2013年第5期。

主义。①

环境政治史（political environmental history/history of environmental politics）是在环境史的总体话语体系内，以政治史理论构架为指导，在人与环境关系基础上揭示环境因素介入政治范畴所引发的政治和环境互动的一个亚领域，把围绕环境而动的多维的"人"纳入整体的政治结构和政治关系网络，在此基础上探寻既有的政治生活对环境问题的解决发挥着怎样的效应、环境因素的介入反之又给它带来了什么新的变化，以此审视以环境为中介的人与人的关系。② J. R. 麦克尼尔明确提出了环境政治史的概念，认为包括物质、文化/思想和政治三个基本向度，把法律和国家政策当作环境政治史与自然世界的关联。③

环境（生态）政治学是在社会科学的基础上探讨人类如何构建与维持其生存的自然环境基础之间的适当关系的学科，也是运用生态学的观点研究社会政治现象的一种理论和方法，探求某种政治现象之所以具有某种特性的环境原因，从而实现生态化政治的理论理想。④ 其研究的中心点是生态政治的手段、价值与目的，政治决策理论；研究的具体问题包括环保领域的行政、生态政治与环保领域的决策等；重要研究方向涉及政治活动主体的生态政策、管理社会自然过程的政治方面、合理的政策、绿色党派和运动、政治因素对解决全球生态问题的影响、国际关系的政治生态方面、国家的生态功能、国家生态服务活动的政治方面、文明发展道路选择的生态政治方面以及生态角度的社会政治文化的形成。⑤

环境主义者和怀疑论者围绕气候变化产生了一些争论，但是都把科

---

① 曹德军、陈剑煜：《政治的自然之维：探寻国际生态政治理论图谱》，《鄱阳湖学刊》2016 年第 3 期。

② 刘向阳：《环境政治史理论初探》，《学术研究》2006 年第 9 期。

③ J. R., McNeill, "Observations on the Nature and Culture of Environmental history", *History and Theory*, Vol. 42, No. 4, Theme Issue 42: Environment and History, December, 2003, p. 6.

④ 刘京希：《生态政治理论的方法论原则》，《江海学刊》2001 年第 4 期。

⑤ [俄] A. 克斯经：《生态政治学与全球学》，胡谷明、徐邦俊等译，武汉大学出版社 2008 年版，第 129 页。

学作为各自立论的权威性基础来反驳对方的观点,作为一种意识形态的表述,很大程度上受到政治或者利益的驱动,但不可否认二者均有可取之处。①

一部分学者逐渐构建起一种名为"全球生态学"的理论框架,假设地球是一个单一的生态系统,在这一共同体内,所有个体都具有同等的权利和义务。②"全球生态学"意在倡导全球性的环境思维,揭示出许多先前被认为毫无关联的过程实际上是有密切联系的,某些地区开展的活动会影响整个生态系统。

五 环境政治研究概述

20世纪六七十年代以来,世界性的环境问题日益凸显,以西方国家为首的环境团体开始将环境问题纳入政治考量范畴,并以政治学的观点审视环境问题。然而环境政治的学术概念自诞生以来就具备一定的争议性,从政治学入手解读生态问题的做法起初受到了广泛质疑,直到1972年联合国人类环境会议在斯德哥尔摩召开,环境政治才"登堂入室",逐渐被纳入到政治学的考量范围之内。尽管如此,环境政治依然是政治学中比较边缘化的一个学科,更多情况下,环境政治被赋予的是跨学科分析工具的概念。环境政治真正的发展契机出现在20世纪80年代,当时单一的生态学分析方式对于遏制生态负效应蔓延已是杯水车薪,环境政治的话语体系正是在这一背景下获得了难得的发展契机。迈克尔·祖恩(Michael Zurn)认为,环境政治的研究历程大致可以分为两个阶段:第一阶段为20世纪80年代起,这一时期环境政治概念开始被纳入国际关系体系,并与国际关系学科下的二级学科产生互动;第二阶段为20世纪90

---

① [英]马克·史密斯、皮亚·庞萨帕:《环境与公民权:整合正义、责任与公民参与》,侯艳芳、杨晓燕译,山东大学出版社2012年版,第9页。
② 付广华:《环境保护的多重面相:人类学的视角》,《国外社会学科》2014年第5期。

年代，经过数年的发展，环境政治逐渐形成了具有自身解释体系及理论架构的学科，关于环境政治的科学研究方法也逐渐深入。[1] 特别是进入21世纪以来，环境政治科学的研究方法不断进步、方兴未艾。发展至今，环境政治话语体系与国际关系体系的互动密切，国际关系中的建构主义、新自由制度主义都被用以分析国际环境政治问题。不仅如此，环境政治还超越了国际关系的学科范围，引入了哲学、社会学、人类学，包括一些自然科学的研究方法，极大程度地丰富了自身的理论模型，并建立了治理、制度、机构、知识和准则等新模式。

自20世纪60年代以来，环境政治研究已形成了研究议程日益丰富、学科交叉日益深入、制度研究为核心、问题研究大于理论建构、以研究方法而非理论学派区分的特征。在研究方法上，定量和定性分析均有所发展。现有理论较好阐述和分析了环境问题"是什么"和"为什么"，但"怎么办"的问题众说纷纭，不同学科、理论流派对环境政治的解释都存在一定瑕疵，尚未形成系统化和严谨的理论架构。由于研究者的成分复杂，加上价值观念多元，使得研究成果存在着概念上的模糊性、学科体系的不完整性并缺乏理论穿透力等缺陷。[2] 就发展趋势与可能性而言，环境政治及环境政治学均存在诸多的不确定性，而影响环境政治未来发展的一个基础性问题仍是生态环境问题本身及其基本走向。[3]

中国的环境政治研究起步较晚，大概开始于20世纪80年代中后期，主要集中于探讨绿党政治、生态马克思主义等方面的内容，[4] 学者们侧重于运用马克思主义原理的观点和方法对西方的环境政治进行评论，同时采用环境政治学的视角解析中国现代化进程中的某些社会、政治、经济和文化问题。[5] 王逸舟的《生态环境政治与当代国际关系》（1998年）

---

[1] 董亮：《国际环境政治研究的变迁及其根源》，《教学与研究》2016年第5期。
[2] 刘然：《生态政治研究引论》，《探索与争鸣》2003年第1期。
[3] 郇庆治：《雾霾政治与环境政治学的崛起》，《探索与争鸣》2014年第9期。
[4] 肖显静：《生态政治——面对环境问题的国家抉择》，陕西科学技术出版社2003年版，第293页。
[5] 刘然：《生态政治研究引论》，《探索与争鸣》2003年第1期。

是国内最早从国际关系视角探讨生态环境议题的成果。郇庆治所著的《环境政治国际比较》①《绿色乌托邦：生态主义的社会哲学》② 等专著将环境政治视为一种国际政治，对环境运动与全球治理的关系、环境安全及生态现代化等环境政治问题进行研究，探讨了当代国际环境政治中观念创新和制度性的回应实例，通过对具体实例的国际比较进一步完善对环境政治的概念性理解与设定，分析了制约国际社会共同应对生态环境问题的三个困境：发达国家与发展中国家间的"视角与利益聚合困境"，生态化国际制度创新的"合法代理人困境"以及生态理念国际制度化的"有效机制困境"。认为最好的环境政治理想是所有发展中国家向发达国家的提升，但是从生态环境和传统政治的视角来看还只是一种理论上的可能，欧美国家的环境政治实践只是一种特定的环境政治类型，不能作为一种普遍性范本。③

张海滨《环境与国际关系：全球环境问题的理性思考》（2008 年）分析了环境与国际关系之间的互动和关联性，认为全球环境问题是综合性的，与人口、技术、观念和经济发展都存在关系。靳利华的《生态与当代国际政治》（2014 年）以生态因素为视角，关注生态因素对国际政治和国际关系发展变化的影响，对人类面临的全球生态问题以及由此导致的国际关系的新变化进行深度分析，从而揭示生态学时代国际政治的新发展与走向。借鉴生态学的原理和方法，探讨国际政治体系以及基本构成要素的生态化重塑：民族国家的基本要件与生态的关系，生态对国家间关系的影响，生态环境下国际机构如何重构。

还有一些论著从经济学的视角探讨了环境政治与区域经济的关系。由胡保清主编的《区域生态经济学理论、方法与实践》④ 不仅探讨了区域生态经济学的衍生发展过程，还研究了该学科的应用价值，尤其是理

---

① 郇庆治：《环境政治国际比较》，山东大学出版社 2007 年版。
② 郇庆治：《绿色乌托邦：生态主义的社会哲学》，泰山出版社 1998 年版。
③ 郇庆治：《环境政治国际比较》，山东大学出版社 2007 年版，导言第 4—5 页。
④ 胡保清主编：《区域生态经济学理论、方法与实践》，中国环境科学出版社 2005 年版。

论价值。在此之后，齐亚伟在《环境约束下的要素集聚与区域经济的可持续发展》一书中，从数量、质量、时间、空间四个不同维度对区域环境与经济发展的关系进行解构，将生态经济学的研究细化，力图发现区域经济发展与生态可持续间的平衡点。

总体上看，环境政治在中国的社会科学研究中还比较薄弱，表现为缺乏基于实际案例的创新性研究，有影响力的成果不多，更多是对西方研究的推介和评论，对环境政治的理解也不够科学和全面等。[①]

第二节 国际关系、区域主义视角下的环境政治

一 国际关系视角下的环境政治

人类的可持续发展在很大程度上依赖于生态环境的可持续性，由此决定了环境政治在国际关系中所扮演的重要角色。[②] 环境问题最早进入国际关系领域始于19世纪末期，源于其产生的巨大跨界影响力，当时主要涉及界河的用水管理、捕鱼及对某种野生生物保护等个别问题。[③] 二战结束以来，环境因素成为一种通用的符号和切入点不断渗透到国际政治和经济关系等各领域，环境问题和环境压力成为引起国家间冲突和政治紧张局势的主要诱因和变量之一，影响着国际外交、谈判、贸易、投资和开发援助等诸多方面，成为仅次于经济的第二大国际问题，对国际经济、政治和外交决策的影响愈加明显。[④] 早在1971年，美国国际法学专家理查德·福尔克（Richard Falk）提出并系统论述了主权国家体系已无法应对日益严峻的全球环境危机，属于最早的国际环境政治研究成果之一。1972年在斯德哥尔摩召开的联合国人类环境会议引起了国际关系学者的

---

① 刘然：《生态政治研究引论》，《探索与争鸣》2003年第1期。
② 刘稚：《环境政治视角下的大湄公河次区域水资源合作开发》，《广西大学学报》（哲学社会科学版）2013年第5期。
③ 孙凯：《从边缘到主流：环境外交发展历程》，《新视野》2001年第5期。
④ 莫里斯·斯特朗：《外交政策中的环境问题》，《外交评论》2008年第3期。

关注，开始从生态环境的角度研究国际关系与权力斗争，注重对环境与主权、环境与安全关系等方面的议题，环境问题自此进入国际关系研究议程，环境问题的性质由此发生重大变化，从一个国家层面的技术性问题演变成重大的国际关系问题，并由"低级政治"上升至"高级政治"，[①] 逐渐确立了在国际关系研究中的地位。20世纪80年代，环境政治已跻身于国际关系的主要研究议题，其重要性堪比战争与和平、冲突与合作等，表明了人类面临的环境危机、发展危机与能源危机是不均衡发展条件下互相关联的同一个危机。环境问题的复杂性与不确定性增加了全球环境治理的难度，对国际关系领域带来的挑战几乎同步体现在国际关系实践及传统国际合作理论中，[②] 同时还是一个最基本的地缘政治问题和重要的安全问题，并构成了国际关系领域中新的利益博弈焦点。

（一）环境政治是国际关系的一个重要研究议程

环境政治本身体现了国际关系中一系列规范性、理论性和经验性问题背后的根本症结，包括绝对与相对收益的辩论、国际制度的角色、权力的作用、与相关合作行为体的角色互动等。[③] 从国际关系学科的角度来看，环境政治是以国家行为体为核心的政治舞台而展开的不同政治角色解读、消化和应对生态环境议题的新型政治现象，也是基于不同价值观念与现实利益的、以民族国家为代表的政治主体在国家、跨国或全球层面上围绕生态环境议题展开的既冲突又合作的非传统政治过程。[④] 国际关系学者起初关注现有国际体系能否有效应对全球环境危机，对环境议题的研究可粗略分为两大内容：一是安全研究的学者通常将环境问题作为一个安全威胁及冲突的研究路径，认为环境和冲突之间形成了典型的因果关系；二是探讨国际体系如何应对全球共有气候问题如臭氧层空洞和

---

① 张海滨：《环境与国际关系：全球环境问题的理性思考》，上海人民出版社2008年版，第3页。

② 孙凯：《国际环境政治中的"认知共同体"理论评述》，《华中科技大学学报》（社会科学版）2010年第2期。

③ 董亮：《国际环境政治研究的变迁及其根源》，《教学与研究》2016年第5期。

④ 郇庆治：《环境政治国际比较》，山东大学出版社2007年版，第3页。

气候变化等，承认在全球气候政治/全球气候治理中存在集体行动的理论与现实困境。随着研究深度和广度的推进，环境政治的研究形成了四个重要类别：第一类依托于传统的国际关系研究，主要包括环境制度与环境安全；第二类主要与国际政治经济学相关，研究内容包括资本主义、民主、WTO、贸易和跨国公司等对全球环境的影响；第三类则体现了环境方面的非传统安全因素，通常研究市民社会、环境非政府组织、科学知识与政治的互动及环境话语；第四类侧重研究一些与环境相关的哲学及规范性问题，如环境与人权、环境伦理及正义等在国际环境政治中的作用与影响，在环境与人权的关系上，主要体现为环境政策对人权状况的影响。①

冷战结束后，学者和决策者开始重新定义安全的意义，更多关注环境、退化和稀缺作为冲突研究的路径，环境和冲突之间的互动关系呈现典型的因果链：人口增长、通过增加消费和污染可能导致环境恶化和资源稀缺，因而加剧了竞争并导致冲突。② 环境威胁对国际关系提出了两个问题：一是环境问题以何种方式影响国际权力结构的分配以及如何影响联盟与对抗的新组合模式，典型表现为气候变化议题上的南北争论；二是生态环境因素如何构成了国家间暴力冲突的新来源及影响的严重程度，生态环境的变化会改变国家间的力量平衡，导致在某个区域或全球范围内新的不稳定，从而引发各种冲突乃至战争。

关于环境冲突的研究。国家间经常为争夺原料矿产、能源、肥沃土地、河流流域、海上航道和其他重要资源的控制权而引发冲突，资源日渐减少导致竞争加剧和冲突的发生频率增多。环境问题导致国家冲突的观念主要源于两个原因：一是把环境问题视为对国家利益的新型威胁，二是环境问题并非首先在国际层面感知，而是对民族国家提出了挑战，代表了对国家体制、领土统治原则和国家军事行动与特权的一种挑战，

---

① 董亮：《国际环境政治研究的变迁及其根源》，《教学与研究》2016 年第 5 期。
② Gustavo Sosa-Nunez and Ed Atkins (eds.), *Environment, Climate Change and International Relations*, Bristo: England, 2016, p. 99.

跨界环境问题挑战并排斥领土统治原则，阻碍了道德共同体的边界并妨碍着主权、民主和公民权的进一步发展，呼唤新的发展、外交和管治模式。① 从表现形式上看，由环境问题导致的国际冲突可能体现在环境资源短缺、环境退化、跨国污染及危害转移、外来物种入侵及转基因物种进口四个方面，环境问题使冲突具有综合性。② 环境冲突的形成根源于四个因素：贫困、脆弱的生计、迁移和弱国家制度。所有冲突都有特定的地理范围，并处于复杂的因果结构中，环境因素通常与可见的族群紧张关系、政治边缘化和弱治理等动力因素互动，经济状况、制度类型、人口、消费模式、生态系统的退化和环境改变、历史观念和权力等也在因果结构中发挥作用。③

关于环境安全的研究。经济增长与发展、环境和安全的互动催生了诸多利益和要求，环境安全的讨论随之兴起，通常指的是国家的生存和发展免于环境问题的威胁和危险，是一个国家"最终的安全"，同时也是一种最重要的群体/区域环境安全形态。作为人类生存与发展最基本的安全需求，环境安全是国家安全体系的基础和载体，重要性等同于国防、经济和社会安全，至今没有一个完美的定义，环境安全研究所（Institute for Environmental Security）强调环境安全在国家安全中的重要地位，综合解释了环境与安全之间的复杂关系以及研究这一关系的重要性。④ 20世纪70年代资源和环境危机引发了环境安全研究的兴起，西方学界自2000年前后开始研究环境问题对国际安全的影响，认为环境问题构成了一种新的安全威胁，涉及环境问题与地区冲突、环境退化与环境难民、环境

---

① ［澳］罗宾·艾克斯利：《绿色国家：重思民主与主权》，郇庆治译，山东大学出版社2012年版，第199页。

② 吴昊：《全球化背景下环境外交对国际关系的影响》，《经济视野》2017年第13期。

③ Gustavo Sosa-Nunez and Ed Atkins (eds.), *Environment, Climate Change and International Relations*, Bristo; England, 2016, p. 103.

④ Kristen W. Cassidy, *China's Environmental Security Challenge: Policy Options in an Environmental Crisis*, May 2015, p. 2. 2017年10月22日, https://jscholarship.library.jhu.edu/bitstream/handle/1774.2/38148/CASSIDY-THESIS-2015.pdf.

问题与边界纠纷、环境恐怖主义、军事领域的环境问题、国家环境安全及全球环境安全等,① 有时环境问题与其他社会冲突相重叠,与阶级、族群或原住民认同、性别或种姓制度等结合在一起。环境安全成为安全研究与环境研究两个领域共同关心和探讨的一个新热点,其研究或实践大多可归结为三类:环境问题与传统安全的关系;环境问题上升至安全层面;在安全视角上形成了生态安全、生物安全、资源安全、能源安全、人工环境安全等研究领域。②

(二) 国际关系不同理论流派的观点

国际环境政治的理论模型主要围绕新现实主义、新自由制度主义以及建构主义这三大国际关系理论展开。③ 可以说,三者强调的主体各有不同,新现实主义在环境政治的话语体系内,侧重于权力结构分析;而新自由制度主义在更多情况下是强调国际制度的作用,机制论也是新自由制度主义中的一个研究导向;建构主义理论对观念建构格外重视,认为国际环境政治的研究过程不仅仅是语言叙述问题的简单范式,更是在认识论(cognitiveism)的基础上构建环境政治的解释体系。这三个理论模型在很多情况下探讨的国际问题背景相似,行为主体固定,但针对同一问题的认知导向往往区别较大。所谓问题背景,三大理论体系所面对的最根本的国际政治环境均为"无政府状态",该现状下,国际问题的最主要行为体被局限为"主权国家"。④ 由于无政府状态短期内依然是国际问题研究的主流背景,因此主权国家无法对自身以外的、更高级别的组织或机构负责。在当前的国际体系下,各分散的国家主体对本国领土包括资源的独立管理,并防止外来侵略的行为方式,是国际关系体系的最大特征。

三个学派的理论均从不同的侧重点入手,对国际环境政治体系做出

---

① 夏永红、刘芳:《全球环境治理何以成为问题?》,《绿叶》2012 年第 8 期。
② 张勇:《环境安全论》,中国环境科学出版社 2005 年版,第 2—3 页。
③ Kate O'Neill, *The Environment And International Relations*, Cambridge University Press, 2009, pp. 9 – 11.
④ 黄日涵、张华:《国际关系学精要》,社会科学文献出版社 2017 年版,第 230 页。

了解释。从理论意义上而言，三大理论体系合力构成了当今环境政治的主流理论。首先，传统的现实主义及新现实主义在分析环境政治的权力结构时具备较强的说服力。关于现实主义对环境政治是否具有解释力的问题曾引发了一定讨论。一部分学者认为，二者都侧重强调"高阶政治"，即国际权力结构的安全与和平。二者对于国际合作始终持有偏见，因为在霸权体系没有完全消亡的国际背景下，没有国家愿意主动承担环境合作的义务。但另一部分学者认为，所谓的"高阶政治"并不是专指军事实力，综合国力、国际影响力等指标同样涵盖在内，这些指标可以作为左右环境政治发展的变量。① 其次，新自由制度主义已跃升为环境政治领域最具影响力的理论体系。尤其是进入 21 世纪以来，环境问题已超越了国际道德的范畴，成为影响人类福祉的国际责任问题。如何通过制度路径解决环境问题，如何克服集体行动障碍等新自由制度主义下的理论问题被陆续提出。最后，建构主义理论的重要性也日益突出，越来越多的新"范式"及"概念"被环境政治学界提出，也在建构主义的支撑下被用以指导环境政治。例如，"可持续发展"（sustainable development）这一建构概念正逐渐被世界接纳，成为平衡环境与经济关系的主流概念。

总之，不同学派的观察和认识视角形成了理解环境政治的不同理论流派，环境政治理论是在新现实主义、新自由制度主义与建构主义的深刻影响下构建出的一种"嫁接式"理论架构。② 在共性方面，三种理论均假设国家是理性行为体并认为国际环境治理处于无政府状态，但是忽视了国内政治结构所产生的影响。而在差异性方面，新现实主义关注环境安全，认为环境问题必将导致国家冲突，突出国际环境领域谈判中的

---

① Rowlands, Ian H., *Classical Theories of International Relations. International Relations and Global Climate Change*, Edited by Urs Luterbacher and Detlef F. Sprinz, Cambridge MA: MIT Press, 2001.

② 曹德军、陈剑煜：《政治的自然之维：探寻国际生态政治理论图谱》，《鄱阳湖学刊》2016 年第 3 期。

大国博弈，将应对环境安全的挑战假设为一种零和关系；新自由制度主义强调公共物品的供给效率，认为各国由于利益上的彼此依赖，在国际制度约束下能够达成集体行动从而实现环境治理合作，并发展了国际环境制度的议程和路径。① 而建构主义学派将理念、规范因素等引入国际关系分析，力求通过国际规范的传播来理解国际环境问题和环境机制，提出了"认知共同体"理论，② 还与社会制度主义一同审视环境保护的文化和规范属性。后现代主义探索环境政治所带来的"蝴蝶效应"和"混沌政治"，全球化理论描绘了全球环境体系和生态知识群对国内政治的冲击，③ 全球公民社会理论、安全化理论也从各自的角度增加了对环境政治的多维理解。④

二 区域主义视角下的环境政治

全球环境问题如气候变化、生物多样性丧失、臭氧层空洞和海洋污染等，使所有国家都受到影响，而大多数跨界环境问题（如河流污染等）所产生的影响更多涉及一定范围内相关国家组成的区域次区域小群体。区域范围是根据一个或多个因素划出来的具有一定规模的国际社会生活空间，在这个空间内，国家之间不断地建构社会文化认同，在政治、经济、社会文化等方面共同作用，以此促进区域的发展。⑤

（一）区域是环境议题研究的一个特定单位

跨国化、区域化在社会科学研究中获得了重要的关注，在国际关系研究议程中，对区域的关注集中于经济、政治一体化及安全问题，环境

---

① Matthew Paterson, *Understanding Global Environmental Politics: Domination, Accumulation, Resistance*, London: Macmillan, 2000, p.19.
② 董亮：《国际环境政治研究的变迁及其根源》，《教学与研究》2016年第5期。
③ 于宏源：《国际气候环境外交：中国的应对》，中国出版集团东方出版中心2013年版，第9页。
④ 曹德军、陈剑煜：《政治的自然之维：探寻国际生态政治理论图谱》，《鄱阳湖学刊》2016年第3期。
⑤ 黄昌朝：《东亚区域环境公共产品供给研究——以日本环境外交为例》，复旦大学出版社2017年版，第14页。

议题则相对较新，区域作为关注环境问题的一个特定单位，早期体现为环境问题的跨界性及所涉及的多个利益相关方。① 由于空间上的毗邻关系，地理上的临近超越了传统的地缘政治、功能主义者或新功能主义者的假设，区域内在的体系同时受到内部和外部动力的影响，涉及成员身份和归属感，区域性可能促进合作，也可能产生冲突。② 区域主义是地区层面的一种多维现象，通常是一群地理位置临近的国家为发展其共同的政治、经济和战略利益所进行的互动与合作，是国家有意识的政治决策的形成，由国家、市场或公民社会主导，更关注防御性的保护主义，有时支持或反对全球化，有时是正式或非正式的。③ 作为环境问题产生的一个场域空间，区域层面明显不同于全球或国家层面，由于学科、本体论或认识论的观点差异，引发了对区域概念的多维度争议，但是都承认地域范围内国家间的文化同质和相互依赖的重要性。

在区域层面上，环境问题与区域地理因素、生态环境系统密切相关，环境政治在发展的初期主要受到区域合作的推动，最近的趋势是区域环境治理作为一个调查的主题而引起注意，但是缺乏对区域治理历史和现实的认识。④ 区域环境问题客观上要求对环境问题的形成原因、发生机制、危害特点及方式、变化规律、发展趋势、防治对策等达成一定的共识。⑤ 在某个特定区域，国内环境问题具有负外部性，而区域环境问题则具有整体性特征，域内国家共同合作应对环境问题能够产生正外部性的

---

① Leach, Melissa, Ian Scoones, and Andy Stirling, *Dynamic Sustainabilities: Technology, Environment, Social Justice*, London, UK: Earthscan, 2010, p. 42.

② Jörg Balsiger and Miriam Prys, "Regional Agreements in International Environmental Politics", *International Environmental Agreements: Politics, Law and Economics*, Volume 16, Issue 2, April 2016, pages: 239-260, p. 243.

③ 黄河：《区域公共产品与区域合作：解决 GMS 国家环境问题的新视角》，《国际问题研究》2010 年第 2 期。

④ Jörg Balsiger and Miriam Prys, "Regional Agreements in International Environmental Politics", *International Environmental Agreements: Politics, Law and Economics*, Volume 16, Issue 2, April 2016, p. 240.

⑤ 徐祥民、孟庆垒：《国际环境法基本原则研究》，中国环境科学出版社 2008 年版，第 331 页。

效应。① 近年来对区域环境治理的研究有所进展，源于对特定区域环境合作案例的累积，特定环境因素如共享水资源或跨界环境问题在区域环境治理分析中构成决定性因素，学者和决策者承认环境问题的客观存在，并为特定区域量身定做了适当的政策和措施，尤其在一体化水资源的管理领域，如欧洲及其他地区的河流流域或盆地。②

区域范围内的国家群体在利益、准则、观念和价值方面有着更大的相似性，在此基础上制定的环境协议比全球协议更具有集体行动的优势，能更好地促进国家间合作。国际上关于区域环境议题的协议包含了成员资格、所有协议的核心地区及临近地区，涉及全部环境议题，尽管重要程度有差别，其关键理论动力是假设区域不是全球层面的简单缩影或复制品，但是在观念和经验上近似于全球性条约。为解决区域性环境问题，国际上已有一些较为成功的区域合作模式：第一类是专门的区域性条约或论坛，具有较强的制度性与针对性，如1978年签订的《亚马逊河合作条约》，用于协调拉丁美洲国家合理利用、保护亚马逊流域的自然资源；第二类是区域性国际组织框架下的环境合作，如欧盟和东盟成员国之间的合作。③ 在跨界水资源方面，国际上现有的条约根据问题主体及合作程度来看，很大一部分是功能性的，基本着眼于解决流域的具体问题，包括水资源分配、对一些联合开发项目的管理及谁污染谁治理的责任协议等。一些专家认可并推广国际河流流域管理的综合方式，将河流视为一个整体，并通过一种综合性整体政策设法解决现有的水文、生态等问题，但实际运用非常有限，④ 根源在于本位利益基础上的水资源博弈阻碍着国

---

① 郭锐：《东亚地缘环境变化与中国区域地缘战略》，社会科学文献出版社2015年版，第131页。

② Jörg Balsiger and Miriam Prys, "Regional Agreements in International Environmental Politics", *International Environmental Agreements: Politics, Law and Economics*, Volume 16, Issue 2, April 2016, pages: 239-260, p.241.

③ 许庆玲、[美]尼古拉·A. 罗宾逊编：《在区域政府间治理中加强可持续发展："东盟方式"的经验和教训》，曲云鹏译，法律出版社2005年版，第62页。

④ [德]马丁·耶内克、克劳斯·雅各布主编：《全球视野下的环境管治：生态与政治现代化的新方法》，李慧明、李昕蕾译，山东大学出版社2012年版，第376页。

家间进一步的合作。

（二）新区域主义与跨界环境治理的兴起

在 20 世纪 80 年代，全球化浪潮的一个显著特征是区域主义的再次兴起，被称为新区域主义（new regionalism），突出体现在东亚和北美区域的一体化进程中。有别于欧洲的一体化，其特征表现为专注区域内部的发展，域内国家在政治、安全、经济、文化、环境等领域开展广泛合作，国家企业和市民社会成为区域一体化的推动力量。新区域主义根据区域国家的融合程度，按照由低到高的顺序划分为五个层次：地理或生态方面的区域；作为一个包括经济、政治和文化等方面的社会系统而没有组织形式的区域；具有某种具体组织形式的区域；区域市民社会，强调共同文化和价值观的重要性；区域国家即相对于民族国家而言，在某区域经济和政治上完全统一的区域。①

新区域主义自产生以来，在全球范围内成为区域发展研究领域的一个重要理论范式，是在全球经济一体化快速发展进程中，伴随着区域发展受到资源稀缺性、空间约束性和环境制约性而产生的一个区域共同治理理论，其显著特征之一是强调区域的共同治理，主张采取多种形式解决跨区域性公共事务，主要针对制约区域可持续发展的跨界环境问题（如空气污染和流域水污染等），主张通过灵活的政策网络倡导区域的整合与协调发展。② 新区域主义尤其为解决跨界环境污染的区域共同治理提供了一个包括谁治理、治理什么、怎样治理以及治理绩效如何等在内的分析框架，在全球环境公共产品供给严重不足时，区域环境公共产品的供给成为国际公共产品的一种有效补充。西方社会还出现了新环境区域主义（new environmental regionalism），关注山区（如阿尔卑斯山公约，Alpine Convention）、河流盆地（如欧盟水框架指令，European Union Wa-

---

① 黄昌朝：《东亚区域环境公共产品供给研究——以日本环境外交为例》，复旦大学出版社 2017 年版，第 18 页。

② 向延平、陈友莲：《跨界环境污染区域共同治理框架研究——新区域主义的分析视角》，《吉首大学学报》（社会科学版）2016 年第 3 期。

ter Framework Directive）或海洋水体（如波罗的海），反映了环境议题是区域化进程中的一个清单，环境政策的基本目标是努力缓解某些外部性的负面影响。① 山脉、区域海洋、河流盆地及其他生态定义的区域不同于政治司法上的界定，作为一个新的空间构成，不仅仅是政治边界的交叉，在国际环境治理逐渐碎片化及功能化的背景下，新环境区域主义代表了一种新的趋势，即积极寻求环境治理的辖区化。②

次区域经济合作是二战后伴随经济全球化和区域经济一体化而广泛出现的一种区域经济合作现象，也是新区域主义的重要研究对象。关于次区域经济合作的概念和内涵有多种解释，一般意义上说，次区域经济合作是一个相对于区域经济合作的概念，是指三个或三个以上地理上相近或相邻的国家或国家的部分跨国界地区为实现本区域经济发展而相互联合，以跨国界的区域经济为主体，通过自然人或法人在生产领域内各种生产要素的有效配置和生产效率的相应提高，实现区域内产业、贸易和投资等领域的相互经济协作。③ 所谓次区域或次地区是指比通常意义上的地区更小的、可能只是包括地区之内国家的部分范围的地区。有学者认为，地区可以划分为三个层次：宏观、微观以及介于两者之间的中观层次。所谓宏观地区，主要是指完全由主权国家的全部作为组成单位的地区；中观地区也是国际性的，至少由两个以上的国家组成，但不一定包括这些国家的全部疆界范围；而微观地区则是指一国内部的部分地区。④ 大湄公河次区域经济合作涉及澜沧江—湄公河流域的6个国家，即中国、缅甸、老挝、泰国、柬埔寨和越南，其中中方是以云南和广西两省区为合作的前沿和主体，湄公河五国则涉及整个国家，是典型的中观

---

① Jörg Balsiger, "New environmental regionalism and sustainable development", *Procedia Social and Behavioral Sciences*, Vol. 14, 2011, pages: 44–48, p. 45.

② Jörg Balsiger, "New Environmental Regionalism and Sustainable Development in the European Alps", *Global Environmental Politics*, Vol. 12, No. 3, 2012, pages: 58–78, p. 63.

③ 刘稚、卢光盛等：《孟中印缅经济走廊建设的理论与实践》，社会科学文献出版社2017年版，第18页。

④ 卢光盛：《大湄公河次地区合作的国际政治经济学分析》，《东南亚研究》2006年第2期。

层次的次区域经济合作。

第三节 GMS 经济合作中的环境议题

GMS 经济合作自 1992 年启动以来,在相关国家和国际组织的共同努力下,经过 20 余年的发展,形成了领导人会议、部长级会议和各领域务实合作的多层次合作机制,合作领域涵盖交通、能源、信息通信、环境、农业、旅游、人力资源开发、经济走廊等,至 2014 年合作项目超过 260 个,金额约为 170 亿美元,① 在促进区域经济一体化、推进地区经济社会发展和提高次区域国际竞争力等方面取得重要进展,但资源导向型的发展模式带来的区域性环境安全和环境冲突是 GMS 始终绕不开的重要议题。

一 大湄公河次区域合作中环境问题的严峻性

大湄公河次区域是因澜沧江—湄公河而连接起来的一个自然经济区域,因地理气候条件的多样性造就了一个生物和基因宝库,集中了从热带到高寒雪山地带的上万种生物资源,流域内还具有丰富的水能、矿产和旅游资源等,具有巨大的经济潜能。大湄公河地表水资源丰富,雨季径流量大约 4750 亿立方米,旱季 788 亿立方米。② 次区域蕴藏着丰富的矿产资源,已发现 100 多个有用矿种,包括有色金属(锡、钨、铜、铅、锌、锑、稀有金属和稀土资源),黑色金属(铁、铬、钛和锰等),贵金属(金、银、铂等)、宝石、煤、化工和建材类等矿产。次区域拥有世界生物多样性最丰富的森林资源,2012 年森林面积 120.7 万平方公里,占

---

① 徐惠喜:《深挖大湄公河次区域合作潜力》,《经济日报》2014 年 12 月 21 日。
② Louis Lebel, Chu Thai Hoanh, Chayanis Krittasudthacheewa, and Rajesh Daniel Climate Risks, *Regional Integration and Sustainability in the Mekong Region*, SUMERNET, SEI, SIRD, 2014, p. 30, 2017 年 10 月 22 日, https: //www.sei-international.org/mediamanager/documents/Publications/sumernet_ book_ climate_ risks_ regional_ integration_ sustainability_ mekong_ region.pdf.

整个次区域面积（257 万平方公里）的 47%，下湄公河盆地森林生态系统服务价值估计高达 641.9 亿美元，① 同时为当地居民提供了重要的生计来源。湄公河盆地是全球生物多样性最丰富、也是最丰产的淡水生态系统，每年提供的产品及生态服务价值估计达 45.7 亿美元，是全球重要的大米产区、亚洲的"饭碗"，每年大米产量约 6200 万吨，约占全球总量的 13%，水稻种植也为湄公河流域 6000 万人提供了生计。②

由于得天独厚的自然环境条件，次区域国家多处于资源导向型经济发展阶段，自然资源或者说自然资本在过去数十年中一直是次区域国家经济发展的一个核心支撑因素，但是快速的经济发展和不断增加的人口压力导致这一自然资本不断损耗，主要表现为水土流失、森林退化、淡水资源短缺及污染、生物多样性减少等，是当前所有次区域国家面临的主要环境问题，也是人类活动和气候变化共同导致的结果。不可持续的资源利用、地区人口增长对资源的需求压力及气候变化等因素导致自然资本的损耗、自然生态系统的破坏，从而危及次区域社会经济的可持续发展。2007 年联合国发布《大湄公河流域环境展望》（Greater Mekong Environment Outlook），是首次针对该流域发布的联合评估报告，认为如果不采取及时有效的应对措施，2015—2040 年间，用于弥补自然资本退化的支出将达到 550 亿美元。③

最为突出的当数湄公河流域的水环境问题。湄公河委员会 1985 年以来的监测表明人类的生产生活给水环境带来了巨大的压力，湄公河水质监测网络 2010 年的报告指出，2000—2008 年湄公河大部分地区因人类活

---

① WWF-Greater Mekong, *The Economic Value of Ecosystem Services in the Mekong Basin: What We Know, and What We Need to Know*, Gland, Switzerland, October 2013, p. 10, 2017 年 10 月 22 日，http://d2ouvy59p0dg6k.cloudfront.net/downloads/report_ economic_ analysis_ of_ ecosystemservicesnov2013.pdf.

② WWF-Greater Mekong, *Ecosystems in the Greater Mekong Past trends, Current Status, Possible Futures*, May 2013, p. 36, 2017 年 10 月 22 日，http://d2ouvy59p0dg6k.cloudfront.net/downloads/ greater_ mekong_ ecosystems_ report_ 020513.pdf.

③ 孙芙蓉：《大湄公河次区域国家继续推进自然资产投资》，2017 年 10 月 22 日，中国金融网（http://www.cnfinance.cn/articles/2015-02/04-20880.html）。

动的影响导致水质下降，不少地方受影响的程度还很严重并呈现不断恶化的趋势。[1] 次区域的用水安全形势面临巨大挑战，一方面用水需求呈指数增长，另一方面地下和地表水资源却在日渐减少，除老挝和缅甸外，其余四国的状况并不乐观（见表1—1）。农业是所有次区域国家最大的用水部门，占了所有取水量的68%—98%，[2] 干旱时期的农业用水问题最突出。湄公河三角洲是湄公河盆地污水排放的目的地，工业及集约化农业的发展、快速的城镇化进程、相关国家对工业废水和生活污水的管理和处置不当等加剧了水资源的污染，城市地区的地表水污染尤为突出，如柬埔寨的金边、老挝万象及越南的芹苴市。

表1—1　　　　　　大湄公河次区域国家的水安全指数

国家	水安全指数
柬埔寨	2
中国	2
老挝	3
缅甸	3
泰国	1
越南	2

注：水安全指数从1至5，分数越低表明水安全状况越差。

资料来源：ADB, *Asian Water Development Outlook* 2013: *Measuring Water Security in Asia and the Pacific*, p.92, 2017年10月20日，http://www.adb.org/sites/default/files/publication/30190/asian-water-development-outlook-2013.pdf.

澜沧江—湄公河流域已修建了数十个水坝，在发挥水电开发、灌溉

---

[1] 李霞、周晔：《湄公河下游国家水质管理状况与区域合作前景》，《环境与可持续发展》2013年第6期。

[2] IWMI and World Fish Center, *Rethinking Agriculture in the Greater Mekong Subregion: How to Sustainably Meet Food Needs, Enhance Ecosystem Services and Cope with Climate Change*, 2010, p.3, 2017年12月21日，http://www.iwmi.cgiar.org/Publications/Other/PDF/Summary-Rethinking_Agriculture_in_the_Greater_Mekong_Subregion.pdf.

和洪水控制作用的同时，也在一定程度上影响了河流的自然水文条件，阻碍了600多种野生鱼类的季节性洄游，破坏了当地生物多样性的生存环境。筑坝和大规模采砂活动使下游的营养物质和沉积物减少，对当地的农业和渔业产生影响。

更为严重的威胁来自于水坝安全事故。2018年7月23日发生在老挝南部的桑片—桑南内水电站（Xe Pian-Xe Namnoy）大坝的溃坝事故是近年湄公河国家最严重的溃坝事件，该水电站位于老挝阿速坡省萨南赛县，靠近老挝与柬埔寨边境地区。该电站项目由韩国、老挝、泰国的4家企业组成合资公司PNPC开发，项目造价10.2亿美元，2013年开始建设，预计2019年落成后可提供410兆瓦电力，其中90%电力将售予泰国，其余分配给本地居民。2018年7月23日晚因持续的洪水暴发副坝发生垮塌，超过50亿立方米洪水快速下泄，造成数十人死亡，数百人失踪，6000多人无家可归。①

该事件是老挝乃至湄公河流域数十年来最严重的一次溃坝事故，不仅使当地人民生命和财产遭受重大损失，还带来大批农田、多座桥梁和部分道路被冲毁淹没，河道漫溢溃决导致生态环境污染等次生灾害。老挝有20多条流程200公里以上的河流，丰富的水资源为其发展水电提供了得天独厚的条件，大力发展水电也成为老挝经济社会发展战略的重要组成部分，老挝政府已提出要建成"东南亚蓄电池"的目标。此次事故将导致老挝政府重新审视水坝项目，也为次区域其他国家的水坝建设敲响了警钟。

其次是森林覆盖率减少。大湄公河次区域拥有丰富的森林资源，域内有六个生态区被公认为是生物多样性显著的地区。但目前这六个生态区都受到了人类活动的威胁，农业开发和过度开采导致森林大面积减少。在1990年至2000年10年间，GMS的森林覆盖率就年均减少0.3%。老

---

① 《老挝水电站大坝坍塌50亿立方米水涌出　数百人失踪》，2017年9月15日，新浪网（http://news.sina.com.cn/w/2018-07-25/doc-ihftenia0494353.shtml）。

挞森林覆盖率从 1943 年的 70% 降低到 2002 年的 41%。1945 年越南的森林覆盖率为 44%，但目前越南的森林覆盖率只占到 20%—28%。泰国的森林覆盖率从 1961 年的 50% 下降到 2000 年的 29%。从 1973 年到 1993 年，柬埔寨的森林覆盖率下降了 11.2%，目前其森林覆盖率仅为 59%。缅甸的情况也类似，1975 年的森林覆盖率是 61%，到 2010 年缅甸森林覆盖率只有 41%。其三是生物多样性锐减。对森林、土地的过度开发，造成了大批动物栖息地的丧失，导致 83% 的哺乳动物和 85% 的鸟类濒临灭绝。[①] 对水资源的不当开发破坏了鱼类资源的可持续发展，电站建设可能改变了河流水流特征、破坏了鱼类的原生环境，还阻挡了洄游鱼类的洄游河道，对鱼类的繁殖造成威胁。

其四是工业污染加剧。随着湄公河各国近年来工业的加速发展，工业所带来的固体废弃物污染、空气污染和水污染日益严重。例如在越南，超过 90% 的废水在排放时并未经过处理。这些工业污染不仅对周边的生态环境带来破坏，还威胁到当地民众的身体健康。

最后还有区域性的气候变化。近年来的研究表明，大湄公河次区域的气候已经在发生变化。研究模型显示，该地区气温持续上升，天气更加变化无常，严重的极端天气情况也越来越频发。联合国政府间气候变化专门委员会最新报告表明，海平面上升和盐水的入侵将会对沿海地区造成极其严重的影响，尤其是湄公河三角洲地区，该地区是地球上最易受气候影响的三大三角洲地区之一。气候变化将严重影响该地区的生物多样性、农业生产和社会经济活动。[②]

二　GMS 合作中环境问题的政治化与国际化

近年来，随着大湄公河次区域开发的不断深入，澜沧江—湄公河沿岸国家围绕开发与保护问题的矛盾日益突出，成为影响国家间关系的重

---

① 吕星：《大湄公河次区域的资源开发与环保合作》，载《大湄公河次区域合作发展报告（2010—2011 年）》，社会科学文献出版社 2011 年版，第 87—88 页。

② 同上。

要议题,这其中既包括中国与下游国家之间的矛盾,也包括下游国家间的矛盾。与此相应,大湄公河次区域的环境问题不仅受到各国政府、国际组织、企业、公众和非政府组织的普遍关注,而且还成为区域合作和国际关系中的新焦点,从而表现出典型的环境政治特征。

基于地缘政治、地缘经济方面的考量,近年来美国、日本和欧盟等都加大了参与湄公河地区合作的力度,与湄公河国家建立起不同形式的多边机制,而环境和资源开发是其中的一个重点。2009年7月,美国在"湄公河下游部长会议"上启动了"湄公河下游倡议"(The Lower Mekong Initiative,LMI)合作机制,重点加强环境、健康、教育、基础设施建设等领域的合作。此外,2009年日本与湄公河国家建立的"日本—湄公峰会"、2011年韩国政府启动"韩国—湄公河国家外长会议"机制,[①]以及2011年澳大利亚出资主办的"湄公河水、粮食、能源论坛"等主要涉及水资源管理、环境评估、清洁能源等领域。[②] 从关注的议题来看,这些域外国家倡议的机制有助于GMS国家的环保和可持续发展,但与GMS合作及澜沧江—湄公河合作机制的议题也有重叠交叉,存在机制拥堵的"面条碗效应"。同时,美日等域外国家实际上也试图利用环境问题作为大国博弈的利器,通过加强与湄公河国家环境合作削弱中国在次区域的影响力。

除长期支持湄公河委员会的工作外,西方国家还通过双边合作,开展环境问题的研究和培训,协助制定相关的政策。如日本政府通过提供奖学金,为GMS国家培养环保科技和管理人员,同时通过外交部的"日本基金会"资助科学研究、学术交流和培训。澳大利亚政府提供援助的一个重要的领域是关注水资源。以德国为主的欧盟国家启动了老挝北部计划,研究国外直接投资的环境和社会影响,帮助老挝政府管理外来

---

① 张励、卢光盛:《"水外交"视角下的中国和下湄公河国家跨界水资源合作》,《东南亚研究》2015年第1期。
② 《评论:湄公河流域将成为下一个东亚博弈主战场》,2012年4月27日,2018年9月15日,中国网(http://www.china.com.cn/international/txt/2012-04/27/content_ 25254914.htm)。

投资。

　　此外，一些国际组织和民间机构也参与了湄公河流域的环境治理，这些国际组织包括半官方和非官方的组织。半官方（半正式）的机制，有东盟人权工作组、亚太经社理事会协调的"大湄公河商务论坛"、亚欧会议（ASEM）社会论坛、亚行非政府网络（ADBNEO Network）、联合国、亚太经社理事会和亚行的环境项目、东南亚水管理地区对话等。非官方、非正式的机制或合作有两类。其中一类是全球性的，如世界大坝委员会（WCD）、水、粮食和环境对话（DWFE），在其活动中都包括了对湄公河流域的生态环境问题的关注；一类是地区性的，如以泰国曼谷为基地的"恢复生态和区域联盟"（Towards Ecological Recovery and Regional Alliance）、东南亚河流网络。①

---

　　① 贺圣达：《大湄公河次区域合作：复杂的合作机制和中国的参与》，《南洋问题研究》2005年第1期。

第二章

中国参与大湄公河次区域合作中的环境政治问题

"环境政治"这一术语肇始于20世纪六七十年代的西方,此后伴随着第三波民主化浪潮席卷全球,广大发展中国家的环境政治问题亦不断显现,这一话语体系开始进入发展中国家的政治生活中,并逐步发展成为一股不可忽视的政治力量。作为非主流政治的一个分支,环境政治与非主流政治过程之间具有紧密的联系。一方面,环境政治的发展受到来自政府机构、社会力量、国际组织、非政府组织的影响,而另一方面,环境政治的发展又促使了上述行为体的认知革新,不断将环境政治概念内化为一种群体思维概念。冷战后,在西方政治民主化进程推动下,环境政治独特的理念和行动方式,有力冲击着传统的垄断型或威权型政治格局,继而成为发展中国家政治民主化进程中的一种标识,促进了整个非主流政治圈的政治发展。在此大背景下,近年来环境政治在湄公河国家崭露头角,方兴未艾,并对中国参与次区域合作产生了不可忽视的影响。

位于中南半岛的缅甸、老挝、泰国、柬埔寨及越南五个湄公河国家除了泰国外,都经历了被殖民统治的历史,在获得民族解放和国家独立之初,为了巩固国家统一,恢复国民经济的发展,先后进入了具有"威权统治"特征的时代,不论是实行军人统治的泰国和缅甸,实行社会主义制度的越南和老挝,还是实行君主立宪下的强人政府的柬埔寨，都在各自国家内推行了具有"威权主义统治"色彩的统治方式。在当时的历史条件下，威权统治对于当时刚刚获得民族独立并迫切面临经济发展任务的湄公河国家来说是一种有效的统治方式，在此阶段环境政治还提不上各国议事日程。然而20世纪80年代中期以来在全球化浪潮的影响下，湄公河国家先后开始了艰难曲折的政治经济改革历程，越南与老挝在1986年开始革新开放，缅甸军人政权1988年开始变革，泰国的军人政权在1992年的"五月事件"中下台，柬埔寨1993年大选后由多党联合政府执政。与此同时，在西方民主政治的影响下，各种新思潮不断涌现，民众对社会公共事件的关注与参与热情不断高涨，政府对民意的重视程度也日益提升，长期以来形成的本土威权统治夹杂西方民主的改革交错杂糅，造成了国内政治、经济、社会局势的激荡局面。

  随着湄公河五国政治经济转型的加速推进，产业结构迭代升级，环保立法标准显著提高，国际环境话语权逐渐增强，环境政治问题也开始出现在湄公河国家的政治生活中，并发挥着越来越重要的影响。在湄公河国家进入政治经济转型阶段的背景下，新闻媒体逐渐开放、非政府组织日趋活跃，各国政府、公众环保意识增强，资源民族主义上升，美日等幕后推手以"环保"为利器制衡中国在大湄公河次区域的影响。非政府组织常常打着"环保"的旗号对中方投资项目发难，在媒体上大肆宣扬对中国的不实负面报道，激起民众对中国投资的抗议，导致中国一些重大投资项目陷入停滞的状态，不仅阻碍了中国在该区域的投资，也在一定程度上影响到中国与次区域内相关国家的关系。总体来看，在环境政治问题的影响下，湄公河国家对资源、环境的保护与控制势必会进一步加强，对外资的投资门槛也会进一步提高，大湄公河次区域合作也将从开发优先向开发与保护并重的方向转变，环境政治问题对次区域合作的影响将进一步加大。本章以次区域涉华的环境政治问题为重点，按国别来梳理近年来湄公河五国的环境政治发展情况。

第一节 缅甸：政治转型与环境运动的互动及挑战

缅甸属于欠发达国家，长期实施"资源变资产"的发展政策，主要是依赖土地、河流开展农业种植和水能开发，使国内的自然资源和环境面临巨大压力。尤其是在军人政权时期，政府侧重于追求资源开发所带来的经济利益，国家层面的环境治理能力较弱。2010年以来缅甸进入政治转型期，实行市场经济，对外开放，改善人权状况，为民间社会参与环境运动打开了大门，促进了环境政治的蓬勃发展。

一 缅甸政治转型与环境政治的共振

目前国际比较政治学界一般把当代世界的政体分为极权政体（全能政体）、威权政体和民主政体三类。政治转型指从一种政体到另外一种政体的转变历程，这三类政体之间的转换都可以称之为政治转型，其中威权政体向民主政体转型开始后的进程可分为"民主转型期"与"民主巩固期"两个阶段。缅甸1948年独立之后经历了两次政治转型，第一次是1962年3月从民主政体转变为以军人统治为主要特征的威权政体（或全能政体），第二次是从威权政体向民主政体的再转型。总体上看，缅甸独立后的政治转型呈现出否定之否定的特征。其中缅甸的第二次转型起源于1988年3—9月的民主运动。虽然1988年9月18日上台执政的仍是军人集团，但是缅甸出现了一定的政治宽松和经济改革，比如新军人政权允许多党制的存在，1990年举行了多党制大选，放弃了有强烈理想主义色彩的"缅甸式社会主义"，推动从计划经济向市场经济的转变。因此，从1988年3月至2010年11月7日新的大选举行之前，是缅甸从威权政体向民主政体转型的政治自由化阶段。① 在这一阶段，缅甸军人政府也开始了一些环保方面的制度建设。

---

① 李晨阳：《2010年以来的缅甸政治转型评析》，《领导者》2012年总第47期。

1990年缅甸军人政府成立了国家环境保护委员会（NCEA），其职责是开展公众环境教育，制定国家环境战略。1994年编制了国家环境保护政策和环境行动计划，完善国家环境保护委员会的机构设置，进行机构调整，推动环保政策的执行。国家环境保护委员会负责审查和起草部门法，开展环境影响评估，收集环境资料，建立环境标准，建立部门之间的联系和协调。这一时期缅甸签署了《气候变化公约》《生物多样性保护公约》等一系列国际环境保护条约。但由于缺乏实施环境治理和保护制度，许多法律和法规成为一纸空文，环境治理效率低下。

2010年11月7日，缅甸举行了时隔20年的首次大选，以吴登盛为首的巩发党赢得了选举。吴登盛政府积极推进政治民主化改革，伴随着缅甸进入政治转型期，缅甸的环境政治展现出空前的活力，不断与民主化进程产生共振效应，并在经济发展、党派竞争、社会运动、民族主义及国际支持等众多因素的共同作用下，逐步摆脱威权政治的束缚，显示出其特殊的影响力。

从政府层面来看，大选后吴登盛政府立即着手建立新的环境政治体系。新体系从顶层设计入手，逐步开启自上而下的机制改革。在机构建设方面，中央政府于2012年成立环境与资源保护部（MONREC），取代了环境林业保护部（MOECAF）与全国环境事务委员会（NCEA），成为唯一分管环境事务的政府部门。通过整合分散的环境管理部门，中央强化了其在环境事务方面的监管力度。① 在权力分配方面，新体制强调基层工作与顶层设计并行，充分发挥民主化的优势。随着政治转型的推进，社会民主力量开始复苏。表现在环境政治方面，则是普通民众及地方团体的环境意识不断提高，促使中央的环境管理权力向地方过渡。地方议会的话语权不断提高，从中央到地方的环境制度建设日趋成熟。② 在发展战略方面，吴登盛政府上台后立即开启了包容性政治进程，出台新的环

---

① David A. Raitzer, Jindra Nuella G. Samson and Kee-Yung Nam, "Achieving Environmental Sustainability in Myanmar", *ADB Economics Working Paper Series*, No. 467, December 2015, p. 28.

② Ibid., p. 29.

境保护法的同时，不忘强调均衡经济发展与环境保护间的平衡。① 这一发展理念在民盟执政掌权后得以延续，2016年8月，在"21世纪彬龙大会"召开期间，自然与环境议题成为与会期间的五大主题之一，足见中央政府对环境政治的重视。②

从非政府组织层面来看，政治民主化为环境组织的发展提供了土壤。在数量上，政治转型以来，缅甸社会涌现出大量国际非政府组织。2012年，仅在缅甸官方注册的国际非政府组织就达到了270余个，③ 但实际存在的国际非政府组织总量远远超过了这一数字。其中，活跃在缅甸的环境组织已突破40个。④ 在组织模式上，缅甸环境组织也呈现出系统化的发展特点。首先，各大组织不再单独开展行动，而是通过沟通协调，在缅甸建立起独立于政府之外的联系网络。其次，环境组织内部分工进一步细化。以往环境组织在缅甸开展活动的主要目标是倡导生态公益，但随着政治转型的不断深入，缅甸环境组织内部分工已分化为环保运动与政治运动两大主干，并通过与缅甸各大政党开展合作的方式，逐步发展为缅甸环境政治体系中的一块重要拼图。

二 缅甸涉华环境政治问题的发展

缅甸涉华环境政治问题具有对抗性、组织性、持续性、多方博弈等特点，主要表现为：缅甸利益各方利用涉华环境政治议题进行博弈，在党派政治、民族政治、民主选举政治中为自身争取话语权、获取经济政治和社会权益。在外部和内部压力下，官方容忍民间和国际组织反坝运动的蔓延，继而违背中缅双方签署的协定，单方面搁置相关合作项目。

---

① 韩正：《缅甸吴登盛政府经济改革的原因、措施及评价》，硕士学位论文，暨南大学，2013年，第19页。
② 王冠兴：《缅甸民盟政府的国家治理及面临的挑战》，《东南亚研究》2017年第2期。
③ Nyein Nyein, *NGO Registration Law to be Drafted*, 2018-1-23, http://www.irrawaddy.org/archives/11784.
④ The Burma Environmental Working Group (BEWG), *Burma's Environment: People, Problems, Politics*, Thailand: Wanida Press, 2011, p. 27.

2011年9月密松电站被搁置,2012年莱比塘铜矿遭抵制,这两项打着环保的旗号抵制中方投资项目的大规模抗议活动将缅甸的环境政治运动推向了高潮。此后,围绕涉华环境议题展开的环境政治运动成为缅甸政治生活中的一种常态。

(一)密松大坝事件

缅甸具有水能资源丰富、水电发展落后的特点,缅甸自身需要加快国内水电的开发力度,并且希望中国积极参与到缅甸的水电建设中来。2001年缅甸制定了"30年电力发展规划",提出要建设64座水电站,3座燃煤电厂,总装机4000万千瓦,其中汇流区水电计划就占了41%的装机容量。[①] 2006年10月,缅甸政府在第三届中国—东盟投资峰会上邀请中国电力投资集团投资参与开发缅甸水电。同年12月,缅甸政府与中国电力投资集团签订备忘录,建设600万千瓦的密松水电站。随后中企在密松坝址地区进行了一系列的测绘、勘探和设计工作,为密松大坝的建设做前期工作。中缅于2009年6月21日签署了"恩梅开江—迈立开江与伊洛瓦底江—密松上游流域水电项目开发、运营和输配协议备忘录",其中包括密松大坝项目。在密松大坝所有的技术、法律相关文件均已完备的前提下,密松大坝于2009年12月21日正式开工。

然而,缅甸密松水电站在开工建设前就因环境保护问题遭到了缅甸非政府组织和社会团体的反对,以各种形式发布环评报告,逐渐形成反坝运动。2007年以克钦网络发展组织(KDNG)为首的非政府组织以密松水电项目的环评报告缺少科学性为借口发难。先是KDNG发表长篇反坝报告"Damming the Irrawaddy",误导民众;并对第三方机构——国际大坝委员会做出的环评报告持否定态度。如果说非政府组织对密松大坝在筹备建设期间的活动还只是初试锋芒的话,那么在密松大坝建设期间的活动则是大张旗鼓。2011年,KDNG又发表反坝调研报告兼抗议书"Resisting the flood",报告言辞非常激烈,呼吁缅甸人民行动起来抵

---

① 李晨阳:《缅甸政府为何搁置密松水电站建设》,《世界知识》2011年第21期。

制密松大坝。同时，该组织还搜集缅甸国内、克钦地区所有的抗议书、反坝言论、宣传海报和非政府组织的反坝活动，力图渲染密松大坝建设不得人心。此外，该组织还公布了写给中国相关企业和政府部门的公开信，指责中国建设密松大坝未遵守相关标准和协议等行为。在国际上，KDNG 不仅联合在泰缅边境的欧美环保非政府组织营造不利于密松大坝建设的国际舆论，还得到与之关系密切的美国亚洲协会的支持。这一系列活动对 2010 年大选上台的民选缅甸政府形成巨大压力，最终在 2011 年 9 月 30 日，缅甸政府单方面宣布在本届政府任期内搁置密松大坝建设工程。

(二) 莱比塘铜矿事件

受西方国家对缅甸实行制裁的影响，加拿大艾芬豪矿产公司从位于缅甸西北部实皆省蒙育瓦市的莱比塘铜矿项目退出，中国北方工业集团下属的万宝矿产缅甸铜业有限公司开始接手莱比塘铜矿项目。2010 年 6 月 3 日，在中缅两国总理的见证下，莱比塘铜矿项目产品分成合同正式签署，合同规定 100% 的投资方为万宝公司，合作方为缅甸军方的缅甸经济控股有限公司。根据产品分成协议规定，缅甸经控公司占 51%，万宝公司占 49%。① 根据合同，该项目总投资额为 10.65 亿美元，设计产能 10 万吨阴极铜/年，于 2012 年 3 月 20 日举行了开工仪式。②

相比于密松大坝在项目筹备期间就遭到缅甸非政府组织的抵制，莱比塘铜矿是在项目启动建设过程中成为缅甸非政府组织抵制目标的。在开工之初，有西方背景的"缅甸河流网络"就以"侵犯人权""破坏环境"为由，对莱比塘铜矿进行控诉。与此同时，多个非政府组织在莱比塘铜矿当地鼓动和组织民众，在铜矿周围进行抗议活动，并引发抗议民众与政府之间的冲突，导致人员伤亡。随即更多的缅甸非政府组织进入到阻止莱比塘铜矿建设的活动中来，并引发缅甸全国性的抗议。"缅甸政

---

① 尹鸿伟：《中企缅甸莱比塘铜矿再起纠纷》，《凤凰周刊》2015 年第 4 期。
② 廖亚辉：《缅甸：中资莱比塘铜矿为何遭反对》，《世界知识》2013 年第 9 期。

治犯救助会""88学生组织"等非政府组织一方面继续组织民众到莱比塘铜矿进行抗议,另一方面到政府、中国驻缅大使馆门前进行抗议,并提出相关的政治诉求。致使时任缅甸总统的吴登盛于12月1日任命昂山素季为主席组成调查委员会负责调查莱比塘铜矿项目。2013年3月12日,调查委员会公布的最终调查报告认为,莱比塘铜矿项目应继续实施,但需要采取必要改进措施。① 随后,在2013年7月签署关于莱比塘铜矿项目新的三方补充协议,在新合同中规定,缅甸政府控股51%,缅甸经济控股有限公司占19%,万宝持有股份降至30%;此外还明确项目的2%纯利将用于社会环境投资。② 之后,2014年12月22日,莱比塘铜矿进行围挡扩建工作,又引发新一轮的抗议,不少村民开始围攻、阻挠实施围挡的中方人员和警察工作。2015年1月5日,莱比塘计划落实委员会发表新闻公报,就莱比塘项目具体环节和过程作了详细的阐述和规划。虽然该项目最终重启建设,但非政府组织及其他环保主义者仍未停止活动。

(三)中缅油气管道项目

2009年3月,中缅两国签署《关于建设中缅原油和天然气管道的政府协议》,根据协议,中缅天然气管道缅甸境内段长793公里,原油管道缅甸境内段长771公里,并在缅甸西海岸皎漂配套建设原油码头。③ 油气管道④初步设计输油能力为每年向中国输送2200万吨原油、120亿立方米的天然气,政策维持30年不变。计划总投资额为25.4亿美元,其中石油管道投资额为15亿美元,天然气管道投资额为10.4亿美元。

---

① 徐方清:《中缅铜矿:昂山素季的务实选项》,《中国新闻周刊》2013年第10期。
② 张月恒、葛元芬:《外媒称缅甸政府欲拿走中资铜矿项目大半利润》,2013年7月27日,2016年3月2日,新华网(http://news.xinhuanet.com/world/2013-07/27/c_125074402.html)。
③ 杨振发:《中缅油气管道运输的若干国际法律问题》,《昆明理工大学学报》(社会科学版)2011年第4期。
④ 中缅油气管道(缅甸境内段)是由"四国六方"(中缅韩印四国的6个投资方)共同参与投资的项目,缅甸段油气管道中缅持股几近相等,缅方每年收取1381万美元的油气管道路权费、每吨1美元的原油管道过境费。

负责天然气管道运营的东南亚管道公司里,中、缅、印、韩四方占股分别约为50.9%、7.4%、12.5%和29.2%。① 在原油运营中,缅甸能源部下辖国有企业缅甸石油天然气公司享有项目49.1%的股权收益。项目于2009年6月3日开工,历时4年多建设,在2013年9月30日,中缅天然气管道全线贯通,开始往中国输气;2015年1月30日,石油管道全线贯通,开始运输原油入境。

早在2009年中缅政府签订油气管道建设的政府协议之初,就遭到了非政府组织团体的强烈反对。在这些组织中最有影响力的是由在孟加拉国、印度和泰国的流亡人士组成的"丹瑞天然气运动"组织,该组织在2009年9月9日发布"权力走廊"的报告,声称要曝光中国如何"上马兴建一条横穿缅甸腹地、长达近4000千米的油气管道",此后又多次对此提出质疑。2012年3月1日,又有来自20个国家的9个社团、130个NGO联合署名向吴登盛总统请愿,要求停止缅甸西北部近海油气田开发和中缅油气管道项目。②

总体上看,反坝运动与反投资运动是缅甸最为突出的环境运动形式。缅甸政治转型以来,环境政治逐步摆脱了被主流政治边缘化的困境,非政府组织倡导的反坝运动应运而生,并成为环境政治中的主要运动方式。国际非政府组织普遍认为,水坝建设在满足人类福祉的同时,也伴随着影响生态的不良因素。③ 受此思潮的影响,缅甸环保界的众多力量纷纷加入到反坝运动的队伍中。密松电站遭到搁置是缅甸最具标志性的反坝运动事件,环境非政府组织在此次运动中释放了巨大的力量。在其推动下,整个反密松运动先后经历了三个阶段。首先是组建反坝团体联系网络。活跃在缅甸的众多非政府组织,包括缅甸河流组织、克钦发展网络组织、

---

① 方晓:《中方努力为中缅油气管道正名》,2013年7月30日,2016年3月5日,新浪网(http://news.sina.com.cn/c/2013-07-30/101927808594.shtml)。

② 段然、梁晨《非政府组织在缅甸政治转型与对外关系中的作用》,载《缅甸国情报告》,社会科学文献出版社2014版,第67页。

③ 王黎曦:《缅甸国际非政府组织反坝运动及因应对策研究——以密松事件为例》,硕士学位论文,云南财经大学,2016年,第32页。

地球权益组织等,通过缜密沟通和策划后,达成利益共识,共同制定关于"反密松"的具体行动方案。然后,各组织依据分工筹划示威游行,鼓噪地方民众参与反坝运动,并利用互联网等传播工具,将事先准备好的音频和视频资料,以多种语言形式散播,通过此举巧妙地将反坝运动主战场从台前转向幕后。反坝运动最后阶段的实质是扩大国际影响,形成国际压力。通常的做法是在运动的最后阶段,反坝组织向国际法庭递交诉讼,并请求欧美法庭仲裁反坝案件,以此增加国际社会对环境议案的关注度。①

在反投资运动方面,缅甸的运动形式主要呈现为两类。一类是非政府组织领导的大规模反投资运动。政治转型以来,迅速发展壮大的缅甸国内外非政府组织,开始尝试利用反对外国投资的方式来表达政治诉求。例如,2015 年 4 月,日本公司东洋泰(Toyo-Thai)与缅甸联邦政府签署了一项价值 28 亿美元的燃煤合作项目,环境非政府组织组织了项目所在地安德村(Ann Din)近 6000 名村民参与的严重抗议活动。② 随后事件持续发酵,至 2015 年 9 月,缅甸电力部与外国公司之间签订的 11 个煤电协议悉数被搁置,反投资运动取得巨大成功。③ 另一类是缅甸部分地方组织发起的反投资运动。随着政治转型步入深水区,一些地方组织越来越关注当地的环境权益,地方环境政治运动也明显增多。例如,以缅甸"实兑大学若开社会事务协会"为代表的众多地方组织,本质上都是组织领导反投资运动的主力军。④

除反坝运动与反投资运动外,其他比较突出的环境政治运动主要有

---

① 王冲:《缅甸非政府组织反坝运动刍议》,《东南亚研究》2012 年第 4 期。

② Myanmar Times, "No Coal, No Toyo-Thai: Mon Villagers Rally Against Plant", 2018 - 2 - 1, 2018 年 3 月 8 日, http://www.mmtimes.com/index.php/national-news/14307-no-coal-no-toyo-thai-mon-villagers-rally-against-plant.html.

③ Myanmar Times, "Coal Power Projects to Be Delayed", 2017 - 10 - 2., http://www.mmtimes.com/index.php/business/16245-coal-power-projects-to-be-delayed.html.

④ Adam, Simpson, *Transforming Environmental Politics and Policy: Energy, Governance and Security in Thailand and Myanmar (Burma): A Critical Approach to Environmental Politics in the South*, GBR: Ashgate Publishing Ltd., 2014, p.119.

非政府组织的环境倡议活动及政府对国内企业的环境整改行动。在倡议活动方面，非政府组织以理性维权为宗旨，秉持"非暴力"原则，劝谏政府在环境事务上更加尊重民意。在政府与民众之间斡旋的非政府组织，以其多元化的网络路径，在政府与民众之间构建起沟通机制，从国家利益的层面分析解决环境问题，避免双方在环境问题上爆发直接冲突。在此基础上，非政府组织广泛倡议缅甸政府发展包括建设小型水电站、生物燃料电站和普及太阳能等民生项目，希望通过实际工作改善缅甸民众生活状况，树立环保信心。[①] 在整改行动方面，军政府执政时期积累的大量环保问题，在民主化思潮的推动下集中爆发。

三 缅甸环境政治的发展趋势

缅甸的环境政治问题与缅甸的民主化进程联系紧密，因此环境政治对主流政治的变革反应十分敏感，主流政治的转型过程也时刻影响着环境政治的发展。在转型期间，缅甸环境政治的发展动力、外在表现均发生着不同程度的变化，这些变化深刻影响着缅甸环境政治的发展趋势，所以缅甸的环境政治问题也将随着缅甸的民主化进程的发展而发展，主要的趋势是：

第一，缅甸的环境政治问题与政治转型进程的关联度将进一步增强。在民主改革趋势下，缅甸政府在应对环境问题时，对民主监督力量也不再排斥。例如，新政府对国际非政府组织的戒心在声势浩大的民主化进程中逐渐消退，转而与非政府组织建立了广泛的合作共识。与此同时，环境组织的活动边际也迅速拓展，开始涉足一些新的领域。从范围上来看，在西方国家对缅实施经济制裁期间，缅甸环境组织的活动边际仅限于人道主义关怀，而转型以来，国际非政府组织开始在缅开展环境调研、向缅甸政府增派环境顾问、对缅甸环境建设予以援助、在重要城市设立

[①] Adam, Simpson, *Transforming Environmental Politics and Policy: Energy, Governance and Security in Thailand and Myanmar (Burma): A Critical Approach to Environmental Politics in the South*, GBR: Ashgate Publishing Ltd., 2014, p. 84.

办事处、向政府缴纳会费并接受政府管理、组织人员参与环境运动等。①从功能上来看，环境组织的权限有所放大，现阶段缅甸中央政府对环境组织的包容性增强。在摆脱政府对非政府组织的信任危机后，环境组织不仅在政策方面给予缅甸当局更多的智力支持，还有效推动了民间环境政治的发展。从传播上来看，新闻审查制度放宽后，信息自由传播由理论转变为实践，环境政治的舆论优势也随之展现出来。新媒体的介入让环境政治逐渐脱离权力中心，成为普通大众触手可及的政治议题。

作为政治较量中一个全新的维度，一方面缅甸环境政治的发展成为了推动政治多元化的一股力量，但另一方面也成为政治转型中的一个不确定因素。从积极因素来看，环境政治的多元化趋势客观上助推了缅甸政治民主化的进程。政治转型以来，缅甸各党派围绕环境问题展开论战，非政府组织更加活跃，民众与地方性团体也广泛投身环境事业。参与群体的扩大化既为环境政治本身赢得了发展机遇，也刺激了非主流政治的崛起以及政治团体的多元化。在民主监督下，环境政治已经开始内源性重构，其组织体系得以重新整合，以一种更为规范的形式呈现，与政治民主化进程密切互动。在环境政治的影响下，舆论自由进一步放开，政府行为、政党政策等现行主流政治活动也开始接受民主监督。

第二，环境政治的发展有可能让环境问题沦为缅甸政治斗争的工具。首先是中央与地方势力争相利用环境问题相互攻讦，争夺利益。在缅甸西部，以若开民族发展党为首的地方性政党，一度成立"供电委员会"等带有政治色彩的机构，将环保及民生工作视为与中央对峙的砝码，损害了地方民众的环境政治权益。② 在水坝建设问题上，中央与克钦民族武装也多次爆发冲突，双方均以维护缅甸的环境利益为由，抢占资源、领

---

① 孔志坚、雷著宁：《国际非政府组织在缅甸的发展及其影响》，《国际研究参考》2014 年第 4 期。

② Adam, Simpson, *Transforming Environmental Politics and Policy: Energy, Governance and Security in Thailand and Myanmar (Burma): A Critical Approach to Environmental Politics in the South*, GBR: Ashgate Publishing Ltd., 2014, p. 121.

地及政治话语权。诸如此类的环境冲突在政治转型后依然很多,中央与地方的龃龉在接连不断的冲突中不断加深。不同党派也利用环境问题大做文章,实则在利益分配方面讨价还价。近年来,围绕环境问题展开的党派竞争愈演愈烈,无形中加速了环境政治的工具化倾向。尽管政治转型以来,一些政党从缅甸环境利益出发,通过实际行动完善了环境政治体系,但绝大多数政党却将环境问题作为政治筹码,迎合地方需求,从而换取民众支持。例如,2015年大选前,民盟组织的一系列环境运动就极具针对性,包括公开反对伊洛瓦底江的坝区建设,在密松电站的问题上向执政党施压等。然而,在莱比塘铜矿事件上,民盟则倒戈外部势力,声称单方面撕毁同外国公司签署的协议只会丢掉国际信誉。除此之外,大选期间民盟还高举"昂山素季旗帜",在环境领域屡屡发声,也是寄希望于此举稳固昂山素季的党内权威。① 通过上述活动,民盟不仅为昂山素季幕后执政奠定了牢固的政治根基,还在环境政治领域全面打压了巩发党,成功赢得了话语权之争。

第三,缅甸的环境政治问题将促进缅甸环境立法改革,抬高投资环保门槛。转型后缅甸的环境政治无论在立法上还是司法上都有了质的飞跃,两届民选政府(巩发党及民盟政府)在推动环境立法改革方面的意愿较强,因此立法工作总体上较为顺畅。在巩固发展党执政时代,吴登盛政府自上台起即着手开展环境立法工作,2012年,缅甸颁布了新的环境保护法,两年后又出台了相应的环境管理条例。② 先后出台的新环境法与环境管理条例,不仅为缅甸环境执法提供了法律依据,还进一步肯定了1994年《国家环境政策》的法律地位,强化了国内的法律监管体系。2015年起,环境与资源保护部拟定了环境影响评价体系(EIA),将之作为环境法的补偿章程及评判依据,进一步丰富了环境法律体系的内容。

---

① 王冠兴:《缅甸民盟政府的国家治理及面临的挑战》,《东南亚研究》2017年第2期。
② 根据新环境法,环保部将严格规定环境质量标准,建立环保监测制度;对矿区开采废弃物、工业污染物、农用化学品等加强管制。详见 Earth Rights International (ERI), "Environmental Impact Assessment in the Mekong Region", Oct. 2016。

民盟政府接管环境事务以来,在中央政府的牵头下,环保部、商务部、外交部等部门机构,于 2016 年着手拟定《缅甸投资法》,鼓励发展国内外绿色企业。其中,法案第 41 条对破坏生态环境的商业行为明令禁止,展现了中央政府在生态保护方面的决心。① 从法律体系的架构过程来看,围绕环境政治展开的制度建设越发完备。环境法律条文与规章制度不再零星出现,而是作为一个有机整体中的组成部分,服务于整个环境法律体系。时至今日,缅甸在 1994 年《国家环境政策》基础上构建起的环境法律体系已初现雏形(详见表 2—1)。

表 2—1　　　　缅甸政治转型以来与环境保护相关的法律

年份	法律
2011	植物害虫检疫法修正案;种苗法
2012	环境保护法(ECL)
2012	缅甸外国投资法
2012	缅甸农业土地法
2013	自然灾害治理法
2013	化学制品及其相关制品安全隐患防治法
2014	环境保护条例(ECR)
2014	2014 年缅甸经济特区法
2015	环境影响评价系统(EIA)
2016	缅甸投资法

资料来源:The Burma Environmental Working Group (BEWG), *Burma's Environemt: People, Problems, Politics*, printed by: Chiang Mai, Thailand: Wanida Press, Jun, 2011.

虽然缅甸的环境立法日趋完善,但外资投资积极性却受到了一定的打击。在政策层面,政治转型后,缅甸政府对环境问题的重视程度显著提高,环境法律体系逐渐成形,民主监督力量的势能也在放大。缅甸的

---

① Earth Rights International (ERI), "Environmental Impact Assessment in the Mekong Region", Oct. 2016, p. 77.

投资环境相较于政治转型前更为规范,无论是项目透明度,还是环保准入门槛均有所提高。在这样的投资环境下,外国资本进入缅甸市场的难度增大,过去享受的优惠条件也面临取缔风险。在经济层面,环境政治发展中的理性因素不断推动缅甸产业结构的优化升级,但结构升级的代价是投资成本的大幅增加。过去,缅甸廉价的劳动力及粗放型的产业结构是吸引外资的关键,但随着投资成本的增长以及产业结构的集约化,外国资本对缅甸市场的兴趣也有所丧失。在文化层面,虽然环境政治的发展激发了民众的环保意识及政治参与意愿,但民众环境权利意识的觉醒却被资深政治团体利用。以公众意识为依托煽动的环境运动,不仅没有改善缅甸的投资环境,反而将经济发展拖入环保主义泥沼,严重挫伤了投资者的信心。

第四,缅甸的环境政治问题将继续影响中缅经济合作和次区域合作。政治转型以来,缅甸社会资源民族主义高涨,片面抵制他国投资、单方面搁置合作项目等一系列激进的环保思潮,客观上将环境政治推向极端化深渊。中国是缅甸最大的投资国,但由于中国对缅甸的投资主要集中在矿产、水电开发等资源性领域,一些非政府组织打着维护国家利益和保护环境的旗号,频频对中国在缅甸的投资项目发难,媒体通过传播大量有倾向性的信息引导民众,大肆宣扬对中国的不实负面报道,把民众的关切从讨论环境、民生问题向国家安全问题、政治问题转变,从而形成巨大的舆论态势,挑动缅甸资源民族主义的神经,激起缅甸民众对中国"掠夺"缅甸资源的恐惧,[①] 使得中国在缅甸的投资项目普遍被政治化,导致部分在缅甸投资的企业损失惨重,有的企业甚至血本无归,中缅经贸合作也由此陷入困境,2011 年以来中缅之间再也没有新的重大合作项目。

缅甸各方势力错综复杂,中央政府、地方政府、"民地武"各种利益

---

① 刘务:《2013 年的中缅关系:稳步发展,挑战仍存》,载《印度洋地区发展报告》,社会科学文献出版社 2014 年版,第 180 页。

攸关方盘根错节，错综复杂，中方企业开展具体项目时必须平衡这些利益群体，这原本就为中方企业增加了困难，而缅甸针对中国在缅企业，利用环境政治问题，阻挠中国企业在缅甸的项目正常开展，无视契约，不履行中缅签署的合作合同，将严重影响中国企业对缅甸的投资信心，甚至为中缅双边的传统友好关系蒙上阴影，影响中缅双方未来的经贸合作。然而缅甸国内政治势力在环境议题上缺乏共识，从莱比塘事件到密松事件，缅甸政府及其他政治势力始终未能妥善处理环境纠纷，一方面削弱了国家的公信力，另一方面也影响了域外国家对缅甸投资环境的价值判断，也将在一定程度上影响大湄公河次区域内的合作开展。

第二节 老挝：萌芽中的环境政治及潜在风险

一 老挝环境政治发展的背景

老挝的环境政治问题与老挝国内政治和经济的发展进程息息相关。老挝与我国同为共产党执政的社会主义国家，人民革命党是老挝的唯一政党。老挝人民革命党曾领导老挝人民赶走侵略者，赢得国家的独立解放，成为全国执政党后，又继续带领全国各族人民开展国家建设进程。在40多年的执政实践中，老挝人民革命党经历了四大考验，即巩固新生的人民民主政权的考验、由革命党向执政党转变的考验、革新开放的考验、苏东剧变与反和平演变的考验。[①] 20世纪80年代在全球化进程与第三次民主化浪潮的影响下，老挝在人民革命党的领导下加快了改革开放的进程。

1986年11月老挝人民革命党总书记凯山·丰威汉在党的四大上提出了"革新开放"的政策，开始进行经济改革，这是老挝首次提出"革新开放"的战略方针，从此老挝开启了"革新开放"的时代，老挝在人民

---

① 张传鹤：《老挝人民共和国的政治建设和政治体制改革》，《当代世界与社会主义》2006年第4期。

革命党的领导下逐步实现了从计划经济向市场经济转变。2011年3月,老挝人民革命党在"九大"上提出了第七个"五年计划",提出要进一步发展社会主义市场经济,鼓励发展多种经济成分,建立健全市场经济的法律法规;扩大对外开放,加大招商投资力度,在现有经济特区的基础上打造经济走廊,加强交通基础设施建设,实现区域商贸、人员互联互通;引导各种经济成分流向农村及山区,助推脱贫致富;提高政府对切实经济社会的宏观调控能力。2016年1月,老挝人民革命党召开了第十次全国代表大会(十大),制定了未来十五年远景规划,到2030年,老挝实现经济平稳可持续增长,社会主义方向的市场经济体制逐步形成。[①]从老挝这些年取得的成就来看,虽然国家积贫积弱,但是执政党奋发有为,积极进取,使国民经济保持着快速稳定的增长势头。

老挝属热带、亚热带季风气候,全年雨量充沛,境内有着丰富的自然资源,锡、铅、铜、铁、金、钾盐、煤、稀土等矿产资源丰富。湄公河水能的蕴藏量60%以上集中在老挝境内,国内还分布有20多条河流,拥有丰富的水利资源。老挝全境的森林覆盖率约为50%,拥有珍贵的柚木、黄花梨等珍稀木材。虽然老挝自然资源丰富,但由于老挝1975年才真正获得独立,国家经济发展起步较晚,基础差,底子薄,产业结构单一,许多工业原料、生活物资都要依赖从国外进口,根据世界银行的统计,老挝属于世界上最不发达的国家之一,所以独立之初环境问题对老挝来说是一个较新的课题。但到了20世纪90年代后,老挝加快了发展经济的步伐,加快了对土地、矿产、森林等资源的开发力度,1986年老挝人民革命党开始实行革新开放政策后,外来投资不断增大,由此也带来了一系列的生态环境恶化的问题,例如森林资源遭受破坏导致水土流失和旱涝灾害;工业生产导致水污染和空气污染;矿产资源缺乏有效监督和监管的过度开采开发导致的水污染和土壤污染等一系列的环境问题。

---

① 陈瑞语:《老挝人民革命党对老挝社会主义道路的探索研究》,硕士学位论文,广西民族大学,2016年。

面对不断恶化的环境问题,近年来老挝在向市场经济转变和向外国投资者开放国内市场的过程中,政府出台了一系列加强环境保护的法律和法规,这些法律法规覆盖了森林、矿产、水电等老挝蕴藏丰富资源的领域,并建立和完善了自然资源与环境部的职能。

20世纪90年代以来,老挝政府制定和颁布了有关生态环境保护的政策文件和法律法规。1991年颁布的《宪法》第17条规定"所有组织、个人必须保护环境与自然资源,包括土地、地下物、森林、植被、野生动物、水源和大气"。根据宪法规定,1993年10月,老挝制订了国家政策纲要——环境行动计划,这项政策强调了对自然资源的开发和使用必须遵循环境保护和自然资源管理的规定。1999年4月,老挝颁布了《环境保护法》,制定了环境保护法实施条例,包括环境治理的措施、环境恢复的措施及环境管理和监测的指南。近年来,又出台了一些新的相关法规,如2002年颁布的《老挝环境影响评价条例》,2004年发布的《国家关于2020年之前环境教育和意识的战略以及2006—2010年的行动计划》,2010年颁布的《国家环境标准法令》,2011年颁布的《国家环境第二个五年行动计划2011—2015》和《关于对受环境项目影响的居民的补偿与安置法令》,2012年发布的《自然资源与环境部在中央、省、县的角色与职能》等。

老挝政府虽然十分重视环境治理,但由于人力资源不足和财政经费的缺乏,老挝的环境治理能力仍然较低。因此,在对外政策上,老挝在环境治理方面主要依靠外国援助,特别是西方发达国家和国际组织提供资金和人力开发援助。同时,老挝积极参与大湄公河次区域环境保护合作、东盟区域合作,并积极与国际组织和国际发展机构合作,争取外部资金和技术的支持。

二 中国对老投资与环境政治问题

中国与老挝同属社会主义国家,中国是老挝重要的贸易投资合作伙伴,20世纪80年代以来,中国在老挝的矿产、能源、农业、电力、服务业、制造业、林业、旅游业等领域均有投资项目（见表2—2）。近年来，中国和老挝在经济领域的合作不断深入，双方之间的国际贸易额、中国对老挝的国际投资额和国际援助额都不断上涨。根据老挝媒体报道，2013年10月中国取代泰国成为老挝最大的投资国。[①]

表2—2　　2006—2012年中国直接投资老挝的行业数据

项目种类	项目个数	投资额（百万美元）	比重（%）
矿产	55	1880	39.00
工业—手工业	51	604.20	12.54
电力	2	450.09	9.34
农业	53	307.71	6.38
服务业	26	250.82	5.20
宾馆旅游业	13	145.87	3.03
贸易	15	1128.11	23.40
制造业	7	27.55	0.57
林业	3	25.62	0.53
合计	225	4819.97	100

资料来源：《老挝计划与投资部年报》，2012年。

农业是老挝政府鼓励外国企业投资的重点领域之一，也是中国和老挝投资合作的重点领域，近年来中国对老挝的农业投资领域逐步呈现出多元化的特点，涵盖种植业、林业、养殖业和农林产品加工业，但主要集中在老挝北部的橡胶、水稻、甘蔗、玉米、木薯、蓖麻、热带水果、蔬菜、烟草等领域。云南省勐腊县的勐捧糖业有限责任公司[②]从2000年开始就在老挝的勐信县、勐龙县开展甘蔗种植项目的同时，还为当地居民修建道路、资助当地儿童上学、培训提高当地工人的劳动技术水平。

[①] 《中国已成为老挝最大外资来源国》，2017年9月12日，商务部驻老挝经商处网（http://la.mofcom.gov.cn/article/zxhz/201611/20161101597667.shtml）。

[②] 勐捧糖业有限责任公司和昌胜达咖啡种植和烘焙独资公司的相关资料由西双版纳州商务局外经科和对外贸易科提供，感谢西双版纳州商务局对本书的支持。

昌胜达咖啡种植和烘焙独资公司是2011年中国在老挝投资的另一家公司，主要从事咖啡、橡胶等农产品种植和加工，公司在老挝的总部设在丰沙里省的本怒县，与丰沙里省下辖的6个县政府签订了涉及面积18万亩，合作年限为30年的生产经营合同。

矿业是中国在老挝投资较为集中的领域，老挝的矿产资源丰富，勘查与开发程度极低，很多地区的金属矿产具有非常巨大的找矿前景和开发价值，如铜、金、铝土矿、铁、锰、铅、锌、钨和锡等。2001年7月，中老两国政府签署了《万象盆地钾盐开发勘查及可行性研究协议》，2003年云南地矿局完成了万象平原钾盐资源的地质勘查，2005年中国地质调查局通过外援项目派遣专家组对老挝北部的矿产资源进行勘察，并对中国与老挝矿产地质调查的可行性进行了考察，编写了开展老挝北部地质调查的方案建议报告。中方于2007年、2008年、2010年、2011年邀请老挝方面参加矿产资源开发国际培训班。中国地质调查局与老挝资源环境部地质司签署了合作项目协议，成立了中老双方地质工作组。截至2012年12月底，中国对老挝的总投资额为48.20亿美元，其中矿业投资累计达18.8亿美元。① 中国在老挝矿产资源合作开发的重点项目有万象平原钾盐的勘查和开发项目、帕克松（Pakxong）铝矿项目、色奔（Sepon）铜金矿项目、中农集团投资的老挝钾盐开发项目。

老挝拥有十分丰富的水力资源，水力发电占90%，仅10%左右为火电。水电开发项目是中国与老挝合作的另外一个重点领域（见表2—3）。自2001年起，云南电网公司代表中国先后通过10千伏、35千伏线路对老挝北部进行供电，2009年12月6日，中国与老挝第一个高电压等级电网互联项目——115千伏勐腊至那磨输电线路带电运行，2009年底云南电网公司对老挝输送的电量突破了4亿千瓦时。2012年12月9日，中国水利水电建设股份有限公司与老挝国家电力公司共同投资的BOT项目——南俄5级水电站项目投产发电，该项目位于老挝北部的琅勃拉邦

---

① 张念：《老挝矿产资源概况及中老矿业合作开发前景》，《铜业工程》2015年第4期。

省和川圹省，投资总额达 1.99 亿美元，总装机容量 12 万千瓦。①

表 2—3　　　　　　　中国企业在老挝重大水电投资项目

年份	公司名称	项目名称	项目投资额（亿美元）
2015	中国电力技术装备有限公司	500/230 千伏万象环网输变电项目	2.39
2015	中国机械设备工程股份有限公司	Kohing-Namxa 和 HPP-Houa-muang 输电线及配套变电站	4.84
2015	中国电力建设集团	南欧江流域梯级水电站二期项目	17
2015	中国电建集团国际工程有限公司	南俄 3 水电站	12.9
2014	浙富水电国际工程有限公司	XePian-XeNamnoy 水电站项目	0.67
2013	南方电网有限责任公司	南塔河 1 号水电站项目	3.9

资料来源：根据《中企对老挝投资合作指南》整理，老挝资讯网。

中国与老挝的合作项目除矿产、能源、农业、电力等领域外，基础设施建设也是两国合作的一个重点，老中铁路建设项目是中国与老挝之间的一个重要合作项目。从 2010 年 4 月，中老两国第一次就合资建设、共同经营中老铁路达成共识，到 2016 年 12 月正式开工建设，中老铁路项目历经 6 年一波三折，中途数度变故。作为世界上尚未通铁路的国家，老中铁路将改变老挝没有铁路的历史，对老挝意义重大，但是由于热带雨林的气候条件，地质恶劣，环保要求高等因素的制约，直到 2016 年 12 月 25 日，中国老挝铁路全线开工仪式才在老挝北部琅勃拉邦举行。

---

① 方芸：《老挝：世贸组织和欧亚峰会成为难度关键词》，载《2012—2013 东南亚报告》，云南大学出版社 2013 年版，第 176 页。

综上所述，伴随着中国实施"走出去"发展战略和老挝对外开放步伐的不断加快，中国企业在老挝投资不断加大。但由于中国企业在老挝的投资主要集中在水电、矿业和农业以及铁路等基础设施等领域，这些领域受环境因素的制约较大，容易被国际社会特别是美国、日本等域外大国通过打"环保牌"进行干预和指责，从而使得我国在老挝的投资项目也可能受到环境政治问题的困扰，所以虽然目前老挝还未发生针对中国投资项目的环境政治事件，但在环境问题日益升温的背景下，我国与老挝的相关合作项目及投资在今后的发展中应该考虑环境因素和可持续发展的策略。

三 老挝环境政治问题的发展趋势

总体来看，老挝环境政治问题远不如缅甸那么突出，环境政治的话语体系在老挝还尚处于萌芽阶段。在今后的发展过程中，环境问题对于中国在老挝的投资项目来说既存在机遇，也存在一定的风险。随着老挝的市场经济体制改革的不断推进及经济社会的发展，老挝的环境政治问题将呈现以下发展趋势。

第一，环境政治的话语体系在老挝还尚处于萌芽阶段，经济发展优先将继续成为老挝的首要目标和战略选择。随着对外开放进程的进一步加快，老挝对外商投资继续保持欢迎的态度。根据世界银行2017年《经商环境报告》，老挝在190个被统计的经济体中排名135位，其中开办企业指标由2016年的第168位上升到160位，获取电力指标由2016年的第158位上升到155位，① 从开办企业、获得电力两个指标的上升情况来看，老挝的营商环境比2016年得到了一定的改善。由于老挝曾被世界银行评为"世界上最不发达的国家"，老挝的发展落后于世界上大多数的国家，但作为后发的国家老挝也有后发国家的优势，从2010年到2015年老挝经济增速都在7%以上，经济发展潜力巨大，被视为充满机遇的地方。

---

① The World Bank, *Doing Business* 2017, 2018年2月2日, http://www.doing business.org.

老挝人民革命党通过制订经济计划和宏观经济政策积极为在老挝投资的企业提供了政策保障。

第二，随着环保意识的提高，环境问题将促进老挝环境立法的改革，抬高外国投资项目的环保门槛。老挝目前形成了以《老挝外资法》为主体，涵盖矿产法、电力法、土地法和环境保护法等内容的法律体系。《老挝外资法》于1994年通过和施行，其后又于2003年和2009年两次修订，从投资领域、投资方式、外国投资方的权利和义务、老挝外资管理机构和投资争议的解决五个方面阐述了老挝吸引对外投资的内容。为了进一步规范外商投资，老挝政府颁布了《投资促进管理法》《关于外国投资审批手续的政令》《老中两国关于鼓励和相互保护投资的协定》和《外国投资项目在老挝审批程序的若干规定》为主的若干行政规范性文件。2011年通过颁布《投资促进法实施条例》对《投资促进管理法》内容进行了细化，对老挝禁止投资的行业、政府专控行业、专门为老挝公民保留的职业进行了明确的规定。允许外国投资者可以通过"协议联合经营""混合企业""外国独资企业"三种方式进行投资。对水电、矿产、地产等行业开展BOT（建设—经营—移交）方式，即允许这些领域投资者拥有特许经营年限，以鼓励投资者进行投资。至于专门的行业法律，以矿产法为例，老挝1997年出台了的《老挝矿业法》（2008年老挝国会颁布了新修订的《老挝矿产法》），2005年老挝工业贸易部又颁发了一部名为《老挝矿业投资标准条例》的部门规章条例，加强了对矿产投资活动的监管力度。

第三，随着中老经济合作的不断扩大，在环境政治背景下，中国企业在老挝的投资过程中既有机遇也有挑战。中国作为目前老挝外资的最大来源国，中国企业在老挝投资的重大投资项目多为有实力和知名度的中国国有企业，中国在老挝援建和承建的项目集中于水电、桥梁、公路和铁路等传统优势项目，具有投资金额大，投资领域集中的特点。这些领域对经济提升作用明显，但对生态环境的影响较大，从而受环境保护因素的制约也比较大。在项目开发推进的过程中，企业面临经济利益和环境保护的双重制约，容易受到外部因素的掣肘。另外这些投资项目和老挝大部分普通民众生活的改善并没有直接的关联，使得老挝普通民众对中国企业投资开发项目的好感度不高。近年来，老挝政府开始收紧对矿产和部分农作物的经营许可审批，特别是2012年开始暂停审批新的矿产和橡胶种植等特许经营项目，所以在环境政治背景下，在可预见的未来，中国在老挝的投资企业将面临更大的环境保护的压力，并对中国企业在老挝的投资带来一定程度上的冲击。

第三节　泰国：环境政治旋涡中的中泰铁路

一　泰国环境政治发展的背景

泰国的环境政治启蒙可以追溯到20世纪八九十年代。通常而言，环境政治的发展与民主化进程的互动较为密切，泰国的环境政治同样也不例外。从民主政治的发展历程来看，泰国的政治发展轨迹大致经历了三个阶段：第一阶段是1932—1959年，泰国实行君主立宪制之后，首次尝试封建王权体系向宪政体系的过渡。第二阶段是1959—1992年，该时期为威权主义主导下的政治生态。第三阶段是1992年至今，泰国在第三波民主化浪潮下开启民主转型的阶段。① 正如缅甸等其他东南亚国家一样，环境政治在泰国的发展起初较为缓慢，泰国政治发展的前两个阶段很难寻觅到环境政治的踪影。直到20世纪90年代开始，泰国才逐渐引入环境政治的话语体系，而且泰国的民主化进程与环境政治的发展紧密关联。当民主化进程向前推动时，泰国的环境政治也随之发展，民主化进程受阻时，环境政治也停滞不前。具体到社会层面，环境政治的活动边际始终从属于高阶政治活动边际。也就是说，政府对人权、言论自由等权利的包容性客观上决定了环境政治的发展空间。

---

① 陶梅梅：《泰国政治转型研究》，硕士学位论文，外交学院，2010年，第9页。

泰国是大湄公河次区域中最早开始工业化进程的国家。一方面，在工业化进程中，国家经济腾飞，人民生活水平显著提高；但另一方面，泰国生态层面的问题也相继显现。尤其是 20 世纪 80 年代以来，在投资促进委员会的激励下，泰国成为一个劳动密集型产业国家，众多环境污染较大的企业在此期间陆续入驻泰国。根据亚当·辛普森的统计，1991 年，危害性较大的工业产值占泰国工业 GDP 的 58%；1961 年到 2005 年期间，泰国森林覆盖率由 54% 下降至 25%；由此引发的气候变化问题严峻：干旱、洪灾等极端自然灾害发生频率明显增加。① 与此同时，大型水坝、油气输送管道等保障国内能源安全的项目，却在无形之中将环境风险转嫁给了欠发达地区，造成了国内生态利益的分化。泰国环境政治矛盾日益凸显，国内社会关于环境、生计的讨论也越来越热烈。

20 世纪 90 年代到 21 世纪初，随着泰国民主化进程的推进，泰国政治生态中逐渐涌现出各种各样的政治运动，环境政治就是其中之一。近年来，关于生态环境的公开抗议活动在泰国屡见不鲜，包括非政府组织、学术机构、知识分子等群体都在这波民主化浪潮中发挥了重要领导作用，其传统的威权政治体系展开斗争，不断促进泰国的民主化转型，也推动着环境政治的发展。

泰国政府近年来也关注到了环境政治的发展动态，开始完善组织内部的环境管理体系。目前，泰国负责环境保护的主要部门是自然资源与环境部（Ministry of Natural Resource and Environment），该部门的主要职责是制定环境政策、提出自然资源和环境管理措施并监督执行。在环境部下，设有水资源厅、地下水资源厅、海洋与沿海资源厅、矿产资源厅、皇家森林厅、国家公园野生动物和植被保护厅、自然资源和环境政策规划办公室、污染控制厅、环境质量促进厅等部门，分管政府各层次环境

---

① Adam Simpson, *Transforming Environmental Politics and Policy: Energy, Governance and Security in Thailand and Myanmar (Burma): A Critical Approach to Environmental Politics in the South*, Famham Surrey, GBR: Ashgate Publishing Ltd., 2014, p. 68.

工作。① 在法律方面，泰国现行的环境管理法是1992年颁布的《国家环境质量促进与保护法》，在此基础上，泰国环保部门还制定了一些相关的大气、噪音、水、土壤等方面管理条例，这部分条例主要由自然资源和环境政策规划办公室制定。与大湄公河次区域内的许多国家一样，泰国政府认可国家环境评估体系（Environmental Impact Assessment），并将之作为衡量投资项目先期评估的一项重要指标，当且仅当投资项目获得自然资源和环境政策规划办公室注册认可的环境评估报告，方可视作合法。

二 泰国涉华环境政治问题的现状

中国与泰国在资源开发领域的合作密切，中泰双边贸易总额在东盟区域内乃至亚太地区始终保持高速增长。1999年，两国双边贸易总额只有43.3亿美元，2012年已陡增至640亿美元。近几年来，两国贸易额依然保持着两位数的增长。② 近年来，泰国凭借其优越的地理位置、良好的外商投资环境吸引了大批中国企业赴泰投资兴业。中国在泰国直接投资总量不断上升，投资规模日益扩大，投资金额出现指数级增长。截至2017年2月，中国企业在泰直接投资得到批准的项目共有607个，投资金额达66.37亿美元。随着中泰铁路等两国合作开发的大型项目相继上马，中泰两国进一步实现了大湄公河次区域内的互联互通，促进了两国的经贸关系发展。但与此同时，一些隐患与纠纷也相继出现，其中环境政治问题就是一个主要方面。

以中泰铁路建设为例，该项目是在"一带一路"倡议下，中国与湄公河国家强化互联互通，实现互利共赢的重要项目。该铁路的建设不仅有助于对泰国铁路系统更新升级，还能带动沿线经济的发展、强化泰国

---

① 《泰国环境保护部门及法律法规简介》，中华人民共和国驻泰王国大使馆经济商务参赞处，2016年8月13日，http://th.mofcom.gov.cn/article/ddfg/qita/201508/20150801080931.shtml。

② 周方冶：《"一带一路"建设与中泰战略合作：机遇、挑战与建议》，《南洋问题研究》2016年第4期。

在中南半岛及东南亚地区的交通枢纽地位、提升其区域影响力。① 2013年，李克强总理出访泰国，与英拉总理达成了"大米换铁路"的协议；2014 年底，双方顺利签署《中泰铁路合作谅解备忘录》。② 虽然项目的前期准备初现雏形，但实际推进工作则举步维艰。由于建设成本、运营核算、项目规划等诸多事项存在变数，项目一再延期。随着泰国国内反英拉的情绪持续高涨，加之泰国政局动荡，中泰铁路再次陷入停滞。2016年 3 月，巴育总理宣布放弃中泰合建的"泰老边城廊开—呵叻—曼谷—玛达普"段，总长度 845 公里的复线铁路项目，转而独资建设"首都曼谷—呵叻"段，总长 250 公里高铁项目。③ 此举一度使得该项目的前期努力付之东流。但中方并没有放弃合作意愿，屡次与泰方会晤，商讨解决之策。在中方的坚持下，中泰铁路如履薄冰向前推进。然而，到了 2017年 10 月，中泰铁路环境评估未获通过，再度搁置。

中泰铁路在推进过程中遭遇的环境障碍主要表现在三个方面，首先，地形复杂，施工难度大，容易对山体造成破坏，安置工作不易开展。中泰铁路从北到南依次穿越登劳山脉、呵叻高原和湄南河谷底，沿线地形东北高西南低，需跨越湄南河等多条河流。④ 地质状况复杂对山区的生态完整性保护工作提出了考验。而世代居住在山区的泰国民众的生计也会在铁路建设过程中受到一定程度的影响，这些不利因素都在一定程度上影响了项目的环境评价。其次，泰国多变的气候对施工方提出挑战。由于泰国的气候类型为热带季风气候，因此，在季风期降雨量相对集中，往往容易造成洪涝灾害。项目施工不仅要防范山体滑坡、泥石流、热带

---

① 邹春萌：《"一带一路"背景下的中泰铁路合作：积极影响与潜在风险》，《深圳大学学报》(人文社会科学版) 2018 年第 1 期。
② 段子芹：《"一带一路"战略下中泰基础设施建设合作研究》，硕士学位论文，云南大学，2016 年，第 36 页。
③ 周方冶：《"一带一路"建设与中泰战略合作：机遇、挑战与建议》，《南洋问题研究》2016 年第 4 期。
④ 邹春萌：《"一带一路"背景下的中泰铁路合作：积极影响与潜在风险》，《深圳大学学报》(人文社会科学版) 2018 年第 1 期。

台风等自然灾害的影响，还需保证项目建设不会引发相应的次生自然灾害，这客观上来说加剧了项目难度。最后，铁路对耕地的占用问题不容忽视。湄南河下游地区是泰国的粮仓之一，是盛产稻米的良田。但是目前规划的项目蓝图又必须经过此地带，倘若农民因项目施工而损失大量耕地，势必会激起大规模的环境运动，因此这也成为影响项目环境评估的一个重要方面。除此之外，对森林资源的不利影响以及对水资源的潜在威胁都延误了该项目的环境评估工作。

综合以上三方面因素，中泰铁路的环境评估进展缓慢，在中泰双方多次接洽下，中泰铁路的环境评估终于在2017年12月通过，预期将在近期内开始动工。① 尽管此次中泰铁路的环评风波很快平息，但却不能掩饰中泰之间在环境政治上的深层次问题。

同时，中泰在水资源合作方面也渐生龃龉，双方在水资源方面的利益纠纷也常常以环境冲突的形式表现出来。中国在境内澜沧江上修建了多座水利水电项目，在境外控股及持有股份的水利项目也占据一定规模。而泰国方面对湄公河水资源的使用范围多局限于东北部干旱区的农业灌溉。随着环境权利意识觉醒，包括泰国在内的湄公河下游国家开始抱怨中国在水资源分配利用、航道分配、洪灾预警等方面有失公允。泰国一些反坝组织、环保组织也参与到了反对中国建坝的环境运动中，在一定程度上激化了中泰在湄公河水资源方面的矛盾。② 2010年11月，泰国农业部声称，湄公河水域流量严重下降，影响了泰国的农业生产，拟向中国要求增加水库泄水。2016年11月，中国船只在湄公河清理河礁时，多次遭到泰国民间组织阻挠抗议，对方声称此举危害湄公河的生态平衡。③

---

① 《环评通过！中泰铁路将于12月下旬开工》，每日经济网（http://www.nbd.com.cn/articles/2017-12-05/1168255.html）。

② Adam, Simpson, *Transforming Environmental Politics and Policy: Energy, Governance and Security in Thailand and Myanmar (Burma): A Critical Approach to Environmental Politics in the South.* Famham Surrey, GBR: Ashgate Publishing Ltd., 2014, p. 71.

③ 陈娟：《泰国总理怼抗议中国者：水那么浅，抓什么鱼？》，2017年1月，2018年4月5日，参考消息网（http://ihl.cankaoxiaoxi.com/2017/0112/1605351.shtml）。

事实上，类似针对中国开展的环境运动不在少数。除了非政府组织、环保组织的参与外，域外势力的幕后影响也日益加大。美、日等经济大国，也时常在湄公河的环境问题上向中国施压，以美国为例，多次在湄公河的环境政治问题上指手画脚，显然是刻意针对中国。

从以上案例可以看出，当前泰国的环境政治依旧处于起步阶段。一方面，泰国环境政治作为一股新生的民主化力量，表现活跃，并逐步开始向主流政治领域渗透。但另一方面，泰国环境政治还存在许多不成熟之处。例如，环境政治作为平衡经济发展与环境利益的杠杆，在处理实际问题时往往有失偏颇。当经济利益大于环境利益时，泰国鲜有环境政治的声音；但当经济利益受损时，环境政治又往往被当作抗争的武器。这种以简单的环境现实主义为主导的思维模式，实则是环境政治尚未从工业主义中脱身的表现。[①]

三 泰国环境政治的发展趋势

根据泰国环境政治的背景及走向可以看出，泰国环境政治的发展主要有三个特点。首先，泰国环境政治有多元化发展的趋势。泰国的环境政治自20世纪90年代发展至今，已脱离了单一政府层面的管辖范围。从目前的状况来看，非政府组织、环保组织、学术机构、在野党、地方团体、域外国家等关切泰国环境政治发展的组织或个人，都参与到泰国的环境政治讨论之中。随着民主化进程的进一步推进，泰国环境政治的发展有进一步多元化的趋势，无论是参与群体、还是延展范围，都将进一步扩大。据统计，泰国的非政府组织数量是大湄公河次区域各国中数量最多的。因此，在参与环境治理方面，非国家行为体的潜力巨大。[②] 其次，泰国环境政治具有体系化的趋势。从时间上看，尽管现阶段泰国的

[①] [德]约翰·德赖泽克：《地球政治学：环境话语》，蔺雪春、郭晨星译，山东大学出版社2012年版，第12—14页。

[②] 杨朝晖：《非政府组织在大湄公河次区域环境治理中的影响研究》，云南大学硕士学位论文，2010年。

民主政治发展之路并非坦途，但不可否认的是，军人治下的威权政治体系，从 20 世纪 70 年代起，就开始瓦解。① 相较于大湄公河次区域其他几个国家，泰国民主力量进入主流政治领域的时间较早，在客观上促进了环境政治体系的发展。从政治环境来看，20 世纪 90 年代初，以城市资产阶级为主导的社会力量推翻了军人统治，这为民主政治的发展赢得了机遇。近 20 年来，军人政治虽然没有消亡，但却处在蛰伏期。民主阵营与军人威权主义阵营分庭抗礼，无论是政府、还是非国家行为体，都在这段时间里建立了环境政治的体系雏形。时至今日，泰国政府层面已逐渐接纳了环境政治的话语体系，而非政府组织的规模也发展壮大。从 20 世纪 80 年代初的 50 余个，发展到 2006 年，在内政部注册的基金会已有 9733 个，协会 10780 个。② 最后，环境政治具有工具化趋势。泰国环境政治的发展并非是一帆风顺。尽管在政治转型过程中，泰国的环境政治更加多元，但依然没有改变其作为一种非主流政治的存在状态。从 2016 年的国际环境治理指数来看，泰国获得 69.54 分，排名世界第 91 位。③ 虽然依旧是大湄公河次区域中得分最高的国家，但与欧美等发达国家相比，泰国的环境管理指数还有很大的进步空间。从 2018 年的数据来看，泰国的环境健康指数为 46.21，生态活力指数为 52.33，综合得分仅为 49.88，相较两年前下降近 20 分，国际排名相应跌至 121 位。④ 虽然泰国依旧名列大湄公河次区域各国中的首位，但与缅甸的得分差距仅为 4 分。事实上，缅甸在 2014 年的环境管理指数仅为 27.44，时下与泰国相比可谓天壤之别。从以上数据中可以看出，现阶段泰国环境政治的发展进入

---

① 周方冶：《从威权到多元：泰国政治转型的动力与路径》，博士学位论文，中国社会科学院研究生院，2011 年，第 45 页。

② Summary of Regulatory System for NGOS in Thailand, September 2006, http://www.ngoregnet.org/country_information_by_region/Asia_and_Oceania/Thailand.asp.

③ Hsu, A., et al., *Environmental Performance Index*, Yale University, Available: www.epi.yale.edu, 2016, p.19.

④ 2018 *Environmental Performance Index*, p.4, Yale Center for Environmental Law & Policy, Yale University, 2018 年 10 月 20 日, https://epi.envirocenter.yale.edu/epi-topline.

了结构性瓶颈期。一方面，泰国政治局势依旧不明朗，尤其在英拉总理下台后，泰国军人复辟威权政治体系的趋势明显，民主化进程再次遭遇障碍，环境政治的处境尴尬。另一方面，泰国环境政治的利益声索方众多，无论是外国的投资公司，还是国内的利益集团，在全球经济的寒冰期内，都不愿牺牲经济利益换取环境利益。因此在区域环境治理方面，泰国的参与意愿并不强。两方面因素共同影响下，泰国环境政治出现了一定的工具化倾向。

第四节　柬埔寨：暗流涌动中的环境政治

一　柬埔寨环境政治发展的背景

与湄公河地区其他国家类似，柬埔寨的环境政治也是缘起于政治民主化进程中。因此，要了解柬埔寨的环境政治的发展背景，首先要对其国内政治发展历程进行简单梳理。从国际环境来看，柬埔寨自20世纪90年代起逐步摆脱战乱，开始构建自由市场体系。此时，第三波民主化浪潮也席卷东南亚各国，在此趋势下，随着1993年全国大选顺利举行，柬埔寨新时期的民主转型也正式拉开帷幕。发展至今虽然民主政治还没有在柬埔寨占据主流，但其国内政治已具备了去殖民化、制度自由化、规范化及非暴力化等民主政治的基本标准。① 目前，如以量化指标来审视柬埔寨政治环境的话，其政体指数（Polity IV）为2，处于专制国家与民主国家之间，也客观反映了柬埔寨处在新一轮政治转型时期的事实。②

从环境政治的发展背景来看，柬埔寨环境政治起步较晚、体系不健全的特点根植于国内政治现状之中。从政治发展历程来看，柬埔寨实现国内和平，真正开启民主化改革的历史阶段是20世纪90年代初期，且是

---

① 杨娜：《20世纪90年代以来柬埔寨政治转型研究》，硕士学位论文，广西师范大学，2017年，第34页。
② ［美］丹尼尔·奥尼尔：《中国对柬埔寨的FDI》，《南洋资料译丛》2015年第2期。

在联合国的干预下实现的。在此之前，柬埔寨国内政治斗争胶着，且红色高棉政权奉行极端统治政策，柬埔寨国内甚至一度被恐怖的专制主义笼罩。这意味着柬埔寨民主政治及非主流政治的根基薄弱，许多深层次矛盾只是在外部力量的干预下暂时偃旗息鼓。作为非主流政治形态之一的环境政治话语体系，在90年代以前，影响力微乎其微。无论是政策制定还是实践监督，柬埔寨政府都不予重视，这也导致柬埔寨的生态环境遭受到了巨大的威胁。从土地治理来看，柬埔寨没有任何环保条例遏制土壤退化及肥力下降，农业作为国民经济的支柱产业，持续出现生态问题，人均可耕种的土地逐年下降。从20世纪90年代初至21世纪初，柬埔寨的人均可耕种土地从0.55公顷下降至0.38公顷。[1] 大面积的扩种不仅没有产生经济效益，反而造成了土地利用的恶性循环。从林业管理来看，由于土地治理不力所招致的森林退化持续危害着林业系统的健康。在扩种潮流下，森林资源被严重破坏，从20世纪80年代中期到90年代中期，柬埔寨的森林覆盖面积减少了121.5万公顷，损失率高达10%。[2]

与此同时，由于气候变化等因素引起的干旱、洪涝等极端气候及地质灾害也时常"光顾"柬埔寨，对国内的生产生活造成不利影响。经历了众多环境困境之后，柬埔寨的环境治理指数已跌至全球末位，数年来，政府围绕生态环境保护主题相继出台了许多法律法规并成立了一些机构（见表2—4）。在自然保护区建设方面，国家不断完善环境部的职能，在全国范围内设立7个自然保护区，总面积多达数十万公顷。每个保护区均设有哨所、监督站并选派巡查人员。在保护区内，进一步设立水源协会与森林协会，分别管辖海域、河流水产资源以及林业资源。在国际社会的资助下，环境部与地方政府合作，在国家自然保护区划分了十余个野生动物保护区，其中豆蔻山、基里隆等5个野生动物保护区专门用于

---

[1] *Cambodia Environment Outlook*, Ministry of Environment, Kingdom of Cambodia, p. 25.
[2] Ibid..

动物的考察和研究。在非可再生资源保护方面，柬埔寨加入了《国际湿地公约》，对其境内的三处重要湿地资源进行特殊保护。在亚洲开发银行的资助下，柬埔寨环保部加强了对洞里萨湖周围5省湿地资源的管理与维护。[①] 在水资源保护方面，环境部多次组织调查团对首都金边等地的企业、工厂开展调查，结果显示，目前有200多家工厂、企业的污水基本上直接或间接流入公共水源。为此，环境部敦促金边港口、洞里萨河和干丹省境内的湄公河、巴萨河等水源保护单位及时监管，对可能污染水质的垃圾进行分类处理，对长期不重视污水和垃圾处理的工厂和企业依法处置。在应对气候变化方面，柬埔寨陆续在首都金边设立三个气候监测站，实时关注空气微粒的变化情况，迈出了共同应对全球气候变化的第一步。

为了尽快弥补柬埔寨在环境政治领域的空缺，中央政府在施政纲领中明确指出，经济发展计划要与环保工作同步进行。事实上，从1998年起，所有在柬埔寨申请的开发项目，都需要经过环保部的评估认证才能获得资质。环保部会定期抽查已开工的项目，确保项目的环境安全。与缅甸不同，柬埔寨中央政府的行政权力相对集中，所以在彻查违规项目时，受到的阻力相对较小。在国际合作方面，柬埔寨力图加速融入国际环境政治体系。洪森总理多次派代表团访问泰国、马来西亚、菲律宾和越南参加东盟环保研讨会，环保部设立的东盟办事处，专门负责处理区域内的环境合作问题。目前，联合国开发计划署、联合国教科文组织、亚洲开发银行、世界银行、美国援助组织等多方国际组织，向柬埔寨提供了数千万美元的发展资金，帮助柬埔寨对大气、森林、沼泽地及野生动物等进行监督、管理和保护。随着新闻审查制度放宽、言论自由在民主化浪潮中渐进，政府开始利用新媒体广泛传播环境保护理念，从中央到地方，柬埔寨逐层建立起相应的环保机构，监督各地方的环境安全，

[①] Kala K. Mulqueeny and Francesse Joy J. Cordon ed., *Second ASEAN Chief Justices' Roundtable on Environment*, Asian Development Bank, 2013, p. 28.

并立每年 6 月 5 日为国家环保日。

表 2—4　　　　　　　　柬埔寨主要环境法律一览

名称	颁布时间	内容
《有关环境影响评估程序的行政法规》	1998 年 8 月	项目开工前了解环境变化的趋势，提出防范对策和措施，以指导建设项目的规划、设计和建设，预防将来可能出现的环境污染与环境破坏问题。
《关于固体废弃物管理的行政法规》	1994 年 4 月	适用于所有与有害废弃物相关的处理、储存、收集、运输、周转、掩埋等内容。附件对废弃物类别进行了介绍，共有废酸、废碱、废金属及其化合物生产或使用等 32 种。
《关于水污染管理的行政法规》	1994 年 4 月	严禁任何人向公共水域、公共排放系统处置固体废弃物或任何垃圾或任何有害物质，严禁因固体废弃物或任何有害物质的储存与处置使公共水域中的水质受到污染，严禁住宅与公共建筑物的污水不经公共排放系统或其他处理系统便向公共水域排放。
《关于空气污染与噪声干扰管理的行政法规》	2000 年 7 月	根据法规，环境管理部门应对空气质量进行检查与监测，以便采取措施减少空气的污染；保管好有关空气质量测试与空气质量状态结果的资料，并让公众知晓柬埔寨境内空气的质量和空气污染的情况。

资料来源：中国—东盟环境合作研究中心。

二　柬埔寨涉华环境政治问题的现状

柬埔寨与中国在环境问题上可以说既有分歧，又有合作。从两国经贸关系来看，中国是柬埔寨的第一大投资国。从 1994 年到 2013 年，中国对柬埔寨的直接投资额逾 961 亿美元，是第二投资国韩国的 2.2 倍。[①] 除此之外，中国还是柬埔寨的第一援助国，向柬埔寨提供的优惠贷款数额最大。由此可见，中柬两国具有密切的经贸合作，环境问题上的交

---

① ［美］丹尼尔·奥尼尔：《中国对柬埔寨的 FDI》，《南洋资料译丛》2015 年第 2 期。

集也必然不在少数。从经济结构来看,柬埔寨是一个发展中国家,劳动密集型产业及资源开发性产业的比重较大。柬埔寨主要的外国投资,主要来源于大型水利项目及矿业、林业开发。中国在柬埔寨的主要投资,也是集中在资源合作开发领域。因此,柬埔寨外国投资与环境政治事务的关系甚密。从经济体制来看,柬埔寨还没有完全形成市场经济体制。国有企业是柬埔寨的龙头,也基本上垄断了国内资源开发的话语权,柬埔寨与国外公司间的合作,基本上都是在国有企业牵头下完成。在涉华项目方面,中国近年来在水电项目上的投资额规模巨大,超过了历年所有投资的总额。尽管加大柬埔寨的水利建设可以造福中柬两国人民,但过于集中的投资导向,还是招致了不少非政府组织的反对与谴责。

以中国在柬埔寨的水利项目为例,从2006年温家宝总理访问柬埔寨起,中国政府与洪森政府间达成了多项水利建设协议(见表2—5)。2010年吴邦国副总理访问柬埔寨期间,进一步深化了两国的水电合作,中柬之间签署了三个水电协议。截至2015年,中柬之间已达成了十余个水电合作项目,当之无愧成为中国在柬埔寨最主要的投资领域。这些项目几乎都是基于官方层面的合作。由于柬埔寨民主力量尚显薄弱,民主团体对于政府层面的资源开发合作基本上没有什么影响。

表2—5　　　　　中国在柬埔寨投资水电项目一览

名称	年份	规模(百万瓦)	投资额(百万美元)
基里隆1号水电站	2002	12	24
甘再水电站	2010	193	280
斯登沃代水电站	2012	120	255
基里隆3号水电站	2013	18	47
斯登鲁斯科—珂罗木格落木水电站	2014	338	338
斯登塔特水电站	2015	246	540

资料来源:[美]丹尼尔·奥尼尔:《中国对柬埔寨的FDI》,《南洋资料译丛》2015年第2期。

和中国在其他国家的投资方式一样，中柬合作的水电项目，同样延续了 BOT 的运营模式（建设—运营—移交），这种模式的最大特点是先期投入较大，回报周期较长。在 BOT 的基础上开展合作，需要保证项目长期且稳定的收益。柬埔寨政府曾对此承诺，在合约期内，保障项目的安全，同时承担一切因政治因素导致的建设公司经济损失。事实上，柬埔寨政府之所以在该问题上做出承诺，是因为中国方面对项目安全问题始终存有芥蒂，缅甸的密松电站就是一个挥之不去的阴影。然而，即使柬埔寨政府大力支持中国的水利建设，在建设过程中存在的环境政治博弈也在所难免。2009 年初，柬埔寨国会专门通过一项议案，保障中国两家水利公司的合法权益。时下，东南亚地区的反坝运动遍地开花，国际组织与环保团体对政府行为展开了猛烈的攻击。政府此举显然是动用政治威信刻意维护中国工程方的利益。但随着政治转型进程持续推进，柬埔寨的民主力量势必会不断成长壮大。当政府权力向民间让渡超过临界点时，柬埔寨的环境政治呼声将此起彼伏，届时中柬两国的合作项目将备受考验。

尽管中柬两国在环境问题上存在一些隐患，但两国在环境合作方面前景十分广阔。近年来，中国正逐步贯彻落实生态文明的治国理念，绿水青山就是金山银山的意识更是被写入党章。[①] 中国对生态文明建设的重视，正从内政及外交两个维度产生效果。在中柬合作中，中国企业的行为也在生态现代化理念的影响下开始转变。2015 年 6 月，中国环保部副部长李干杰在北京与柬埔寨环境部秘书长因津信会晤，双方对两国环境合作的许多问题进行了探讨。李干杰表示，中国在"一带一路"建设途中，需要强调生态文明建设，更需要沿线国家的支持。[②] 会后，两国签署了《中柬环境保护合作谅解备忘录》，确定了包括环保法律、法规及政

---

① 《十九大通过关于〈中国共产党章程（修正案）〉的决议，"绿水青山就是金山银山"写入党章》，中国生态文明网（http://www.cecrpa.org.cn/sxyw/yw/201710/t20171025_636306.shtml）。

② 姚伊乐：《李干杰会见柬埔寨环境部国务秘书签订〈中柬环境保护合作谅解备忘录〉》，2018 年 6 月 2 日，新华网（http://www.xinhuanet.com/politics/2015-06/12/c_127909048.htm）。

策，环境教育及公众环境意识，绿色经济，环境监管能力建设，污染防治，环保产业及技术，城市和农村环境管理，生物多样性保护等在内的九大优先合作领域。① 柬埔寨目前正处在政治与经济的双重转型期，一方面，柬埔寨的经济发展对外资依赖较大，且国民经济的构成比例失衡，产业附加值较低。另一方面，持续恶化的债务形势导致柬埔寨出现"债务悬崖"，进而成为世界上"美元化"程度最高的国家。② 中国作为柬埔寨重要的周边国家，在柬埔寨经济发展动力不足的情况下，主动在政治、经济、文化各方面向柬埔寨提供支持，这一举措实际上也是帮助柬埔寨平稳过渡，继而促成两国"中柬命运共同体"的构建。

从援助层面来看，目前，中国已成为柬埔寨的首要援助国，但相比之下，中国对柬埔寨的环境援助显然不足。中国对柬埔寨的援助领域，主要集中在基础设施建设，以大型国企为依托的援助项目，对普通民生工程涉及点较少，宣传力度相对欠缺。因此中国的援助虽然花费了大力气，但民间组织却不认可，甚至指责中国援助破坏了柬埔寨的生态安全。③ 针对中国对柬埔寨环境援助的缺失，环保部于 2015 年提出建设中柬环境合作中心的构想，并考虑将该项目纳入中国对柬埔寨的援助领域之一。如今，中国正从"一带一路"建设合作伙伴的高度审视中柬关系，中柬合作已不仅仅局限于传统的经济、政治合作，两国环境合作正逐步融入中柬合作的主流议程。

三 柬埔寨环境政治的发展趋势

首先，柬埔寨的环境政治正经历新一轮的体系构建，话语体系将逐渐成熟。从发展趋势看，环境政治与一个国家的政治转型是相辅相成的，

---

① 丁士能、张永涛、田韵曼、刘婷：《推动中柬环境合作打造一带一路绿色战略支点》，《环境与可持续发展》2016 年第 6 期。

② 王文、刘典：《柬埔寨："一带一路"国际合作的新样板——关于柬埔寨经济与未来发展的实地调研报告》，《当代世界》2018 年第 1 期。

③ Sebastian Strangio, "China's Aid Emboldens Cambodia", May 16, 2012, 2017 年 5 月 9 日，http://yaleglobal.yale.edu/content/chinas-aid-emboldens-cambodia.

现如今柬埔寨正处在威权政体向民主政体的过渡时期，环境政治既成为民主化进程的产物，又反作用于民主化进程。作为非主流政治中的新锐力量，柬埔寨环境政治的发展阶段正值跨国性环境问题集中出现的时期。这一趋势促使环境政治的参与方较之以往明显增多，涉及领域及活动边际持续扩展。这些特点使得环境政治的重要性在国内国际政治生态中凸显出来，成为影响柬埔寨内政及外交的一个关键因素。其次，环境政治局势将越发复杂。由于环境政治体系的扩展，其内部的参与方增多，涉及的问题更加广泛。在此趋势下，环境政治与其他社会问题交织在一起，该领域势必会出现更多争鸣。在威权政治体系下，政府垄断了环境政治话语权，自然也不存在关于环境政治的社会讨论。但这一现状正在逐步瓦解，当社会群体更多地参与到环境议题时，柬埔寨的环境政治分歧将不断涌现。最后，环境政治对经济发展的重要影响作用将逐步显现。在全球化、区域化背景下，生态问题已超越了国内政治范畴，上升为一个区域性乃至全球性的问题。从目前的发展趋势来看，全球环境安全局势不容乐观，而大国之间在环境合作方面迟迟无法达成共识。作为一个发展中国家，柬埔寨既需要快速发展经济，又需要在国际背景下找到平衡环境利益与经济利益的支点。可以预见，未来柬埔寨的经济发展将与环境政治紧密联系在一起，并对柬国际关系和对外合作产生一定的影响。

第五节　越南：最下游国家的担忧与期盼

一　越南环境政治发展的背景

越南地处中南半岛东端，湄公河的最下游。该国地理地貌以山地及河海沿线平原为主。由于地势变化显著，越南的生态环境极具多样化特点。越南的环境政治问题也是伴随全球化的浪潮和越南对外开放的扩大产生的。1986 年 12 月，越共在第六次全国代表大会提出了"革新"路线，确立以经济建设为中心任务、强调发展国内经济的发展方向。① 这一路线的确定，象征着越南政府将经济优先放在了国内工作的首位，环境问题还提不上议事日程。此外，越南的环境治理观念，始终停留在朴素的和谐观层面，大体上而言，就是加强人与自然的联系，倡导简单的保护与禁止。这种过于宏观缺乏具体实践措施的环境治理方式，往往难以收到实效。越南的环境政策以辅助经济为基本原则，主张经济发展优先，充分开发利用自然资源，导致生态破坏严重。越南的生态被破坏得十分严重，森林、沼泽和滩涂等地被人们更改为耕地，这让森林中所拥有的保护流域，为动植物提供的栖息之地以及人们进行科学研究活动等生态功能被破坏，产生土地生产能力降低等环境问题。② 越南国家经济大学经济与环境学院副院长称，越南环境污染每年造成国家GDP损失达到5%，且该比例还在上升。红树林、沿海滩涂、沙丘海滩和珊瑚礁等自然资源的过度开采，使得沿海生态环境日趋恶化。数据统计显示，20年来，越南森林覆盖面积平均每年减少两万公顷，很大一部分的森林受到了影响。另一方面，海产事业的过度发展以及过于频繁地使用爆炸物和毒素等物品进行捕鱼也使生态环境遭受严重破坏，导致海藻面积变少，破坏了大量珊瑚，同时也使植物区受到严重损害。越南红河三角洲地区的红树林普遍减少，是因为人们将沼泽、森林开垦为耕地及去发展水产业，用森林生产木材和炭等用品。据越南农业部统计，海水倒灌造成耕地盐碱化日益加重，16万公顷冬春稻受盐碱化影响损失就达5万亿越南盾（约合2.38亿美元）。同时越南的自然森林面积不断减少，也严重影响了越南的生态平衡。③

在环境问题日益严峻的情况下，越南政府于2005年颁布了新修订的

---

① Pham Mai Lanh（范梅）：《越南开放型经济发展的环境效应研究》，硕士学位论文，南京大学，2013年，第15页。

② 黎氏娥：《越南革新开放以来的生态问题研究》，硕士学位论文，东北财经大学，2017年，第13页。

③ 同上。

《环境保护法》,在一定程度上增强了法制监管能力,且加强了执法系统的可操作性。此外,越南《环境保护税法》规定从 2012 年起,对石油产品、煤产品、塑料产品限制使用,对污染性较大的农药产品征收环保税。但现阶段越南的工业转型尚在探索之中,一些小规模企业,特别是造纸业、化工制品业、石油及其副产业冶炼加工企业,仍普遍存在噪音污染、废水废气乱排现象。很大一部分有毒及有害的废弃物,在未经加工处理的情况下直接倾倒,对水体资源、土地资源造成不可逆的环境污染。加上城市净水设施不齐全,设备老旧,这个问题在越南变得越来越严重。虽然越南国家环境局制定了工业废气或废水的排放标准,但绝大多数的工厂仍直接将未经处理的废弃物排放到江河、水道或池塘里。例如,在河内,至少有一部分的工业固体废弃物被直接倒入那些没有任何或只有少量防护措施的倾倒处。①

越南的废气主要来于火力发电站的二氧化硫、氮氧化物以及煤矿和水泥厂的颗粒物,另外,交通运输工具大量使用含铅汽油使主要城市中大气的一氧化碳、二氧化碳、尘浮颗粒和铅的含量升至令人担忧的程度。为了控制污染,越南国家环境局采取了一些临时性措施,但由于缺少一个有制度可循的管理方式和可资利用的资源,直接导致了越南的环境治理指数始终落后于国际平均水平,甚至在亚太地区的排名都十分靠后。据 2008 年的环境治理指数显示,越南的环境治理表现、环境健康及生态活力三个指标得分分别为 46.96 分、47.12 分、46.86 分,综合排名仅位列国际 132 位。②

进入 21 世纪以来,越南开始在环境问题上寻求改变。越南共产党第十一届大会指出,要改变环境发展格局,并建立健全环境保护机制。③ 这

---

① Pham Mai Lanh(范梅):《越南开放型经济发展的环境效应研究》,硕士学位论文,南京大学,2013 年,第 26 页。
② 2018 Environmental Performance Index, Yale Center for Environmental Law & Policy, Yale University, p. 4, 2017 年 8 月 20 日, https://epi.envirocenter.yale.edu/epi-topline。
③ 越南共产党:《越共文献全集》,越南国家政治出版社 2013 年版,第 169—175 页。

是越南国内对环境政治的一次突破性探索。围绕这一目标,包括环境机构、政府、学者在内的众多环境关切体,在越南广泛开展工作,提出了"2010—2020年环保战略""至2020年水资源战略""矿产战略""气候战略""越南2011—2020年期间可持续发展战略""国家的绿色增长战略"等方案,可以看出,自2010年以来,随着东南亚国家先后步入政治转型期后,环境政治在地缘维度的张力在逐步释放,其扩散速度也是相当迅速,越南提出一揽子环境计划,正是为了迎合当今时代可持续发展的治国理念。随着环保理念的推广,越南正经历着环境政治与社会经济、文化、外交等多领域的融合,环境政治的发展也呈现出一些新的趋势。

二 越南涉华环境政治问题的现状

中越两国在大湄公河次区域合作中关于环境议题的主要分歧表现在水资源开发方面。作为下游国家,越南在湄公河流域开发中特别关注农业环境的保护,对中国在上游修建诸多大坝十分担忧,遇有大旱更是频频发声。越南地处湄公河最下游,富饶湄公河三角洲是越南最大的谷仓,而农业灌溉则是越南利用湄公河水的主要途径。但是,近年来越南下游地区面临着越来越严重的海水倒灌威胁。因此,越南政府更加注重取湄公河水灌溉农田以防止海水侵入,强调水资源合作务必优先协助各国应对自然灾害、土壤盐渍化、确保粮食安全。

2010年中国西南地区遭逢百年大旱,湄公河流域国家也发生了不同程度的旱情,下游各国视为生命线的湄公河的水位,更降至20年来最低点。越南、泰国、柬埔寨等下游国家的社会舆论和一些国际环保组织纷纷将此归咎于中国在湄公河上游修建大坝。中国方面则解释为是极端气候导致了旱灾,且中国境内的澜沧江出境处的径流量仅占到湄公河的16%,并不能对下游的流量产生决定性的影响。这一事态虽后来趋于缓和,但这种争端使得区域内的良性合作受到了阻碍,也对中国与越南等湄公河国家的关系产生了不利的影响。①

为缓解湄公河下游旱情，应越南政府的请求，中国政府于 2016 年 3 月 15 日至 4 月 10 日间，利用澜沧江水库蓄水，通过云南景洪水电站对下游实施应急补水。在补水期间景洪电站的下泄流量，从原来的日均 1000 立方米/秒提高到日均 2000 立方米/秒以上。② 据越南方面的报道，当时越南正遭遇 90 年来最严重的干旱，湄公河三角洲面临海水倒灌，土地盐碱化的严重问题，已影响到当地的农业生产及生活。③ 在此情况下，此次应急补水针对下游紧急情况下的特殊需求，利用上游水库蓄水，实现水资源在时间上调节功能，为缓和下游干旱做出贡献，彰显了人道主义精神，受到越南等湄公河国家的一致赞赏。同时也应该看到，随着下游国家的农业和社会经济的快速发展，对水的需求量持续增长，而水利基础设施落后、污染加重等都加剧了水资源供需矛盾。应急补水只是一项补充措施，治本之策还在于下游国家要加强水资源综合管理和水利建设，提高水资源的利用率。但无论如何，"应急补水"作为中越两国一次别开生面的环境外交行动，具有特殊的意义。

此外，在投资领域方面，中国对越南的投资主要集中于加工制造业，其他投资行业还包括生产线、配电系统、燃气、水和制冷系统等。中方投资中加工制造业比重较大的现状决定了中越合作必须面对大量的环境事务，使中国在越投资也面临着巨大考验，主要有两方面的风险。首先是环保核查不达标的风险。目前越南政府对环境保护日益重视，在工程开展前，会对其进行严格的环保检查，不符合标准的企业会被要求马上停工整顿并接受处罚。其次，安装环保设备高成本的风险。越南对环境保护的重视，使得中资企业不得不慎重考虑污染物排放问题。加工制造

---

① 刘稚：《环境政治视角下的大湄公河次区域水资源合作开发》，《广西大学学报》（哲学社会科学版）2013 年第 5 期。

② 《外交部：中方将通过景洪水电站对湄公河下游实施应急补水》，2018 年 9 月 17 日，新华网（http://news.xinhuanet.com/world/2016-03/15/c_1118340758.htm）。

③ 《外媒：越南遇 90 年来最严重旱灾　中国开闸放水》，2018 年 9 月 15 日，参考消息网（http://www.cankaoxiaoxi.com/world/20160316/1101082.shtml）。

业对环境的污染较其他产业更为严重，因此需要估算安装环保设备的成本，使得盈利的同时又不违反越南对环保标准的规定。①

三 越南环境政治的发展趋势

近年来，随着环境问题日益凸显，越南政府也开始重视治理一些严峻的环境问题。在水资源管理方面，越南政府通过重大努力，立法控制排放量和水体污染的来源。越南政府近年来颁布了水质标准，彻底清除水体垃圾，同时也对生产设施造成严重环境污染和废物的项目收费，以此限制污染。但与缅甸、泰国不同，越南的政治体制比较稳定，但相对稳定的政治体系，又在某些方面排斥新变量的融入。因此，越南的环境政治的主体仍是政府，与缅甸、泰国等相比，非政府组织和民众的参与度较低，由于监管措施不力、民间监督机制匮乏，因此与环保相关的法律法规的落实仍面临着较大困难。

不仅如此，越南拥有大湄公河次区域最为集中的低端制造业，低端制造业尽管排放大、污染严重、缺乏循环利用理念，但其利润丰厚，且工序简单。在缺乏行政和法律干预的情况下，低端制造业将持续给越南的环境和经济可持续发展带来冲击。尤其是越南的环境保护在与经济发展存在矛盾的情况下，无论是政府还是民间，以放弃经济利益换取发展模式转型的意愿尚不强烈。在生态文明理念还未能被内化为越南主流政治观之前，环境政治在一段时期内还不会对越南的内政和外交产生更多的影响。

---

① 黄令仪：《中国对越南加工制造业投资的法律风险研究》，硕士学位论文，广西大学，2017年，第28页。

第三章

影响次区域环境政治发展的主要行为体及相关因素

中国参与湄公河次区域合作（包括1992年成立的大湄公河次区域合作与2016年启动的澜沧江—湄公河合作）进程中环境政治问题的发展主要取决于域内相关行为体的环境利益诉求，同时也受到域外国家和组织的环境战略的干预，是多重因素共同作用的结果。具体来说，各国政府、国际组织、企业、公众和非政府组织（NGO）是影响次区域环境政治的主要行为体，由于各自的立场与利益，在环境政治问题的产生、发展与治理上扮演着不同的角色，发挥着不同的作用，共同影响着次区域环境政治问题的走向。各国政府在发展战略与环境政治上的诉求差异是环境政治问题产生的主要内因，同时美国、日本、韩国、澳大利亚等域外国家和国际组织在湄公河次区域环境战略的实施则是重要的外部因素，相关国家的非政府组织和社区公众对环境政治的利益诉求和影响又使问题更加复杂化。此外，中方投资产业分布过于集中于资源开发与基础设施领域，使项目易受到东道国法律法规欠缺、政治和文化冲突的影响，也是一个不可忽视的因素。

第一节 次区域各国政府的环境发展战略与环境政治诉求

缅甸、老挝、泰国、柬埔寨、越南等湄公河国家均为资源丰富而经济发展滞后的发展中国家,多处于资源导向型经济发展阶段,资源导向型的发展模式对环境政治有着深刻的影响。根据世界银行统计数据,2015年发展程度最高的泰国人均国民生产总值约为6500美元、越南为2300美元,缅甸、老挝、柬埔寨三国人均国民生产总值则在1200—2500美元之间。同时该地区五国贫困人口所占全国人口比例数也较高。根据世界银行的最新统计显示,缅甸的贫困人口比例为32.1%(2015年),老挝为23.4%(2012年),柬埔寨为17.7%(2012年),泰国为10.5%(2014年),越南为9.8%(2016年)。[1] 在此背景下,湄公河各国政府虽然开始重视环境问题,设立了环境管理的相关部门并颁布了有关的法律法规,但在经济发展优先的前提下,相关部门与法律的效用仍然是有限的。现阶段最能体现各国政府环境政治诉求的莫过于各国的环境发展战略规划与相关法律法规,尽管这些与环境相关的发展规划与法规仍处在探索和完善中,但也对次区域环境政治产生了重要的影响。

一 湄公河国家发展战略中的资源导向及利益诉求

湄公河地区蕴藏有丰富的水能、土地、矿产、森林资源,最为丰沛的当数水资源。该地区拥有澜沧江—湄公河、萨尔温江、伊洛瓦底江、洞里萨河、阿伦河、磅逊河等众多河流,水量充足并且径流量大,具备发电、灌溉、航运、渔业、旅游等多重利用效益,开发潜力巨大。近年来,为促进经济的发展,各国都加快了对水电等资源的开发和利用,从而使经济发展在不同程度上具有资源导向的特征,并对次区域环境政治产生了深刻的影响。

近年来,水电开发已成为湄公河国家刺激经济发展的重要内容和主要手段,老挝、泰国、柬埔寨和越南四国均制定了湄公河干流水电开发的宏大计划,并进入实施阶段。根据湄公河委员会秘书处完成的"湄

---

[1] 世界银行,2017年5月20日,https://data.worldbank.org.cn/?locations=KH-LA-MM-VN-TH。国家贫困率是生活在国家贫困线以下的人口的百分比。国家的估计值是根据住户调查中得出的人口加权的子群体的估计值得出的。

公河干流水电站"规划，下游四国在干流共规划了11座水电站，分别是老挝境内的本北（Pak Beng）、沙耶武里（Xayaburi）、琅勃拉邦（Luang Prabang）、巴莱（Pak Lay）四个水电站；老挝、泰国交界河段的萨拉康（ChiangKhan）、班库（BanKoum）、巴蒙（Pamong）三个水电站；柬埔寨、老挝交界的栋沙宏（Don Sahong）水电站；柬埔寨境内的上丁（Stung Treng）、松博（Sambor）、洞里萨（Tonle Sap）三个水电站。这些干流大坝规划展现了各国通过资源开发推动经济发展的决心，其中尤以老挝和泰国最为迫切。

老挝经济以农业为主，工业基础薄弱，是联合国确定的最不发达的国家之一。从地理上看，老挝地处中南半岛内陆，国土多为山地高原，境内丰富的水能是其最大的资源。老挝全境有20余条流程200公里以上的河流，其中最长的湄公河在老挝境内全长1846.8公里，湄公河50%以上的水力资源蕴藏在老挝，全国有60多个水源较好的地方可以兴建水电站。① 因此老挝将开发水电资源作为发展国民经济的重中之重，致力于成为"中南半岛的蓄电池"。其目的主要是向泰国、越南等周边国家出口电力增加外汇，同时水电开发也有助于老挝加强国内的基础设施建设、改善外商投资环境。目前，老挝向泰国出售的电力收入已占其全部外汇收入的1/4，是老挝第一大出口产品。

泰国是湄公河地区经济发展层次最高的国家，电力需求量巨大。泰国的电力蕴藏量为1062.6万千瓦，但水电在其电力结构中仅占到11.6%，主要是由于环境保护等原因使得一部分水电资源没得到开发。截止到2004年，泰国仅有普密蓬、诗丽吉、林塔、孔巴蒙等7个水电站建立并投产发电。目前，泰国的水电发电量已经远不能满足其巨大的用电需求。为此，泰国政府正开展与周边国家的电力合作。近年泰国主要从老挝购买电力，电力贸易已成为双边贸易的重要内容之一。根据政府规划，泰国在2030年之前需要从老挝购买7000兆瓦电力，双方已签署购

---

① 《老挝的水电市场分析》，2018年8月20日，南博网（http://www.caexpo.com）。

电协议，购电总量为2310兆瓦，其中包括沙耶武里水电站。① 此外，泰国还采取合作建厂的方式来分享电力资源，如向水电资源丰富但经济欠发达的老挝、缅甸进行投资，实施联合开发，多管齐下，以保证未来电力能源供应不致成为经济发展的瓶颈。

越南是一个经济增长较快的新兴市场，政府也十分重视对水电资源的开发和利用。2001年，越南生产电量8478兆瓦，其中水电比例为48.6%。2006—2010年间，为满足生产、生活用电需求和农业灌溉需求，越南电力总公司投资了39.33万亿越南盾用于兴建13座水力发电站。但随着国内经济的发展，越南的用电需求也急剧上升。近年来，越南正在寻求多种形式的电力开发与区域电力合作。2011年7月通过的《2011—2020年越南国家电力发展规划》确定，将优先发展再生能源，不断提高再生能源电量比例，其中，将优先发展水电项目，特别是集防洪、供水和发电于一体的水电项目，将水电功率由目前的9200兆瓦提高到2020年的17400兆瓦。② 这反映了越南能源供应的紧迫性以及利用水资源发电的决心。

柬埔寨是传统农业国，工业基础薄弱，是世界上最不发达的国家之一。目前，一方面柬埔寨电力供应无法满足国内基本电力需求，需依赖从邻国进口。另一方面，柬埔寨江河众多，水资源丰富。水电储藏量约10000兆瓦，技术可开发总量为6695兆瓦，但由于国内电力部门的规模较小，又缺乏资金和技术，所以只开发了13万瓦的水电。③ 因此，柬埔寨政府正积极制订电力发展计划，希望通过引进私人投资等手段来促进其水电发展。通过水资源的开发，不仅可以满足柬埔寨国内的电力需求，还可以通过水坝建设带动国内基础设施建设，而且还是出口创汇的重要

---

① 中国—东盟博览会：《泰国欲进口老挝电力》，2011年4月22日，2017年6月8日，http://www.caexpo.org/index.php?m=content&c=index&a=show&catid=120&id=93650。

② 《越南将优先发展再生能源和水电》，2011年7月29日，2017年6月7日，国际能源网（http://www.in-en.com/article/html/energy-1089437.shtml）。

③ 《柬埔寨水资源现状分析》，2017年11月20日，资源网（http://www.lrn.cn/invest/internationalres/200704/t20070427_54927.htm）。

手段，因此，柬埔寨对湄公河干流水电开发也持积极态度。

缅甸拥有伊洛瓦底江、萨尔温江等多条开发潜力巨大的江河，但由于缺乏资金和技术，水电开发一直都比较缓慢。20 世纪 80 年代以后发展速度虽然很快，但生产仍然非常不足，装机容量 1989—1990 年度仅为 80.7 万千瓦，其中水力发电为 25.8 万千瓦。1998 年以来，水力发电业有所发展，1999—2000 年度装机容量达 119.6 万千瓦，其中水电发为 36 万千瓦。到 2008 年有 28 座水电站，装机容量为 120 万千瓦，占全国发电量的 38.5%。[1] 尽管缅甸在水电开发领域取得了一定的成绩、政府也把水电开发列入新能源战略，但其自身的水电开发能力较低的状况仍然未有大的改变。近年来，中国加大了与缅甸水电合作开发的力度，但由于缅甸国内环境政治发展的影响，缅甸政府对中国企业投资水电项目也十分谨慎，并在 2011 年叫停了密松电站的修建。究其原因主要是政治的而非经济的考量。

在军政府统治时期，缅甸因受西方制裁迫切需要中国在政治、经济上的支持，视中国为"最重要盟友"，对中方投资项目比较支持。但自 2011 年以来缅甸进入政治转型期后，民选政府努力通过民主改革来改善国家形象和国际环境。因此，当民间爆发反对中国投资项目的抗议活动时，政府更关心的是如何安抚民众，稳固统治。密松电站叫停事件与这一时期缅甸国内的政治需要密切相关，成为缅甸对外展示民选政府尊重民意形象的经典案例。缅甸各派政治势力对此一致叫好，不仅提升了吴登盛总统的政治声誉，民主派领袖昂山素季也从中获益不少。[2]

二 相关各国环境管理机构与法律法规

缅甸的环境机构与法律法规。缅甸的环境机构与法律法规建设大致可以分为两个阶段。第一个阶段是在 2010 年民主政治转型前对环境发展

---

[1] 贺圣达、李晨阳编著：《列国志·缅甸》，社会科学文献出版社 2009 年版，第 273 页。
[2] 尹鸿伟：《缅甸民主变革波及中国投资利益》，《南方人物周刊》2011 年第 36 期。

战略的有限探索，表现在相关环境部门的建立与法案的设立上。1989年，缅甸林业部设立全国环境事务委员会，主要负责环境事宜。2010年林业部进行改制，变更为环境林业保护部，主要负责统筹全国的环境工作，但总体来看，这些部门的功能较为有限。① 同时缅甸也开始逐步设立环境法律体系。例如，1951年颁布了《工厂法案》，以妥善处理每个工厂的废弃物，优化清洁程度，保障健康，预防危险事件。1972年颁布了《公共健康法》以保障并促进公共健康事业，采取必要措施维护公共环境健康。1977年颁布了《领海及海洋区域法》界定海洋区与毗连区，并保护海洋环境。1990年颁布《海洋区捕鱼法》保护并系统性管控鱼类资源。同年还颁布了《杀虫剂使用法》以及《私营工业企业法》。1992年颁布了《森林法》预防破坏森林及生物多样性的非法行为，并保护及恢复森林。1993年颁布了《植物害虫检疫法》防止外来物种入侵缅甸，控制入侵物种的传播。1994年颁布了《国家环境条例》，1996年颁布了《缅甸矿物开发管理法》关注由矿业开发所导致的有关环境问题。2002年颁布了《耕作法》，以促进农业发展，保护土壤。2006年颁布了《水资源保护法》保护河流及水资源。2008年颁布的缅甸《新宪法》第一章和第四章中规定了中央政府、各省、邦政府及公民个体保护环境的义务；2009年颁布的《可持续发展战略规划》则提出了国家的可持续发展战略。②

第二个阶段为2010年缅甸民主政治转型以来，这一阶段环境组织体系逐步完善，并对环境问题更为重视。首先，在中央和地方环境机构与机制建设方面，2012年缅甸中央政府成立环境与资源保护部取代了全国环境事务委员会和环境林业保护部，成为唯一管理环境事务的政府部门，强化了政府在环境事务方面的监管力度。此外随着社区和民众环境意识的提高，促进中央的环境管理权力向地方过渡，地方议会的环境政治话

---

① 冀亚锋等：《缅甸油气勘探开发中的环境问题研究》，《中国安全生产科学技术》2014年第S2期。

② Benjamin Sovacool, "Environmental Conservation Problems and Possible Solutions in Myanmar", *Contemporary Southeast Asia*, Vol. 34, No. 2, 2012, pp. 217–232.

语权有所上升。① 其次，颁布了新的环境法。2012 年 3 月 30 日，缅甸颁布《环境保护法》，该法律由联邦议会通过并由总统吴登盛签署，对外国投资产生的环保问题进行规范管理。2012 年 11 月 2 日，吴登盛又签署了《缅甸联邦共和国外国投资法》，新的投资法注重保护民俗和生态环境，将"影响民族传统及习俗、影响民众健康、影响破坏自然环境及生态链和输入有害有毒废弃物的项目"列为禁止项目。缅甸新的环境立法越来越注意保护人权和自然资源，如限制对自然资源和环境造成损害、损坏有关民族文化传统、对人民身体健康造成影响的投资，等等。②

老挝的环境机构与法律法规。随着老挝自身经济发展需要与迎来越来越多的外来投资，为保护国家的环境安全和规范外资行为，老挝通过设立机构、制定法律法规等措施来部署环境发展战略，并对相关法律法规的执行表现了较为坚决的态度。

第一，老挝环境保护管理部门与职责。老挝环境管理部门自上而下包括自然资源环境部、部派驻处、省/直辖市自然资源环境厅、县和村委会等 5 级机构，覆盖范围较广。这些机构的主要职责有：（1）制定和实施环保法律法规；（2）研究、分析和处理项目环保问题；（3）颁发或没收环保许可证；（4）指导环评工作；（5）开展环保国际合作等。近年来，老挝政府加强了环境管理和跨部门协调，创建了多层次的协调机构、促进机构和省际协调，其中包括老挝国家环境委员会（NEC）、水资源协调委员会（WRCC）、湄公河老挝国家委员会（LNMC）。

第二，老挝相关环境法律法规与执行特点。老挝环境保护法律法规有《环境保护法》（1999 年 4 月颁布实施）、《环境保护法实施令》、《水和水资源法》、《水和水资源法实施令》等。2013 年又对《环境保护法》

---

① David A. Raitzer, Jindra Nuella G. Samson and Kee-Yung Nam, "Achieving Environmental Sustainability in Myanmar", *ADB Economics Working Paper Series*, No. 467, December, 2015, pp. 28 – 29.

② 祝湘辉：《缅甸的投资环境与对策建议》，2018 年 3 月 9 日，中国社会科学院地区安全研究中心网（http://crss.net.cn/html/2014-03/1897.html）。

进行了重新修订。① 同时，老挝对环境法律法规的执行是比较坚决，注重落实的。2006 年 8 月 10 日，老挝科技和环境组织召开由各相关职能部门和社会各阶层人士参加的会议，旨在强制执行环境法。在会议上，政府表示已制定环境法，并加强环境法的宣传，在执法的过程中可能会遇到一些困难，但是对于违法的人，一定要采取强制性的制裁措施。② 2010 年 2 月，老挝对《环境评价条例》进行了修订。此次修订严格了环评程序，进一步完善了公众参与制度。新修订的《环境评价条例》将所有项目分成两大类，一类包括小规模投资项目和对环境与社会影响较小的项目，这类只要求"初步环境评估"（Initial Environment Examination, IEE）；一类是大规模投资的项目，包括复杂的和显著影响环境与社会的项目，要求严格实行"环境影响评估"（Environmental Impact Assessment, EIA）。

泰国的环境部门与法律法规。泰国为降低环境问题风险，主要从环境保护管理机构、环评咨询和服务工作的专业事务所的设置、详细的环境法律法规的制定，来确保环境保护与投资开发之间的平衡，减少环境问题所带来的危害。

第一，泰国环境保护管理部门与职责。泰国负责环境保护的政府部门是自然资源和环境部（Ministry of Natural Resource and Environment，简称 MNRE），其主要职责是制定政策和规划，提出自然资源和环境管理的措施并协调实施，下设有水资源厅、地下水资源厅、海洋与沿海资源厅、矿产资源厅、皇家森林厅、国家公园野生动物和植被保护厅、自然资源和环境政策规划办公室、污染控制厅、环境质量促进厅等部门。

---

① 中华人民共和国驻老挝人民民主共和国大使馆经济商务参赞处：《老挝颁布〈环境保护法〉等新法律》，2013 年 3 月 28 日，2016 年 8 月 16 日，http://la.mofcom.gov.cn/article/jmxw/201303/20130300070365.shtml。

② 中华人民共和国驻老挝人民民主共和国大使馆经济商务参赞处：《老挝将强制执行环境法》，2006 年 8 月 14 日，2016 年 8 月 16 日，http://la.mofcom.gov.cn/article/jmxw/200608/20060802872588.shtml。

第二，泰国相关环境法律法规与执行特点。泰国关于环保的基本法律是 1992 年颁布的《国家环境质量促进和保护法》（Enhancement and Conservation of the National Environmental Quality Act）。此外，泰国自然资源和环境部还发布了一系列关于大气、噪音、水、土壤等方面污染控制和保护的公告。① 泰国有关环保法律法规对于空气和噪音污染、水污染、土壤污染、废弃物和危险物质排放等标准都有明确的规定，对于违法违规行为有相应的处罚。此外，泰国 1975 年第一次提出关于 EIA 的强制要求，目前，相关规定详见 1992 年《国家环境质量促进和保护法》第 46 条。在泰国自然环境委员会（National Environment Board）的批准下，泰国自然资源和环境部有权规定必须进行环境影响评介（EIA）的项目规模和类型。可能对自然环境造成影响的大型项目，必须向自然资源和环境政策规划办公室提交环评报告，接受审核和修改。环评报告必须由在自然资源和环境政策规划办公室注册认可的咨询公司出具。

第三，设置环评咨询和服务工作的专业事务所，并进行严格审核。泰国设立许多环评咨询和服务机构为企业在当地业务的开展提供了便利，同时也大大降低企业项目可能带来的环境问题。同时，泰国对于环评机构资格审核较严。经泰国国家环境委员会批准，自然资源和环境保护部长可就环评报告编制人的资格条件提出具体要求，根据此项要求，编制人应为该项领域的专家并获得相关的资质认证。环评机构严格的资格审查以及较多的分布，为项目的推进提供了更好的环境评估，同时也在一定程度上避免了经济活动中环境问题的产生。

柬埔寨的环境机构与法律法规。柬埔寨的环境发展战略也主要通过环境部门负责，并通过相关环境法律法规设置来进行规范。

第一，柬埔寨环境保护管理部门与职责。柬埔寨环境保护主管部门是环境保护部，其主要职责是：通过防止、减少及控制污染，保护并提

---

① 中华人民共和国驻泰王国大使馆经济商务参赞处：《泰国环境管理概况》，2018 年 4 月 17 日，2018 年 12 月 21 日，http://th.mofcom.gov.cn/article/ddfg/qita/201804/20180402733261.shtml。

升环境质量和公共卫生水平；在王国政府决策前，评估项目对环境造成的影响；保障合理及有序的保护、开发、管理及使用柬埔寨王国自然资源；鼓励并为公众提供机会参与环保；制止影响环境的行为。此外，1997年9月，柬埔寨王国政府颁布第57/ANK/BK号法令，对环境部下属各部门的机构和职能做了详细的规定。柬埔寨的环境保护机构分中央和省两级，明确了各自的职责。

第二，柬埔寨相关环境法律法规与执行特点。柬埔寨的环境法律法规体系包括以下几部分：一是宪法的有关规定；二是关于环境保护的基本法律，如《环境保护与自然资源法》；三是关于环境保护的单行法，如《水污染管理法》；四是政府制定的环境标准，如《环境空气质量标准》；五是柬埔寨参加的国际法中的环境保护法规。从涉及的环境保护领域来看，包括空气污染、噪声、垃圾处理以及对水资源污染进行管理和监督等方面。1996年11月，柬埔寨国民议会通过了柬埔寨第一部《环境保护法》。环境保护部与柬埔寨其他有关部门制定了一系列环保规章，就柬埔寨领空、领水、领地内或地表上进口、生成、运输、再生、处理、储存、处置、排放的污染物、废物和有毒有害物质的来源、类型和数量；噪音、震动的来源、类型和影响范围都进行了明确规定。1999年8月，通过《有关环境影响评估程序的行政法规》。法规的目的是在项目开工前了解环境变化的趋势，提出防范对策和措施，以指导建设项目的规划、设计和建设，预防将来可能出现的环境污染与环境破坏问题。1999年4月，颁布《关于固体废弃物管理的行政法规》。法规适用于所有与有害废弃物相关的处理、储存、收集、运输、周转、掩埋等内容。同年，柬埔寨颁布《关于水污染管理的行政法规》。该法规严禁任何人向公共水域、公共排放系统处置固体废弃物或任何垃圾或任何有害物质，严禁因固体废弃物或任何有害物质的储存与处置使公共水域中的水质受到污染。2000年7月，颁布《关于空气污染与噪声干扰管理的行政法规》。根据法规，环境管理部门应对空气质量进行检查与监测，以便采取措施减少空气的污染。如果发现有任何地区受到空气污染的影响，并对健康和环境构成威胁，环境部应立即通知公众，并对污染源进行调查，尽快恢复空气质量。①

越南的环境机构与法律法规。越南主要采取专职部门管理、环境法律法规设立以及日益重视环境影响评估来避免投资增长与环境破坏的矛盾。

第一，越南环境保护管理部门与职责。越南政府主管环境保护的部门是资源环境部，其主要职责是管理全国土地、环境保护、地质矿产、地图测绘、水资源、水文气象等工作。

第二，越南相关环境法律法规与执行特点。越南基础环保法规为《环境保护法》（1999年4月颁布，2005年12月修订）、《土地法》等。越南现行《环境保护法》规定，禁止开发和毁坏水源林；禁止采用毁灭性的工具和方式开发生物资源；禁止将有毒物质、放射性物质和废弃物品掩埋在不符合规定的地方；禁止排放未经处理并达标的废弃物品、有毒物质和放射性物质；禁止进口不符合环保标准的机械设备；禁止进口或过境运输废弃物品；禁止进口未经检疫的动植物。

第三，越南政府对企业的环境影响评估日益重视，目前，越南国内工程开工前，都必须经过严格的环保核查，环保部门定期对企业的环保情况进行检查，不达标的企业须马上进行停工整顿并接受处罚。所有生产企业须安装污染控制和处理设备，以确保符合相关的环境标准。此外，越南对部分行业征收环保税，如原油开采需缴纳环保费10万越南盾（约合40元人民币）/吨；天然气开采需缴纳20万越南盾（约合80元人民币）/吨，环保费上缴中央财政，用于环保工作支出。②

三 湄公河各国政府环境政治诉求的共同性与差异性

湄公河地区各国政府的环境发展战略在不同程度反映了各自环境政治诉求，其根本目标是调节投资开发与环境保护。基于相似的地理环境、

---

① 中国—东盟环境保护合作中心：《"一带一路"生态环保合作篇——柬埔寨环境管理体系研究及中柬环境合作建议》，2018年6月7日，http：//www.chinaaseanenv.org/zlyzcyj/zcyj/201711/t20171102_425002.shtml。

② 《东南亚国家环境法律法规梳理》，创绿中心，2015年7月7日，第18—19页。

生态资源、经济发展水平、环境问题的治理方式，缅甸、老挝、泰国、柬埔寨、越南五国的环境政治诉求具有较大的相似性，同时也有不同的偏重点，各国政府在发展战略与环境政治上的诉求差异决定了环境政治问题的走向。总体来说，湄公河国家共同的环境政治诉求主要体现在以下三个方面。

第一，澜湄次区域五国都希望运用政府职能形成管控环境保护与资源开发矛盾的约束力量。缅甸、老挝、泰国、柬埔寨、越南五国都有环境保护的相关职能部门，负责处理与本国土地、矿产、水资源、空气等环境相关的问题。同时还有下属的省级、地方等多级的对应环境管理部门，对环境问题形成层层治理的格局。同时，虽然缅甸等国环境部门的权力与约束力较弱，但是经过国内政治转型、对环境保护与环境政治问题的重视，其环境部门的约束力开始增强。

第二，澜湄次区域五国都通过环境法律法规对国内外企业在投资过程中的环境保护问题进行规范管理。首先，缅甸、老挝、泰国、柬埔寨、越南都有一部总体的环境保护法，相关国家还有具体针对土壤污染、空气污染、水污染、固体废弃物的环境保护法律法规，来引导国外企业在本国投资中对环境的保护。其次，是强调环境法律法规的约束力。针对投资开发日趋加强的趋势，老挝等国就不遵守环境法律法规的行为进行专项整治，并要求违规企业遵守环境规范，从生产、进口、使用、运输、储藏和处理等各个环节上根除环境问题的危害。

第三，澜湄次区域五国都希望运用 IEE 和 EIA 等新型环境评估制度减少环境问题的发生。澜湄次区域五国逐渐引入发达国家的方式，也在项目规划和建设前运用 IEE 和 EIA 对项目可能造成的环境影响进行分析，并在此基础上提出采取的防治措施和对策。甚至将这两项评估作为项目是否立项和实施的重要参考标准。澜湄次区域五国将 IEE 和 EIA 引入和实施是在未来项目开发中减少环境政治问题的有力举措。

另一方面，尽管湄公河五国都通过政府部门管理、法律法规与 IEE、EIA 等方式来避免和解决在土地、空气、水资源等方面的环境影响问题，但在具体的实施过程中，各国由于受到其自身经济发展水平、环保理念和制度建设等因素作用，对于环境政治诉求仍存在一定的差异性，大体可以分为以下三种类型。

第一，环境问题管控中的发展环保并重型。泰国是在发展开发与环境保护平衡中做得较好的国家，政府在强调资金引入、项目开发的过程中，充分运用环境管理部门、环境保护法律、IEE、EIA等方式减少环境政治问题的发生。同时它在环境评估法律、环境评估管理、环境评估流程、环境评估机构资格审查方面都较为合理、科学，具有约束力和执行力。同时泰国在本国内设有很多从事环境评估咨询和服务工作的专业事务所，这为国家减少环境问题，企业降低环境破坏风险，提供了保障。

第二，环境问题管控中的发展优先型。缅甸和柬埔寨在环境政治诉求中偏重于发展优先，但两者也略有区别。首先，缅甸在民主政治转型前处于长时间的封闭状态，迫切希望加快经济发展，摆脱落后状态。在投资与发展过程中，缅甸尽管设立了环境保护部门、环境法律法规，并逐渐加强政府的对环境问题的管控能力，但当与经济发展相冲突时，在不牵涉民间信仰以及无外力刻意煽动的情况下，都会做出适当让步。因此，当项目本身存在着相当大的环境风险，一旦当外力进行鼓动时（例如密松水电站）环境政治问题就会爆发。其次，柬埔寨是湄公河五国中经济发展水平最为落后的国家，尽管政府开始重视环境保护问题，也有意识开展项目环境评估，但加快经济发展仍为优先选项。此外，柬埔寨在环境评估上的能力也较为有限。虽然1999年柬埔寨就颁布实施了环评法令，但由于条件所限，直到2004年才有部分建设项目开展环评工作。同时，柬埔寨环评人员和法律法规尚处起步阶段。因此，缅甸、柬埔寨受国内政局发展、经济发展水平、环保评估能力等条件的制约，在环境政治问题诉求中将经济发展放在优先位置，给环境政治问题发生及其对双边、区域合作发展的影响埋下隐患。

第三，环境问题管控中的偏重环保型。越南与老挝在发展环境中十分强调对于环境问题的风险管控，在发展与保护这一对矛盾中更偏重于环保。首先,越南在项目工程开工前要经过严格的环保核查,同时越南国家环境标准体系包括周边环境质量和废弃物质排放环保标准两部分,要求十分严格。同时环境保护报告内容还包括当地乡一级人民委员会和居民代表的意见。同时随着外商直接投资不断流入,越南政府欲引进达到先进国家或国际标准的环境技术,倾向于信誉良好的伙伴合作。但在这方面越南仍旧需要不少时日才能引入相关技术,暂时没有足够经验处理更复杂的情况。但尽管如此,越南对于环境问题的重视,大大减少了环境政治问题发生的隐患。其次,老挝尽管经济发展水平较低,但对于环境保护的意识较强。老挝环境保护法对于环境破坏等内容规定严格,对于个人或组织违反环保法的,情节较轻者处以教育、罚金;情节重者可按相关民事法律和刑事法律进行处罚,在 2006 年还召开强制执行环境法的会议。同时,老挝在环境评估上分类细致,对于小项目采取 IEE,对于大规模投资项目采取 EIA。

四 湄公河国家在水电开发与环境保护之间的利益分歧

澜沧江—湄公河流经中国、缅甸、老挝、泰国、柬埔寨和越南,流域面积为 79.5 万平方公里,河流支流达 100 多条,落差达到 5312 米,年平均径流量为 4750 亿立方米。受气候及河流水文特征的差异,澜沧江—湄公河径流量的分配存在一定差异。其中,老挝境内河段的年径流量占全河的 35%,泰国和柬埔寨河段的年径流量各占了 18%,这三个国家的干流及支流流量构成了湄公河水量的主体部分;中国的水量贡献为整个流域水量的 16%,越南为 11%,而缅甸对全河的水量贡献份额仅为 2%。① 由于国际河流常常造就不对称的上下游关系,水电大坝建设已不仅是一个国家内部的问题,而是一个上下游国家利益诉求交织的国际问题。受到地理位置和经济结构等因素的影响,水电开发给流域各国带来的成本与收益并不完全一

---

① 刘稚:《环境政治视角下的大湄公河次区域水资源合作开发》,《广西大学学报》(哲学社会科学版) 2013 年第 5 期。

致，上游大坝建设的环境成本往往也要由下游国家来承担。上游国家（如中国、老挝）地势陡峭，利于水电开发，而下游国家（如柬埔寨、越南）地势平坦，担心上游的水质污染、水电开发和航道清理会影响下游水质水量以及作为国民经济重要组成部分的渔业和农业生产。因此，各国在具体的开发项目、成本与收益分配等问题上存在分歧。其中，老挝和泰国对湄公河干流大坝建设比较积极，而越南和柬埔寨则更关心上游大坝建设对其国内生态环境的影响。近年来，在这个问题上利益分歧比较突出的案例是老挝近年来开始实施湄公河干流开发计划，正在建造的沙耶武里水电站和栋沙宏水电站引起越南和柬埔寨的强烈反对。2011年12月9日，在柬埔寨召开的湄公河四国委员会上，针对沙耶武里项目，各国分歧明显。柬埔寨代表提出，应加强项目对跨国环境的影响和负面累积效应的全面评估，制定可行的应对措施以减少影响，与相关国家分享收益及履行社会责任等。泰国代表也认为，应考虑到区域人民的利益和环境问题，制定有效的减少环境影响的措施。越南代表则担心该项目开发会对湄公河下游三角洲区域产生严重的环境影响，建议包括该项目在内的湄公河水电站项目应推迟开发。最后会议未对修建此大坝达成共识，老挝政府不得不叫停了该项目。此外，泰国一直计划实施大型干流引水项目，将位于泰国廊开和老挝万象之间的湄公河干流水沿一条200公里长的水渠调至泰国乌汶府附近的湄公河支流栖河（Chi River）和蒙河（Mun River），解决其东北部土地在旱季的灌溉问题，也引发了下游越南和柬埔寨的不安。[①] 总的来说，地处下游的柬埔寨和越南对上游国家修建大坝可能带来的影响最为担忧，而这与两国的经济地理环境密切相关。

柬埔寨国土的大部分是湄公河及其支流形成的冲积平原，境内的洞里萨湖大约60%的供水源来自湄公河，洞里萨地区（包括洞里萨河、洞里萨湖及其泛滥平原等）是世界上淡水渔业资源最丰富的渔区之一，在柬埔寨的经济结构中，渔业占其国内生产总值的10%—12%。随着邻国泰国和越

[①] 屠酥、胡德坤：《澜湄水资源合作：矛盾与解决路径》，《国际问题研究》2016年第3期。

南对淡水鱼需求的增加，洞里萨湖渔业已成为柬埔寨出口创汇的支柱。此外，渔业还关系到柬埔寨人民的基本生计。有 300 多万柬埔寨人直接或间接地以渔业为生，其国民的动物蛋白摄入量中有 70% 来自于淡水鱼，渔业对柬埔寨居民就业和粮食安全的贡献比例比其他任何国家都要大。可见，保护洞里萨湖区的生态系统和渔业产业事关柬埔寨国家的根本利益。从这方面看，柬埔寨可以说是受到大坝工程负面影响最大的国家。

湄公河对越南的经济社会发展和环境保护来说也至关重要，而上游的水电开发也会在一定程度上影响到湄公河三角洲的生态环境。越南有 230 万平方公里的土地被湄公河及其支流所滋润，其境内的湄公河三角洲面积达 3.9 万平方公里，是越南南方最大的平原。洪水每年有规律的涨落确保了该地区土地的肥沃，成为东南亚地区最大的鱼米之乡，也是越南最富庶的地方。湄公河三角洲地区年生产 700 万吨大米、100 多万吨的鲶鱼以及 3 万吨—4 万吨的鱼虾，为越南每年贡献了大约 50% 的水稻作物，养育了越南南方 60%—70% 的农业人口。[①] 越南总理阮晋勇在 2011 年 12 月召开的越南外交工作会议上强调，"对外工作的最高目标是置国家和民族的利益于首位，如相关国家在湄公河上游修建 11 座水坝电站，则下游的九龙江平原将会消失，当地民众将无法生存，这是正当利益，我们必须保卫"[②]。正是因为柬埔寨和越南对湄公河生态环境的高度依赖，所以经常对上游国家在湄公河上修建大坝提出质疑。

第二节　域内多边机制、国际组织开展的环境合作及影响

由于特殊的地缘政治、地缘经济背景，大湄公河次区域是世界上多边小多边合作最为活跃的地区，自 20 世纪 90 年代以来，围绕着澜沧江—

[①] Milton Osborn, "The Mekong under Threat", January 15, 2010, 2017 年 5 月 9 日, http://www.thelhirdpole.net/the-mekong-under-threat/.

[②] 中国驻越南大使馆经济商务参赞处：《越南总理称如上游修建 11 座电站九龙江平原将消失》，2016 年 4 月 17 日，http://vn.mofcom.gov.cn/aarticle/jmx/v/201112/20111207883557.html。

湄公河这一国际流域的合作开发形成了大湄公河次区域经济合作（GMS）、东盟—湄公河流域开发合作（AMBDC）、湄公河委员会（MRC）以及新近成立的澜沧江—湄公河合作等多种合作机制并存的格局，而环境问题和与之密切相关的水资源问题无一例外都是这些机制关注的议题。

从某种意义上说，澜沧江—湄公河流域的多边合作机制均是因水而兴、因江河而生的合作，合作开发国际河流是相关各国的共同利益之所在。但由于各国处于湄公河不同的河段，在水资源开发过程中，存在着上下游利益的协调问题、水量分配和环境保护等问题，下游国家难免和上游国家产生分歧和矛盾。随着经济的发展，该地区对能源的需求不断增加，需要建造更多的电站包括水电站和火电站，这又会带来更多的筑坝行为和大气污染，从而使下游国家与周边国家的利益受到损害。[1] 各国在环境、资源问题上的竞争常常大于合作，甚至发生矛盾和冲突，并常常成为各国在次区域合作中博弈的筹码。

但总体来说，澜沧江—湄公河次区域的国际合作机制在治理区域内环境问题中仅扮演着有限的协调者和管理者的角色。国际组织需要成员国有一定的主权让渡，并形成约束力、强制力和明确的奖惩机制。但在湄公河次区域内，到目前为止，无论是大湄公河次区域合作机制还是澜沧江—湄公河合作机制在环境问题上都没有明确的主权让渡以及超越国家之上的管理制度。而目前比较有代表性的湄公河委员会可以算是在环境治理领域具有一定代表性的国际组织，但其协调和管理功能依然是十分薄弱的。

一 GMS 框架下的环境合作

（一）GMS 环境合作的组织架构

环境合作是 GMS 合作机制下的重点领域之一，1995 年以来建立了包

---

[1] 黄河：《区域公共产品与区域合作：解决 GMS 国家环境问题的新视角》，《国际观察》2010 年第 2 期。

括环境工作组会议（WGE）、大湄公河次区域环境部长级会议以及具体领域的项目合作三个层次的环境合作机制，先后开展了"次区域环境监测和信息系统""次区域环境培训和机构加强""次区域边远地区扶贫与环境管理""次区域国家环境战略框架"及"下湄公河流域重点湿地的管理和保护"等项目。环境工作组会议（WGE）创建于1995年，每年召开年会，具体协调环境项目的开展和执行。2006年，GMS环境运营中心（EOC）在泰国首都曼谷正式设立，主要承担环境工作组的秘书处职责工作。环境部长会议自2005年开始，每3年召开一次，是GMS环境合作的决策机制。领导人峰会是次区域各国经济合作的最高决策机构，自2002年开始每3年召开一次，不仅为流域各国开展形式多样的高层政策对话提供平台，同时也反映了各成员国在推动次区域环境保护方面加强合作的意愿，进一步丰富并增强了GMS环境合作内涵与实效。以上三个层次的相关机制均围绕具体项目的制定和实施开展工作，形成了GMS环境合作的运作架构（见图3—1）。

2005年，首届大湄公河次区域环境部长会议在中国上海召开，发表了支持次区域自然资源与环境可持续能力发展的环境部长会议联合宣言，批准启动了次区域核心环境项目（Core Environment Program，CEP），以实现包容性发展和可持续的自然资源利用为目标。该项目之下包括了5个子项目：GMS经济部门战略与经济走廊的环境影响评价、生物多样性保护与生物多样性走廊规划、环境绩效评估和可持续发展计划、GMS环境管理能力建设的发展与制度化及项目发展与可持续财政项目。该项目受到次区域六国环境部长的监督，由亚行管理的环境运营中心（Environment Operations Centre）具体实施，与各国政府、当地社区及NGO的研究网络共同工作。核心环境项目的预期目标包括：评价次区域各国即将实施的经济发展战略与廊道建设项目建设计划对环境可持续性可能造成的影响；在GMS地区建立起制度化的环境影响评价（EPA）机制以及可持续的发展战略与规划；提高次区域各国的环境管理能力，提升GMS环境管理的制度化水平；保障GMS环境项目的发展、传播并提供持续的经济援助，

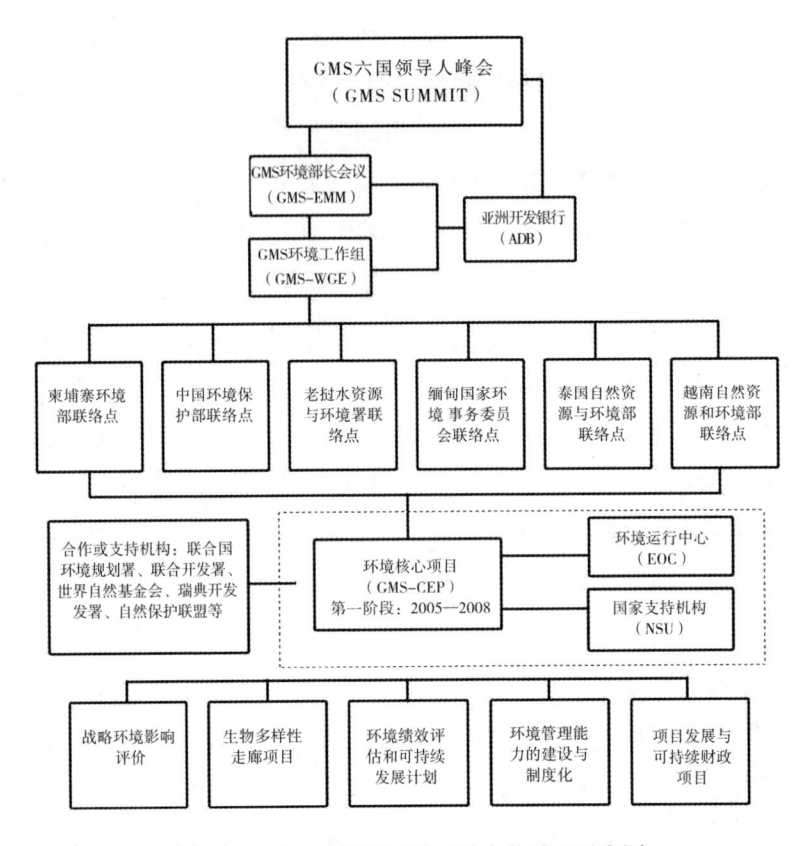

图 3—1　大湄公河次区域环境合作管理示意图

资料来源：李霞：《中国参与大湄公河次区域环境合作》，《东南亚纵横》2008 年第 6 期。

以及在湄公河流域选定至少五个试点进行生物多样性保护廊道建设等。① 除 CEP 和 BCI 两个重点项目外，近年来亚洲开发银行主导的项目主要有：2010 年开始的"促进次区域可再生能源、清洁燃料和能源有效性"项目，通过提供技术援助，以环境友好型和共同合作的方式帮助湄公河五国改善能源供应及安全；2013 年亚行战略气候基金（Strate-

---

① 《亚洲开发银行专家到广西考察大湄公河次区域核心环境项目二期筹备情况》，2016 年 10 月 20 日，广西壮族自治区环境保护厅网（http：//www.gxepb.gov.cn/zrst/swaqydyx/201210/t20121017_12820.html）。

gic Climate Fund) 出资 980 万美元用于次区域洪水和干旱风险管理与缓解项目 (Flood and Drought Risk Management and Mitigation Project),[①] 主要在柬埔寨、老挝和越南实施,目的是提高这些国家应对灾害、并从灾害中恢复的能力。

(二) 中国参与 GMS 环境合作的进展

中国参与 GMS 环境合作是以具体的合作项目为基础的。在前期的合作过程中,中国积极参与了《上湄公河航道改善工程》《湄公河次区域环境培训和机构强化 (SETIS)》《湄公河流域扶贫和环境改善》《大湄公河次区域环境监测和信息系统建设 (SEMIS) I&II》《湄公河战略环境框架 (SEF) I &II)》等一系列 GMS 环境合作项目。在此基础上,中国于 2006 年参加了 GMS 环境合作以来最大规模的合作项目——核心环境项目 (CEP),特别是第一期核心环境项目 (CEP - I) 成为中国与 GMS 环境合作的重点。

作为核心环境项目 (CEP) 的旗舰项目,生物多样性保护走廊 (Biodiversity Conservation Corridors Initiative, BCI) 由中国政府提出,主要通过选定试点区域建立生物多样性保护走廊,恢复和维持现有自然保护区和野生生物保护区之间的联系,并在走廊区域内进行生态扶贫开发。BCI 是 GMS 合作在生物多样性保护方面进行国际合作迈出的第一步,2005—2014 年次区域六国共同实施了为期 10 年的三条生物多样性保护走廊项目,[②] 总面积达 233.84 万公顷,每年提供的非木材产品、碳存储、水质调节及水土流失控制等生态系统服务价值高达 92.85 亿美元,平均每公顷 3970.66 美元。[③]

[①] ADB, *Loan Agreement (ADB Strategic Climate Fund) for Greater Mekong Subregion-Flood and Drought Risk Management and Mitigation Project (Cambodia Component)*, January 2013, pp. 1 - 2, 2016 年 9 月 7 日, http://www.adb.org/sites/default/files/project-document/75637/40190-013-cam-sfj1.pdf.

[②] 三条生物多样性保护走廊的范围北起中国西双版纳,南至柬埔寨洞里萨湖,分别是中国西双版纳、中越交界黄连山—老挝丰沙里地区、老挝南部山地国家自然保护区;缅甸德林达伊西部森林—泰国岗卡章国家公园地区;柬埔寨豆蔻山脉。

[③] ADB, *Investing In Natural Capital for a Sustainable Future in the Greater Mekong Subregion*, September 2015, p. 17, 2016 年 5 月 15 日, http://www.adb.org/sites/default/files/publication/176534/investing-natural-capital-gms.pdf.

2014年1月,亚洲开发银行、环境保护部对外合作中心以及云南省环境保护厅共同签署了 GMS 核心环境计划与生物多样性保护走廊（CEP – BCI）二期北京子项目暨云南子项目的执行协议（见表3—1）。该项目执行期为3年,主要内容一是在西双版纳开展纳板河—曼稿保护区生物多样性保护廊道建设示范和中老跨边界自然保护区合作示范；二是开展德钦生态旅游减贫和生态保护示范。①

表3—1　　　　　　　　CEP – BCI 项目二期简介

时间	2012—2016 年
资金投入	2840 万美元
共同出资方	亚洲开发银行、芬兰政府、瑞典国际开发署、北欧发展基金
项目监督	大湄公河次区域环境工作组
	柬埔寨：环境部
	中国：环境保护部
	老挝：水资源与环境署
	缅甸：国家环境事务委员会
	泰国：自然资源与环境部
	越南：自然资源和环境部
行政管理	亚洲开发银行：区域技术援助：（RETA）7987
秘书处	大湄公河次区域环境运营中心（EOC）

资料来源：大湄公河次区域环境合作中心：Chinese CEP Brochure, http://www.GMS-EOC.org/uploads/resources/126/attachment/Chinese%20CEP%20brochure.pdf.

2014年3月,在南宁召开了 GMS 核心环境计划与生物多样性保护走廊（CEP – BCI）二期项目规划广西启动会,项目进入实施阶段。②

---

① 《大湄公河次区域核心环境项目二期北京子项目暨云南子项目启动会在昆明召开》,2016年11月9日,云南省环境保护厅网站（http://www.ynepb.gov.cn/zwxx/xxyw/xxywrdjj/201403/t20140317_42724.html）。

② 广西壮族自治区：环境保护科学研究院《大湄公河次区域核心环境项目二期启动会在南宁召开》,2014年3月17日,2016年5月13日,http://www.gxhky.org/xwzx/xmdt/201403/t20140318_18346.html。

(三) GMS 环境合作的特点

大湄公河次区域经济合作机制下的环境合作多年来取得了积极的进展，六国政府以具体的环境合作项目为契机，在环境保护领域开展了一系列卓有成效的务实合作。通过这些环境合作实践，相关国家的环境保护工作取得了积极的进展，中国与湄公河国家的环境保护合作得到了明显增强，形成了宽领域、多层次、多渠道的合作格局，但与此同时，GMS 环境合作仍存在诸多问题需要正视。

第一，GMS 环境合作机制具有协商一致、互不干涉内政的特点，属于松散、开放式的合作。互不干涉内政是从国家主权直接引申出来的一项国际法的基本原则，同时也是主权国家间进行合作与交往应该遵守的重要准则。[①] 但这一原则也减弱了次区域各国在参与环境合作的过程中加强行为监督以及对妨害环境的行为进行强制执行的意愿。在具体的环境合作实践过程中，各国尚无建立共同授权的、统一的执行机构的意愿，已有的合作机制也只是依据一些诸如行动计划、宣言、决议、谅解备忘录等"软法"而建立。在环境合作过程中，已有的依据文本缺乏实用性和可操作性，更缺乏约束力和解决环境问题的惩罚监督机制。[②] 第二，GMS 环境合作是以项目为基础的，缺乏制度保障。GMS 环境合作的运作机制是在亚洲开发银行的直接资助和鼓励联合资助背景下，以合作项目为抓手，在项目合作机制（The Regional Cooperation Strategy and Program，RCSP）以及六国高峰共识基础上展开的务实合作。目前，次区域各国在制度建设方面，仍主要依靠领导人峰会、正式或非正式的环境部长会议等机制开展合作，而能够用来协调和约束各成员国环境政策的环境合作常设机构长期缺位。另外，GMS 环境工作组之间尚缺乏有效的沟通与协调。第三是尚未涉及关键的水资源开发项目，也使环境合作的效用大打折扣。要推进和落实 GMS 环境合作机制建设，仍需要次区域各国在环境

[①] 夏林、江雪晴：《东盟会取消互不干涉内政原则吗?》，《环球时报》2006 年 4 月 20 日，http://news.sina.com.cn/0/2006-04-241072487773414s.shtml, 2016 年 7 月 10 日。

[②] 曲如晓：《东盟环境合作的现状与前景》，《当代亚太》2002 年第 2 期。

领域的共同利益为基础，灵活把握"协商一致、互不干涉内政"的原则；并在此基础上，进一步完善合作机制的框架和内容，切实发挥 GMS 环境合作机制应有的效能。

二 湄公河委员会的由来与发展

（一）湄委会的功能定位与战略转型

成立于 1995 年的湄公河委员会（MRC）是湄公河流域国家开展水资源利用与保护合作最为重要的机构，其前身可追溯到 1957 年成立的湄公河下游调查协调委员会。1955 年，联合国亚洲及远东经济委员会提出了合作开发与利用湄公河下游的水能资源的"湄公计划"。1957 年，越、老、柬、泰四国发起成立"下湄公河委员会"，旨在对湄公河流域资源的勘察、规划和开发进行协调。此后随着印支战争的爆发，下湄公河委员会的工作长期处于停滞状态。冷战结束后，湄公河流域地区的区域经济合作重新活跃起来，1995 年 4 月，湄公河上游四国柬、老、泰、越在泰国清莱签署《湄公河流域可持续发展合作协定》，成立了由理事会、联合委员会和秘书处组成的湄公河委员会，旨在"对湄公河流域有关水及其相关资源的所有领域的可持续开发、利用、管理和保护开展合作"①。该委员会一直获得西方国家特别是欧洲国家的支持，每年经费预算为 1200 万至 1500 万美元，其中 80% 来自西方国家。2010 年美国政府决定提供 1.4 亿美元的援助，与湄公河委员会合作。湄委会已经成为成员国进行流域开发，协商解决环境影响等问题的政府间机构，也是西方国家影响流域开发的重要平台。

湄公河委员会的具体活动由秘书处承担，在 2016 年改革以前，秘书处下设执行官办公室、规划部、技术支持部、环境管理部、运营部，机构的业务活动多以项目方式运作，经费主要来源于"发展伙伴"，包括发

---

① Chheang Vannarith, *Environmental and Economic Cooperation in the Mekong Region*, CICP (Cambodian Institute for Cooperation and Peace) Working Paper, No. 34, March 2010, p. 6.

达国家政府和国际机构，少部分来源于成员国的贡献。以 2014 年为例，成员国的贡献为 285 万美元，外部资助 1065 万美元，成员国的贡献仅占全部收入的 26.76%。① 近年来，随着西方国家对 MRC 的资助大幅减少，湄委会开始进入本土化转型期。

2014 年湄公河委员会国家领导人会议承诺，到 2030 年实现湄公河委员会的本土化。湄公河委员会根据成员国领导人会议精神，开始实施 2016—2020 年战略规划，其中一个重要的改革方向是精简秘书处，将更多的项目活动移交到成员国的国家湄公河委员会。改革的主要任务是精简机构与转变职能，战略调整是从"发展与保护的协助者"转变为"制度实施的协助者"。首先是明确了三大核心功能。第一是秘书处、行政和管理功能，包括：促进对话和交流；报告与传播；利益相关者互动、沟通与公众信息，由执行官办公室和行政部承担。第二是核心流域管理功能，包括：数据获取、交换与监测；分析、模拟与评估；规划支持；预测、预警与预报；执行湄公河委员会 5 个议程，由规划部、环境管理部、技术支持部承担。第三是咨询与服务，为非湄公河委员会执行项目提供技术专业知识、数据库、专家网络等方面的支持。② 其次是明确了优先工作领域和成果。根据成员国批准的 2016—2020 年战略规划，湄公河委员会提出了 4 个关键成果领域（见表3—2），分别是：从全流域的视角增强国家计划、项目和资源；加强区域合作；改进监测和沟通流域状况；建设学习型的流域机构，使湄公河委员会成为更加精简和更有效的流域组织。从以上改革内容看，湄公河委员会未来的发展方向是通过知识与技术传播、对话与交流、咨询与服务，坚持1995年湄公河协定的5个程序，帮助成员国更好地共管、共享水资源。总体上，新的战略计划主要关注水资源的技术问题，而淡化了流域的水政治问题。③

---

① 湄公河委员会，2017 年 8 月 5 日，http://www.mrcmekong.org。
② 同上。
③ 吕星、刘兴勇：《澜沧江—湄公河水资源合作的进展与制度建设》，载《澜沧江—湄公河发展报告（2017 年）》，社会科学文献出版社 2017 年版，第 82 页。

表 3—2　　　　湄公河委员会 2016—2020 年战略规划目标一览

关键成就领域	应该取得的成果
关键成就领域 1：从全流域的视角增强国家计划	1. 增进政策决策者和规划人员理解和运用有依据的知识 2. 优化国家部门规划机构的环境管理和可持续水资源开发使流域整体受益 3. 指导国家相关规划与实施机构开发与管理有关共享水资源与项目
关键成就领域 2：加强区域合作	4. 成员国有效和一贯性地执行湄公河委员会 5 个程序 5. 成员国的有效对话与合作，与区域伙伴和利益相关者在跨境水资源管理上战略互动
关键成就领域 3：更好地监测和沟通流域状况	6. 通过强化监测、预报、影响评估及其结果的传播使成员国有更好的决策
关键成就领域 4：学习型的流域机构	7. 遵行事权下放路线图和相关的改革计划，湄公河委员会转变为有效率和有成效的机构

资料来源：湄公河委员会 2016—2020 年战略规划。

（二）湄委会的局限性

作为一个由湄公河下游国家组成的专门从事水资源开发与管理的政府间组织，湄公河委员会在湄公河流域环境和水资源问题上具有一定的协调和管理能力。例如，湄公河委员围绕湄公河环境问题制定了《湄公河委员会关于通知、事前磋商和达成协定的预备程序》《湄公河委员会数据信息的交流与共享程序》《湄公河委员会水资源利用监督程序》《湄公河委员会信息系统维护和管理指导方针》等一系列管理方针，在规范成员国开发水资源行为上起到了一定的作用。同时湄委会每隔五年推出的相关战略计划，为促进湄公河流域的可持续发展与生态环境保护提供了合理、科学的规划。此外，湄委会机制对于次区域各国环境立法的发展与完善、环境保护能力的加强与提高等也起到了一定的推动作用。

但总体来看，湄委会在次区域环境治理与合作问题上的约束力和管理能力较弱。首先，环境问题具有跨国性、广泛性和敏感性，需要主权让渡与约束力才能规范行为。但是就湄公河委员会自身而言，首先对内部成员国的湄公河环境合作和治理上约束力较弱，成员国对各种发展项目保持独立决策权，湄委会仅起着咨询和协调磋商作用，各成员国代表在湄公河委员会主要是起到保护本国利益的作用。湄公河委员会成员国于1995年4月签署的《湄公河流域可持续发展合作协定》之第4条规定：签署该协定的各成员国在互相尊重主权和领土完整的基础上对湄公河流域的资源利用开发与保护进行合作。① 这项规定意味着，在没有统筹考虑湄公河流域国家河岸权②和相关利益的前提下，其他国家不能否决或推进流域内的环境或建设项目。但实践证明，湄公河委员会在没有成员国授权的情况下，很难解决流域环境监测与管理过程中面临的实际问题。事实上，《湄公河流域可持续发展合作协定》并不能在湄公河委员会（MRC）各成员国国内的相关环境立法中获得支持，老挝1996年的《水资源法》以及越南1998年的《水资源法》的相关法律条款都没有履行其政府在1995年所签署的《湄公河流域可持续发展合作协定》中做出的承诺。③ 其次是湄委会的代表性不足，中国和缅甸这两个上游国家至今未加入湄委会，仅为其对话伙伴国，以致在协调处理湄公河环境问题时困难重重。此外，由于西方国家和组织以"发展伙伴"名义向湄委会提供资助和捐赠，其中多数捐助具有附加条件，这在一定程度上影响其独立性及全流域的整体利益。

（三）中国与湄公河委员会的关系

1996年中国和缅甸成为湄公河委员会的对话伙伴国，此后中方一直与湄委会保持着良好的对话协商关系，双方每年举行对话会，自1996年至今，已经举行了18次。中国还先后于2010年和2014年出席两届湄公河委员会峰会。在环保领域，中国参与了湄委会干流大坝战略环境评估

---

① Agreement on the cooperation for the Sustainable Development of the Mekong River Basin, 2018年4月17日, www.mrcmekong.org/assets/Publications/agreements/agreement-Apr95.pdf.

② 河岸权与土地密切相关，其原则是临近某条河流的土地所有者拥有该河流一定数量和质量的天然径流。河岸权的所有者在两方面受到法律保护：禁止上游地区抽取其拥有的水量或向其所属地区排泄污水。换言之，禁止上游地区大幅度增减河流水量，致使下游地区受到不利影响。

③ Antonio P. Contreras, *Transboundary Environmental Governance in Southeast Asia*, Amit Pandya and Ellen Laipson, Transnational Trends: Middle Eastern and Asia Views, 2008.

的出台过程，与缅甸一道参加了湄委会所有主要的地区会议，讨论议题涉及洪水、通航和区域发展规划等。此外，中国还利用湄委会作为合作平台，与下游成员国加强技术交流与合作。在下游遭遇旱涝灾害时，向其提供水文资料，为下游抗旱抗涝提供了有效帮助。2002 年 4 月中国水利部与湄公河委员会签署了《关于中国水利部向湄委会秘书处提供澜沧江—湄公河汛期水文资料的协议》，该协议分别于 2008 年和 2013 年续签。2009 年以来，中国加强了与湄公河委员会的合作，如组织了包括湄公河委员在内的下游国家的学者参观中国的水电建设，举办防洪管理培训班，邀请湄公河委员会秘书处主任访问北京，探讨进一步的合作等。

长期以来，外界关于中国应尽快加入湄委会的呼声从未停息，但中国并未对此表现出足够的兴趣。其原因除了湄委会本身固有的局限性外，也与湄委会近年来针对大坝建设所采取的一系列约束措施有关。其中，最具代表性的是根据《1995 年湄公河协议》的精神，湄委会于 2003 年通过了《通知、预前协商与签署协议的程序》（Procedure for Notification, Prior Consultation and Agreement，PNPCA），规定所有湄公河干流大坝在进行规划与建设时均应通过该程序与其他成员国进行沟通或协商。[①] 不论这一规定实际效力如何，中国若加入湄委会，势必会在很大程度上削弱本国的开发自主性。出于综合考虑，中国目前选择了"有限参与"的政策。但无论如何，中国多年来与湄委会和下游国家开展的务实合作，为今后澜湄次区域的水资源开发和环境合作奠定了较好的基础。

三 澜沧江—湄公河合作机制下的水资源和环境合作

（一）相关机构和项目的启动

2016 年 3 月 23 日，为落实第 17 次中国—东盟领导人会议提出的澜

---

① 参见 Mekong River Commission, "Guidelines on Implementation of the Procedures for Notification. Prior Consultation and Agreement"; International Center for Environmental Management (ICEM), "Strategic Environmental Assessment of Hydropower on the Mekong Mainstream Final Report", Prepared for the Mekong River Commission, October 2010。

湄合作倡议，中国与湄公河五国在中国海南省举行首次领导人会议，发表了《三亚宣言》，正式启动澜沧江—湄公河合作机制。澜湄合作在成立之初即设立"3+5合作框架"，"3"即三大支柱，分别为政治安全、经济的可持续发展、社会人文；"5"即五个优先领域，分别为互联互通、产能合作、跨境经济合作、水资源合作、农业和减贫合作。两年来，在六方共同努力下，澜湄合作建立了领导人会议、外长会议、高官会议、优先领域联合工作组会议等四个层级机制，初步形成"领导人引领、全方位覆盖、各部门参与"的澜湄合作格局。根据中国李克强总理在首次澜沧江—湄公河合作领导人会议上提出的"共同设立澜沧江—湄公河环境合作中心"的倡议，2017年11月28日，澜沧江—湄公河环境合作中心在北京正式成立，标志着澜湄环境合作成为本地区共商、共建、共享新型次区域合作机制的重要组成部分。同时，在澜湄合作机制下还成立了与环境合作相关的两个机构：澜湄水资源合作中心和全球湄公河研究中心。目前这三个中心均已开展实质性运作，分别在各自领域发挥着引领作用。

在澜沧江—湄公河合作机制下，中方承诺的优惠贷款、优惠出口买方信贷和产能合作专项贷款逐步落地，支持了湄公河国家20多个大型基础设施和工业化项目，其中包括水电项目。总投资额17亿美元的越南永新火电站进入设备安装阶段。老挝南欧江流域梯级水电站项目一期投产发电、二期完成截流，全部建成后将保障老挝12%的电力供应。

澜沧江—湄公河是流域六国共同命运的天然纽带，澜湄合作也是因水而生的合作机制，流域水资源开发利用是一个不可分割的整体，也是澜湄命运共同体能否顺利建成的关键。因此，中方十分重视澜湄机制下的水资源合作。2017—2018年，澜湄水资源合作中心和澜湄水资源合作联合工作组成立并投入运行，成员国间继续就水资源的开发利用和保护问题保持磋商和合作。2017年2月27日，澜湄水资源合作联合工作组第一次会议在北京举行。会议主要成果有：通过了《澜湄水资源合作联合工作组概念文件》和《2017年澜湄水资源合作工作计划》,签署了《会议纪要》并成立了"澜湄水资源合作五年行动计划"起草小组。①

(二) 中缅老泰国际航运二期合作

根据中缅老泰四国 2000 年 4 月签署的《澜沧江—湄公河商船通航协定》,2001 年中国政府提供 4200 万元人民币,帮助老挝和缅甸疏通 331 公里的航道。一期整治工程于 2002—2004 年实施,实现了中国关累港到泰国清盛港枯水期 500 吨的船行能力。②

澜沧江—湄公河国际航运二期整治工程的目的是改善老挝会晒至琅勃拉邦 300 公里河道,加强港口设施建设等。2015 年 9 月 22 日至 23 日,中老缅泰于昆明举行澜沧江—湄公河国际航道二期整治工程前期工作联合工作组第一次会议,中方承诺提供近 1 亿元人民币,作为二期整治工程的前期工作资金。2016 年 4 月 26 日至 27 日,澜沧江—湄公河航道二期整治工程前期工作联合工作组第二次会议暨前期工作启动会在云南省西双版纳傣族自治州召开。2017 年 4 月 20 日,中国勘查队开始进行为期 50 天考察,勘测泰国—老挝湄公河的相关地段。尽管二期整治工程仍然处于前期工作,但已经面临泰国民间组织的压力。在中国考察组考察期间,泰国民间团体组织了抗议示威活动,认为此工程对生态系统和当地生计破坏很大,对泰国的安全和主权可能带来挑战。③

(三) 中国对下游国家的应急补水行动

为缓解湄公河下游旱情,应越南政府的请求,中国政府于 2016 年 3 月 15 日至 4 月 10 日间,利用澜沧江水库蓄水,通过云南景洪水电站对下

---

① 《澜沧江—湄公河水资源合作联合工作组第一次会议在北京召开》,2017 年 3 月 30 日,2018 年 4 月 27 日,云南省人民政府外事办公室网站(http://www.yfao.gov.cn/qyhz/201703/t20170303_493812.html)。

② 钟韵:《澜沧江—湄公河航运规划有望成云南新出海通道》,2015 年 6 月 9 日,2018 年 5 月 2 日,航运界网(http://money.163.com/15/0609/07/ARLB5PA900253B0H.html)。

③ 《泰国民众抵制中国疏通湄公河,巴育严批》,2017 年 1 月 19 日,2018 年 5 月 7 日,观察者网(https://www.guancha.cn/Neighbors/2017_01_19_390182.shtml)。

游实施应急补水。在补水期间景洪电站的下泄流量，从原来的日均 1000 立方米/秒提高到日均 2000 立方米/秒以上。① 此次应急补水是一次针对下游特殊情况下的特殊需求，利用上游水库蓄水实现的水资源在时间上的旱涝调节功能，实施的应对极端干旱气候的"人道、友好、有限、应急"行动，体现了中方对"澜湄合作机制"积极、务实的合作态度，受到湄公河各国的一致赞赏。

四 东盟—湄公河流域开发合作

东盟—湄公河流域开发合作（Asean-Mekong Basin Development Cooperation，简称 AMBDC）1996 年 6 月由东盟发起，东盟 10 国和中国的部长级代表聚会马来西亚首都吉隆坡，通过《东盟—湄公河流域开发合作框架协议》。根据会议通过的框架协定，部长级会议将至少每年举行一次，两次部长级会议期间由成员国选派司局级官员举行指导委员会会议。同时确定了基础设施建设、投资贸易、农业、矿产资源开发、工业及中小企业发展、旅游、人力资源开发和科学技术等八大合作领域。东盟—湄公河流域开发合作第一次部长级会议确定了由东盟 7 国加湄公河沿岸国老挝、缅甸、柬埔寨和中国为该合作机制的核心国。随着老挝、缅甸和柬埔寨三国相继加入东盟，日本和韩国也应邀加入东盟—湄公河流域开发合作之后，东盟—湄公河流域开发合作形成了东盟 10 国加中、日、韩 3 国的合作格局，但由于成员众多且机制重叠，多年来该机制在环境合作方面并未开展更多实质性工作。

第三节 非政府组织与社区公众在环境政治中的诉求与作用

湄公河地区非政府组织与社区公众是环境政治中不可忽视的行为体。

---

① 《外交部：中方将通过景洪水电站对湄公河下游实施应急补水》，2016 年 3 月 15 日，2018 年 9 月 2 日，新华网（http://news.xinhuanet.com/world/2016-03/15/c_1118340758.htm）。

非政府组织在湄公河次区域的环境治理与生态保护上显得极为积极主动，并发挥"激进者"与"渲染者"的作用，一方面推动国家政府、企业、社区公众学习环境知识，提高环保意识，规范项目的环保性，而另一方面也阻碍部分正常项目的实施，给投资方带来巨大的环保压力。而社区公众与非政府组织相比，其在行为与意识上显得较为被动，但一旦被引导或者激发起社区公众民间信仰、自身利益与环境保护之间的联系，那么这些群体也会参与到相关活动中来，导致环境政治问题的激化，并对项目的实施以及国际关系、区域合作带来一定的影响。

一 湄公河地区环境 NGO 在环境政治中的利益诉求与作用

环境 NGO 是为了环境保护这一特定宗旨而结成的团体，独立性、非营利性和公益性是环境 NGO 不可或缺的 3 个要素。也正是基于此，环境 NGO 在某些国家和地区已成为环保方面公信力最高的组织。近年来，环境非政府组织（NGO）在湄公河地区的影响力日益扩大，正在改变该地区传统的由国家和国际组织主导的国际环境治理模式，并通过各种渠道影响国家决策、企业行为和民众意识，其利益诉求和影响对区域内环境政治产生着十分深刻的影响。

（一）湄公河地区环境非政府组织的基本情况

1. 湄公河地区环境 NGO 的数量和活动范围

关注湄公河次区域环境领域的非政府组织数量较多，目前尚未有对该区域内非政府组织数量的准确统计。根据各种报道来源统计分析，截至目前，该区域内非政府组织约有 18000 多个，其中缅甸 1000 个左右，泰国 10000 个左右，柬埔寨 2000 个左右，越南 5000 个左右，老挝本土非政府组织还比较少。从环境 NGO 的活动和影响范围来看，可分为全球性环境 NGO、区域性环境 NGO 和本土环境 NGO 三类。全球性环境 NGO 通常在各地区或国家设有办事处或常驻机构，如世界自然基金会、绿色和平、国际地区之友（Friends of the Earth International，FOEI）等。区域性环境 NGO 活动于某一地理相连的区域内，如生态恢复与区域联盟（Towards Ecological

Recovery and Regional Alliance，TERRA)、湄公河观察（Mekong Watch）、萨尔温江观察（Living River Siam）等。本土环境 NGO 主要活动在一国之内，但有时也对其他国家政府和国际组织进行游说，如缅甸河流网络（Burma Rivers Network）、泰国环境研究所（Thailand Environment Institute Initiatives，TEI)、越南的自然资源管理和环境研究中心（the Centre for Natural Resources Management and Environment Studies，CRES）等。①

2. 湄公河地区环境 NGO 的关注领域

由于湄公河地区的非政府组织包含国际非政府组织与区域内非政府组织，且规模、资本不同原因，其在关注区域内具体环境问题时的领域也不同，有些关注领域较为专一，有些则较为综合广泛。综合性环境 NGO 的环保活动几乎涉及所有环境领域，如世界自然基金会（World Wide Fund for Nature，WWF）、绿色和平（Green Peace）等。专门性环境 NGO 的宗旨和活动领域则具有针对性，侧重某一个或几个特定的环境领域，如国际河流组织（International Rivers）主要关注国际河流保护，跟踪全球范围内的水利设施建设（例如湄公河大坝建设等），并组织在水坝、能源、水利政策、气候变化和国际金融机构方面都具有专业知识的志愿者定期出版研究报告，评估水利设施建设对环境、社区公众的影响，组织社区公众开展环境保护的行动。还有一些国际民间机构和当地的民间机构合作，开展环境问题研究。国际河网一直与区域的民间组织合作，通过研究、组织各种会议、发布研究报告和动员请愿的方式，不断强化水电开发的环境问题。世界野生自然基金会与国际组织、地方政府和企业等合作，开展环境问题的研究和政策倡导，如与亚洲开发银行合作拟提出湄公河水电开发指南。乐施会与当地民间机构合作在柬埔寨开展水电与渔业研究等。

3. 湄公河五国环境 NGO 的不同特点

缅甸的非政府组织发展最快。1988 年以来，缅甸的国际及本土环境

---

① 梁晨、杨祥章：《GMS 的环境 NGO 及其对我国的影响》，载《大湄公河次区域合作发展报告（2012—2013 年）》，社会科学文献出版社 2013 年版，第 48 页。

非政府组织不断发展壮大，尤其是 2008 年纳尔吉斯风暴和 2010 年大选政府放宽对非政府组织的限制之后，数量急剧增加。很多缅甸境内的非政府组织在缅泰边境活动，并主要关注环境与人权、环境与难民、环境与少数民族等内容。泰国的环境非政府组织不仅关注本国内的环境政治问题，同样对区域内的环境政治问题也十分关注。位于泰国的"生态恢复联盟"和位于清迈的"缅甸民间组织网络"是湄公河国家比较有影响的NGO，泰国民众的反对水坝的行动已经迫使泰国电力局放弃在国内建设水电站，转而在 GMS 其他国家参与水电建设获得能源。柬埔寨环境非政府组织注重吸引本国知识精英与国际社会精英的加入，对环境与发展、环境与社会等议题有一定的话语权。老挝的非政府组织主要以国际非政府组织为主。此外，基于湄公河次区域五国内非政府组织的不同特点，影响力也不同，按影响力大小排序分别是泰国、柬埔寨、越南、缅甸和老挝。

4. 湄公河地区环境 NGO 的资金来源

一般来说，非政府组织获取资金的来源主要有四种：一是社会捐赠，即通过慈善捐赠获取资金，包括直接捐赠和间接捐赠。二是政府的投入，包括政府的补贴、津贴和政府对非政府组织的税收优惠。三是非政府组织本身的会费和营业收入。四是外国援助。但对于湄公河地区五国而言，由于经济发展水平较低，目前大部分环境 NGO 都属于外部支持型，外国的资金和捐款已经成为 GMS 环境 NGO 维持正常运作的一个重要支撑。[①]

（二）湄公河地区环境 NGO 的环境政治诉求与活动方式

湄公河地区环境非政府组织的宗旨就是环境生态保护，并以其为第一要义。因此，它的根本利益诉求就是生态环境利益的最大化。主权国家、政府间国际组织、企业、公众和 NGO 是环境治理中的主要行为体，

---

① 梁晨、杨祥章：《GMS 的环境 NGO 及其对我国的影响》，载《大湄公河次区域合作发展报告（2012—2013 年）》，社会科学文献出版社 2013 年版，第 48 页。

而环境NGO也主要是针对政府、企业、国际组织和社会民众层面四个层面开展工作，施加影响，并在这些行为体间起着着桥梁和纽带的重要作用。

1. 为政府提供政策建议或进行游说

为确保环境利益，环境非政府组织首先从政府入手，常以"智囊团"的方式参与政府决策发挥其影响力。在湄公河地区的环境问题治理中，非政府组织会为中央政府或者地方政府收集对应信息与资料，为政府的决策做好前期调研，并提供政策建议。通过这种方式来影响政府的环境政策走向与环境政治问题的处理方式，来保证区域内的环境利益。同时，非政府组织还会通过"向决策机关提交口头陈述、书面陈述、专门的研究报告、具体建议、法律和技术咨询、谈判文本等，以及在谈判期间与政府谈判代表团成员进行会外交谈"[①] 等方式对政府进行游说，以期达到其环保利益诉求。例如，泰国环境协会就通过研究国内外有益于自然资源和环境保护的各种活动，长期向泰国政府提供信息。另外，媒体（电视、展览、杂志、广播、网络等）也是环境NGO向政府传达环保信息经常会借助的工具。

2. 监督投资企业环境保护行为

湄公河地区的土地、矿产、森林、水能等资源极为丰富，企业在区域内开展的经济活动大多数与自然资源的开发利用有关，并不可避免地对当地的生态环境产生影响。对企业行为进行监督，促使它们合理开发资源并采取相应的环境保护措施，已成为环境NGO参与环境治理的一个重要方式。它们对次区域将要开展的大型项目进展极为关注，在收集相关信息的同时还会进行实地调查。2008年8月至2011年3月间，"湄公河观察"曾多次到南屯2号水电站现场进行调查，并在网站上发布调查报告。当环境NGO对企业的监督已不能达到预期效果时，它们可能会动员民众、社会精英等相关社会力量，以联名上书、静坐、游行示威等方

---

① 王杰等：《全球治理中的国际非政府组织》，北京大学出版社2004年版，第316页。

式迫使企业妥协。在反对密松水电站建设时，就有 NGO 组织民众联名上书请愿。①

3. 与国际组织开展环保方面的互动合作

环境 NGO 与国际组织间的互动，主要有以下两种方式。一是交流环保信息。环境 NGO 会通过召开国际研讨会和递交文字材料等方式向国际组织提供次区域的环境动态信息，有时会将研究结果以报告形式对外发布，呼吁国际组织采取具有针对性的环保行动或呼吁各组织间采取联合行动应对该环境问题。二是配合其他国际组织的环保活动，如派遣专家参加环保研讨会，通过在研讨会上发表所在组织的观点来影响其他国际组织的立场。② 此外，在国际组织召开环境会议时，环境 NGO 还经常会平行举行非政府组织论坛以扩大影响。生态恢复和区域联盟就数度与乐施会、澳大利亚湄公河资源中心等国际机构联合组织国际会议。

4. 提高社区公众环境意识

湄公河地区环境 NGO 一直致力于开展面向民众的环境教育，提高他们的环保意识，借助媒体宣传、举办与环境相关的活动是环境 NGO 向当地民众宣传环境知识、灌输环保理念的常用方式。一般是通过他们拥有的多领域的专家群体，以及丰富的环境生态资源调研经验，以及所掌握的有关政府、企业开发对环境可能造成的潜在危险数据对社区公众进行教育与知识传播，让公众具备基本的环境保护意识，甚至形成一个强劲的公众群体来帮助环境非政府组织一起对抗部分不合规的项目或者政府和企业的投资规划。这些 NGO 近年来逐渐注重利用互联网、推特、Facebook、文字、图片以及视频相结合等新媒体来扩大其影响。如缅甸有影响的 NGO 都建立了自己的网站，有的甚至推出了英文、缅文、中文、泰文和其他少数民族文字的多种版本。

---

① 梁晨、杨祥章：《GMS 的环境 NGO 及其对我国的影响》，载《大湄公河次区域合作发展报告（2012—2013 年）》，社会科学文献出版社 2013 年版，第 51 页。

② 王杰、张海滨、张志洲主编：《全球治理中的国际非政府组织》，北京大学出版社 2004 年版，第 318—319 页。

(三) 湄公河次区域环境 NGO 在环境政治中的作用和影响

1. 湄公河地区非政府组织的环境政治角色

综上,湄公河地区的非政府组织一般出于环境考量优先的原则,将生态保护利益置于经济利益与政治利益之上,因此在环境政治问题中充当着"激进者"的角色。部分环境非政府组织更受到某些域外国家政府的支持,其在环境问题上充当着"渲染者"的角色,将环境问题政治化、扩大化。

第一,湄公河次区域非政府组织是政府相关规划决策与项目推进的重要影响者。无论是非政府组织的"激进者"还是"渲染者",都是以生态环境作为出发点和优先选项。在现实的经济开发与合作过程中,尤其是矿物开采、水利设施建设等大型经济活动开展过程中,非政府组织主要是强调环境保护的重要性,并基于与社区群众的良好互动与广泛网络进行活动,进而影响项目规划决策与进展,甚至直接导致已经展开的项目中止。在非政府组织与媒体、社区的互动过程中,往往导致环境政治问题的激化,最终可能影响合作双方国家的双边关系。

第二,环境非政府组织是促进地方社会进行集体环境学习的推动者。[①] 国际环境政治的历史表明,环境政治方面的新知识或者观点,并不完全是由一国政府或国际组织所提出的,有一些则来自于环境团体以及其支持者,而非政府组织就是其中之一。一般来说,湄公河次区域内非政府组织具有较强的专业性环境知识,并同时配备专门的研究人员甚至研究队伍。他们改变自上而下的环境政治知识的产生、制作与传播过程,自己生产知识,并对国家产生的相关知识进行补充,促进民间对环境政治知识了解,引导和促进国家企业、地方社会甚至政府进行集体环境学习,从而减少环境问题的发生与发展。

---

① Dean E. Mann, "Environmental Learning in a Decentralized Political World", *Journal of International Affairs*, Vol. 44, No. 2, 1991, pp. 301 – 337.

2. 湄公河地区非政府组织对环境政治的影响

湄公河地区环境非政府组织对环境政治的影响有积极的方面也有消极的一面。一方面湄公河地区环境非政府组织通过提高政府、企业、社区公众的环境意识、环境知识，规范环境保护行为，防止投资中过度的开发与破坏，有益于维护区域生态环境。但同时，湄公河地区环境非政府组织也成为域外势力干预域内正常投资活动的利器和一国政府对外谈判的筹码，影响到政府间或者企业间正常的项目开展，甚至导致区域内环境政治问题的恶化。

第一，湄公河地区环境 NGO 填补了环境治理领域政府失灵的某些空白地带，但同时也可能成为一国政府对外谈判的筹码。在湄公河次区域环境治理中，环境 NGO 常常通过监督、提供建议来填补一些环保的空白地带。例如，在泰国玛达浦工业园区 76 个投资项目因环境问题被迫暂停事件中，因官方放松了对投资项目的环境影响评估，导致该园区附近居民深受环境污染之害。而以全球暖化应对协会为首的泰国非政府组织就此项目的环境污染问题进行了上诉，使投资项目中的环境影响引起了泰国政府和投资企业的重视，泰国政府为此加大完善泰国环境治理体系的力度；投资企业也提高了对环境治理重要性的认识。[①] 另一方面，近年来环境 NGO 过分渲染中国在湄公河上游（中国称之为澜沧江）的水资源开发行为，也造成了湄公河国家的普遍担忧，影响到次区域合作的进程。

第二，湄公河地区环境非政府组织的活动增强了企业的环境保护责任感，但同时也阻碍了一些正常项目的开展。湄公河次区域自然资源丰富，在该区域投资的国内外企业在开发过程中不可避免地对这些资源产生消耗，并对环境造成不同程度的污染。但由于该区域部分国家政府环保部门的约束力不足，环境法律法规体系尚待完善，以及经济发展和环境保护之间的根本性矛盾，政府对企业的环境管理不到位。因此，湄公

---

① 杨朝晖：《非政府组织在大湄公河次区域环境治理中的影响研究》，硕士学位论文，云南大学，2010 年，第 41 页。

河地区环境非政府组织通过召开环境主题的论坛和会议,与企业建立环境保护项目伙伴关系等方式来提高企业的环保意识。例如,2007年,世界自然基金会与可口可乐公司建立了一项节约与保护淡水资源的合作计划,该计划将保护世界上七个最重要淡水流域(包括湄公河流域),具体措施包括开展一系列与当地相关的活动项目,包括水域保护、社区水资源利用、收集雨水、植树造林及有效利用农业用水等。①

但与此同时,环境非政府组织在某些项目上过度渲染环境问题,造成项目的中断,促使环境政治问题的产生。例如,在缅甸密松水电站事件中,"地球权益组织"发布了《土地、水和权益:从青藏高原到伊洛瓦底三角洲的声音》的报告并广为宣传,形成了从一个正常运行的项目中寻找漏洞、煽动民众、组织抗议、影响政府决策等一整套的运作方式。与此同时,他们还在相关领域成立了专业性的涉华非政府组织联盟,比如缅甸环境保护组织联盟就拥有反对密松水电站项目的多个成员,最终致使中缅共同投资的密松水电站中止,造成了巨大的经济损失。

第三,湄公河地区环境非政府组织的活动提高了社区公众的环保意识,但同时也常常利用该群体给政府与企业项目施压,造成环境政治问题的恶化。环境 NGO 一直把提高社区公众的环境认知水平与环境保护行为作为一项重要的工作,它们通过开展教育环保的培训、演讲、讲座、研讨会、座谈会、经验交流会以及环保实践活动来提高社区公众的环保意识与环境知识。例如,日本环境教育论坛(Japan Environmental Education Forum,JEEF)在柬埔寨、泰国、越南展开了环境教育(Environmental Education,EE)和可持续发展教育(Education for Sustainable Development,ESD)项目。该项目隶属于日本环境教育论坛于 2007 年 4 月在亚洲国家开展的国际环境教育项目,其目的是帮助社区公众进一步理解保护环境和可持续发展的重要性,并通过该项目的参与者分享经验来获得

---

① 世界自然基金:《可口可乐公司承诺回馈其饮料及生产用水》,2017 年 6 月 6 日,2018 年 3 月 20 日,http://www.wwfchina.org/pressdetail.php?id=502。

更多的有效信息，从而建立和完善亚洲国家环境教育相关组织数据库（Database of Environmental Education Related Organizations Among Asian Countries）。泰国非政府组织泰国环境协会设立的泰国环境基金会（Thailand Environment Foundation，TEF），越南国家环境部下设的环境、旅游和发展中心（Centre for Environment，Tourism and Development，CETD），柬埔寨非政府组织 Mlup Baitong 都参与了此项目。

与此同时，一些环境非政府组织片面强调环境保护，忽视了经济发展的需求，有些正常的或者可以改进的项目不得不中断，对湄公河国家的经济发展造成不利影响。另外，一些环境 NGO 也容易被所在国的内部政治斗争或域外势力所利用，成为它们反对另一国投资和干涉他国内政的工具。例如，缅甸莱比塘铜矿是亚洲最大的湿法炼铜工程，也是中缅矿业合作的一大项目。2012 年 3 月 20 日，莱比塘铜矿项目举行了开工仪式，而当地一些民间的质疑和抗议活动也随之出现。同年 6 月，在大批村民、学生和僧侣的抗议下，项目被迫停工，政府陷入被动。莱比塘铜矿的反对者主要由"88 学生组织"牵头，该组织极力宣传莱比塘铜矿项目对环境的污染和征地不民主等问题，联合当地村民及其他反对势力宣扬自己的主张。同时，西方非政府组织也常以环保名义来谴责政府的行为，如"缅甸河流网络"称莱比塘铜矿项目将给珍稀动物带来灭顶之灾，也产生了较大影响。

二 湄公河地区社区公众对环境政治中的诉求与作用

（一）湄公河地区社区公众的环境政治角色

湄公河次区域公众是环境政治问题中"易受影响的重要推动者"。由于湄公河次区域整体发展水平较低，大多数社区公众对于环境问题的自觉关注度并不高，所具备的环境政治知识也不足，因此在环境政治问题发展中易受影响。但由于其基数庞大，且在外力鼓动以及涉及自身利益的情况下，会对国家政府、企业进行施压，造成环境政治问题的产生。

第一，湄公河地区的社区公众对环境政治问题的判断易受外界影响。实际上,湄公河各国公众对于经济发展的关注度高于环境保护,但同时由于次区域内公众对环境政治知识的缺乏以及平时对环境政治问题的不了解,致使在突发事件发生后,该群体更易受到非政府组织、媒体的影响。特别是当非政府组织、媒体将环境政治问题与当地公众的宗教信仰、民间信仰,甚至生存利益直接挂钩并夸大时,社区公众就会对环境问题过度反应,增大政府、企业的环保压力,进而影响到项目的实施。

第二,湄公河次区域社区公众是环境政治问题发展与解决过程中不可忽视的推动者。湄公河次区域公众是环境政治问题中的基层群体,也是直接利益方。任何环境政治问题的产生、发展与解决与其息息相关。由于其基数庞大,相对于国家政府、国际组织、企业而言处于"弱势"地位,因此他们的态度与反馈,更容易被国际与区域内的普罗大众所接受,一旦发挥影响,便会对环境政治问题的解决产生重要的推动作用,这也是非政府组织与其保持密切关系的重要原因之一。

(二)湄公河地区社区公众在环境政治中的利益诉求

湄公河地区的社区公众在环境政治问题中属于基层,他们的根本利益诉求是在政府(间)、企业(间)项目执行开发过程中能避免自身的利益受损,在受损时有环境保护权和组织或参与环境保护社会活动的权利,同时也希望能通过合理的开发改善自身的生活条件。

首先,湄公河地区各国社区公众,尤其是偏远落后地区的民众希望通过政府教育、宣传,或者借助环境非政府组织获得必要的环境保护知识、环境法律法规知识,以在环境政治问题发生时能够保护自身的基本利益。其次,社区公众希望获得环境保护权,包括环境的知情权、表达权、诉讼权和监督权。在因经济开发活动而造成居住环境危害时,能实施这些基本权利。最后,组织或参与环境保护社会活动。社区公众在基本环境保护权没有得到保障时,希望借助游行、示威、请愿、静坐、集会的方式来表达自己的愿望,保证自己的环境利益。

(三) 湄公河次区域社区公众在环境政治中的作用

湄公河次区域社区公众是在环境政治中是易受影响但不容忽视的推动者。一方面，社区公众能通过自主学习、自发组织来给政府和企业带来压力，规范企业经济活动，减少不必要的环境政治问题。但同时，另一方面也会被部分域外国家、非政府组织所利用，造成经济与政治利益的损失，并给国家间、区域间正常的政治经济关系发展带来冲击。

第一，澜湄次区域社区公众将有助于规范环境政治行为，减少环境政治问题发生的风险。社区公众通过不断提高自身的环境知识，并由环境非政府组织引导，通过给政府、企业施加压力的方式，规范环境政治行为。例如，泰国玛达浦工业园区 76 个投资项目因环境问题被迫暂停事件。泰国玛达浦工业园位于泰国中部的罗勇府（Rayong），是一个大型的工业园区，拥有大量外国投资项目。但由于该工业园区污染严重，导致周边许多居民患病，造成了严重的环境问题，社区公众在非政府组织引导下举行了抗议示威游行活动。之后泰国国家行政法庭下令暂停玛达浦工业园区对周边环境和社区生活造成了不良环境影响的 76 个投资项目，震惊了整个泰国投资产业界。①

第二，澜湄次区域社区公众容易被影响，阻碍正常的项目开展甚至影响国家间关系。在受域外国家鼓动或者资助的部分非政府组织煽动下，澜湄次区域社区公众易受煽动，并采取过激的反抗方式，最终造成项目中断，甚至影响两国间政治关系。例如，泰国《曼谷邮报》曾以所谓中国云南省的龙江水电站大坝导致龙江水流量大幅下降以及下游的缅甸民众利用河水的贸易权和运输权受到影响为由煽动当地民众，促使其呼吁进行调查，并且要求中方减轻大坝的破坏性影响，甚至称将把这一报告呈交中国政府。在由中资公司负责出资修建的一些缅甸当地新社区中，也有一部分西方非政府组织暗中煽动当地民众反对中国公司建造

---

① 《泰国玛达浦工业园 76 个投资项目因环境问题被迫暂停》，2009 年 10 月 9 日，2018 年 7 月 3 日，中华人民共和国商务部网站（http：//www.mofcom.gov.cn/article/i/jyjl/j/200910/20091006547811.html）。

水电站，甚至连中资公司发放给每户移民的补偿款都成为被攻击对象。在非政府组织反对密松水电站建设的理由中，"将90%电力销往中国"的条款激起了缅甸民众的民族主义情绪，迎合西方"中国掠夺缅甸资源"的指责。

第四节　中国企业对湄公河国家投资活动的环境影响

一　企业在大湄公河次区域的环境政治角色

企业作为一国在他国投资的项目承担方和实施者，在大湄公河次区域开展的投资活动一直在逐利行为与环境保护中寻找平衡点，它是大湄公河次区域环境政治问题的重要主体，同时也是环境政治问题最直接的利益相关方之一。

第一，企业是大湄公河次区域环境政治问题产生的重要主体。企业是逐利的行为体，其运营的主要目的是经济利益的最大化。因此，在自然资源丰富、生态环境问题突出的湄公河地区，企业要在利益追逐与环境保护之间找到平衡必须依靠企业社会责任和环境能力建设。尤其是中国企业，作为对象国眼中的中方代表，它的一举一动以及企业社会责任的履行状况将影响到中国的国家形象，直接关乎环境政治问题的走向。在大湄公河次区域投资的中国企业一般通过提供生态环境保护、基础设施、医疗设备、教育设备等方式履行企业社会责任，并在开发过程中尽量减少对生态环境的影响。但在这一过程中，也常常遇到各种困难和问题，需要和东道国共同协商解决。

第二，作为投资方，企业是环境政治问题发生时最直接的利益相关方之一。中国企业在湄公河次区域的投资与开发过程中一定程度上代表着国家的利益，环境政治问题的发生导致合作中断，使经济利益受损的时候，双边关系、政治利益也会受到影响，使问题变得更加复杂化。同样，中国民营企业在次区域的开发合作过程中如果遇到环境问题，也通常会政治化，项目中断的可能性也较大，从而给企业带来无法挽回的损失，甚至有可能从此退出大湄公河次区域市场。

二 中国对湄公河国家的投资现状及环境影响

（一）投资现状

随着中国与 GMS 国家区域经济合作机制的建立，中国加大了对 GMS 国家制造业、农林业、矿产业、水利水电行业的投资，双方的贸易与投资总体呈现出合作领域不断扩大，规模持续增长的趋势（见表3—3）。然而，由于前些年中方投资产业分布过于集中于资源开发与基础设施领域，在发展中国家聚焦的区域结构与资源聚焦的行业结构的双重影响之下，中国在 GMS 的投资项目更可能遭受"资源诅咒"（Resources Curse）[①]效应的冲击，也使项目易受到东道国法律法规欠缺、政治和文化冲突的影响，这也是环境政治问题产生和发展的一个重要因素。

表3—3 中国对湄公河国家直接投资流量情况表（2003—2015年）

单位：万美元

年份	湄公河国家				
	泰国	越南	老挝	缅甸	柬埔寨
2003	5731	1275	80	—	2195
2004	2343	1685	356	409	2952
2005	477	2077	2058	1154	515
2006	1584	4352	4804	1264	981
2007	7641	11088	15435	9231	6445
2008	4547	11984	8700	23253	20464
2009	4977	11239	20324	37670	21583
2010	69987	30513	31355	87561	46651
2011	23011	18919	45852	21782	56602

[①] 在很多资源丰富的发展中国家，来自石油、天然气、水能和采矿业的金钱往往与贫困、冲突和腐败相连。油气或矿产等自然资源丰富的国家经济增长相对缓慢，冲突与腐败现象更为多见，发展相对滞后，这一现象通常被称为"资源诅咒"（Resources Curse）。

续表

年份	湄公河国家				
	泰国	越南	老挝	缅甸	柬埔寨
2012	47860	34943	80882	74896	55966
2013	75519	48050	78148	47533	49933
2014	83946	33289	102690	34313	43827
2015	40724	56017	51721	33172	41968

注：1. 数据为非金融类直接投资流量。

2. 数据来源于中国商务部《2015年度中国对外直接投资统计公报》。

2015年，中国对湄公河五国的流量投资中，对越南、泰国的投资实现较快增长。从行业分布看，投资领域主要集中在制造业，其中越南为24.79亿美元、泰国为21.19亿元；在缅甸、老挝、柬埔寨的投资则主要涉及电力、农业、矿业、能源开发、运输等产业。2016年中国对东盟的投资存量为715.54亿美元，对湄公河流域国家投资存量为240.06亿美元（见表3—4），占东盟投资存量总额的34%。其中，在湄公河流域国家中对老挝和越南投资最大，是中国对外直接投资存量前20位的国家，老挝排名16名，越南排名19名。2016年末，中国对"一带一路"沿线国家的直接投资存量前十的国家中，湄公河流域五国就有四国，分别是老挝（第4名）、越南（第6名）、缅甸（第9名）和泰国（第10名）。截至2016年末，中国对亚洲直接投资存量前二十的国家和地区中湄公河地区五国都位列其中。

表3—4　　2016年末中国对湄公河五国对外直接投资存量

国家（地区）	存量（亿美元）	占东盟比重（%）
老挝	55.00	8
越南	49.84	7
缅甸	46.20	6
泰国	45.33	6

续表

国家（地区）	存量（亿美元）	占东盟比重（%）
柬埔寨	43.69	6
合计	240.06	34

注：1. 数据为非金融类直接投资流量。2. 数据来源于中国商务部《2016 年度中国对外直接投资统计公报》。

（二）与投资伴生的环境问题

中国企业对 GMS 国家的投资取得积极进展的同时，由于投资活动领域多涉及易受环境影响的农业、矿产、水电、木材等资源性开发行业，也造成了一些环境影响。特别是在缅甸这样正处于政治经济转型下的高冲突国家，原本深埋的冲突风险以环境名义被合法地一一激活释放，投资活动中所产生的环境问题往往成为影响双方合作甚至双边关系的一个重要因素，从而表现为典型的环境政治问题。

水电领域。中国对拥有丰富水资源的缅甸和老挝水利水电项目建设投资力度较大，对解决两国的电力供应不足问题起到了积极作用。但伴随而来的却是各种非难和指责。例如，缅甸搁置中方企业开展的密松水电站建设的一个理由，就是当地一些人指责密松大坝建设会破坏环境，影响某些鱼类的生存；会淹没大片森林，影响下游水情；坝址位于地质断层，地震时会有垮坝危险，以环保理由来反对大型水坝工程。①

事实上，中方大型国有水电企业在 GMS 国家开展水利水电设施建设过程中，都遵照东道国法律规定，积极开展环境评估工作。例如中国电力投资公司在实施伊洛瓦底江开发项目前，委托中国科学院与缅甸"生物多样性与自然保护协会"（Biodiversity And Nature Conservation Association，BANCA）历时 3 年完成了环境影响评价工作，有针对性地做出了相应预案。尽管如此，中国企业在 GMS 国家的水电开发项目仍然受到一些

---

① 秦晖：《缅甸密松水电站搁浅：政府毁约得民心　中资惨遭损失》，2018 年 3 月 16 日，凤凰网资讯（http：//news.ifeng.com/world/detail_ 2012_ 02/04/12294593_ 1. shtml）。

非政府组织的指责,其中一个重要理由是修建大坝会破坏当地的生物多样性和生态服务系统。

矿业领域。中国对 GMS 国家的采矿业投资主要集中在缅甸、越南、老挝等国。中国对 GMS 国家采矿业的直接投资,增大了当地该产业的投资存量,促进了当地经济的发展,但是在废水及废料的排放及其对环境的影响上也产生了一些影响。例如,2012 年 6 月,位于缅甸西北部实皆省蒙育瓦镇的中缅合资蒙育瓦莱比塘铜矿项目面临当地村民不断升级的抗议,农民先是要求增加征地补偿,后来又提出项目的环境污染等问题。① 此外,中方一些中小企业在 GMS 地区矿业生产时存在着粗放式开采,如没有建设拦截尾矿水的大坝,有的地方矿石采完后,没有进行回填;采矿时被破坏的植被,也没有进行有效的恢复。这些行为有可能给当地生物多样性和生态系统平衡产生一定的影响。

土地开发领域。GMS 国家土地资源十分丰富,与中方合作开发有助于其农业经济的发展。但是在此过程中也产生了一些矛盾和冲突。例如,2007 年 7 月底,柬埔寨政府以"非法开发土地"和破坏环境为由,强行拆毁由来自中国浙江宁波企业投资建造的大型都市别墅区龙城庄园。原因是龙城庄园原本申请开发的土地只有 28 公顷,但是开发商私自将施工面积扩大至 60 公顷,并在施工过程填湖造地,而被填的谷梳湖是湄公河重要的水量调节器,有可能造成金边市被洪水淹没。②

(三) 中方相关投资因环境问题所带来的影响

中国在 GMS 国家投资活动过程中所造成的环境问题给中方参与 GMS 合作带来了一些不利影响,具体表现在:③

GMS 国家政府对中方的投资更为谨慎和严苛。中国在 GMS 的投资过

---

① 《万宝矿业缅甸铜矿项目被指污染环境遭抗议》,2012 年 12 月 6 日,2018 年 5 月 10 日,有色资讯网(https://news.smm.cn/news/3297583)。
② 《柬埔寨土地风暴击倒中国商人 首相亲自操刀》,2007 年 8 月 10 日,2018 年 5 月 12 日,搜狐网(http://news.sohu.com/20070810/n251521313.shtml)。
③ 卢光盛、张励、倪玲:《中国对 GMS 投资贸易的环境影响与能力建设》,载《大湄公河次区域合作发展报告(2012—2013 年)》,社会科学文献出版社 2013 年版,第 35—45 页。

程中由于所涉及领域涵盖较容易受破坏的环境和资源领域，东道国在国内外舆论的影响下，近年开始提出更为苛刻的环境要求。如 2011 年 9 月，由中国投资的密松水电站因种种原因被缅甸政府叫停，项目一直搁置至今；2012 年 11 月，同样由中国投资的中缅莱比塘铜矿也遭遇当地居民抗议被迫暂停。① 缅甸又先后于 2012 年和 2016 年颁布了新环境保护法和新投资法，两个法规大大提高了对外国在缅甸的投资和环境的门槛。虽然缅甸此次颁布的两个新法规并不是专门针对中国的，但也可以看出缅甸对本国投资与环境保护的准入界限有所提高，对包括中方在内的各方外来投资将会更为谨慎。

国际非政府组织的干预将进一步增大中国在 GMS 的社会压力。如前所述，在湄公河地区的众多国际非政府组织的资金来源都与西方国家关系密切，与此同时，这些国际非政府组织相互间又保持着密切的联系，定时发布报告、举办研讨会等，对 GMS 国家政府以及民众产生了较大的影响。此外，国际非政府组织的观点在一定程度上也会被湄公河国家政府所采纳。因此，当近年来中国与 GMS 国家经贸合作不断深入时，国际非政府组织常常抓住中国在湄公河国家投资易对环境产生影响的矿业、水利等领域开展舆论攻势，误导当地民众和政府，给中国投资蒙上"环境破坏者和社会问题制造者"的污名。这种不实的报道将会导致中国丢失在 GMS 原有的投资市场，并使双方经济合作遭遇瓶颈。

中国的国家形象将在 GMS 民众心中面临更为严重的考验。中方企业在湄公河地区投资活动中所造成的环境问题不仅会使自身的经济收益受损，也会在社会民众层面对中国形象造成一定损害。每当中国企业投资行为对当地环境、生态造成影响时，当地人往往把这种不良印象从中国企业放大到国家层面上，从而影响两国的正常合作，并使得中国国家形象面临考验。

---

① 任芊：《中国投资密松水电站被缅甸喊停 项目搁置到现在》，2013 年 4 月 5 日，2017 年 4 月 23 日，环球网（http://world.huanqiu.com/regions/2013-04/3798620.html?agt=1）。

第五节　域外国家在湄公河地区实施的环境战略及影响

湄公河地区是与中国山水相连的近邻，也是连接太平洋和印度洋、亚欧大陆和南亚次大陆的海陆交通要冲，战略地位十分重要，历来为大国博弈的重要地缘支点之一。多年来一些域外国家出于地缘政治、地缘经济的考量，一直努力介入湄公河地区的多边、双边合作，而由于环境问题固有的国际性、普适性和正义性，往往成为它们介入次区域国际事务的切入口和重要领域。近年来美国、日本、韩国、澳大利亚等域外国家都与湄公河国家以及湄公河委员会建立了会议机制和援助机制，系统地将环境和水资源相关的议题纳入合作政策框架之中，并为流域多边机构和相关国家提供财政和智力支持，从而成为对大湄公河次区域环境政治产生重要影响的外部因素。总体而言，美日韩澳环境战略的实施扩大了自身在湄公河地区的影响力，在促进该地区环境生态保护的同时，也对中国发展与湄公河国家的经济合作形成了竞争与挑战。

一　美国在湄公河地区的环境战略与影响

美国作为全球超级大国，为了遏制中国在亚洲的影响力，通过环境保护、环境政治问题积极介入湄公河地区事务，这在奥巴马政府期间表现最为突出。在奥巴马政府上台后，美国宣布"重返东南亚"，后又调整为"亚太再平衡"战略，强调将亚洲作为战略重点，全面加强与东南亚国家的合作，其中一个重点就是以环境问题为切入点，提出"美湄合作"。

2009年美国启动"湄公河倡议"，开启"美国与湄公河下游国家部长会议"机制。"湄公河倡议"合作内容包括环境、医疗、教育和基础设施，美国为该合作项目提供约1.1亿美元的援助，之后将合作内容扩大为农业与食物安全、互联互通、教育、能源安全、环境与水、健康等领域。2010年美国的密西西比河委员会（Mississippi River Commission）与湄公河委员会签署了一项合作协议,密西西比河委员会将其水资源管理的经验与湄公河委员会分享,通过两个委员会的合作,提高水资源管理的有效性,应对水力发电等挑战。在 2011 年 7 月 "第三届美国—湄公河下游外长会议暨首届湄公河下游之友外长会议"上,《湄公河下游计划》的伙伴国家一致通过了一份概念文件即《湄公河下游计划》,提出了今后五年中跨国挑战和合作领域的行动计划,美国对湄公河地区环境、卫生等领域的援助将增加到约 2.12 亿美元。会议还通过了《美国—湄公河下游国家框架合作外长会议纪要内容》和《2010 年湄公河委员会与密西西比河合作谅解备忘录》。2011 年《湄公河下游行动计划》的伙伴国通过了一份概念文件(Concept Paper),并建立了一个"网上秘书处"(Virtual Secretariat)以加强倡议伙伴国对湄公河下游事务的协调与管理。根据文件显示,2011 年美国会在湄公河下游地区投入 6900 万美元以上的资金来改善湄公河流域的水资源环境问题,包括指派美国专家对湄公河的生态监测、数据分析等方面的研究培训;开展密西西比河委员会—湄公河委员会交换项目(Mississippi River Commission-Mekong River Commission Exchange);在湄公河三角洲和沿湄公河走廊建立取样站网等。在 2011 年 12 月初希拉里访缅期间,美国还邀请缅甸以观察员身份加入"美湄合作"机制。2012 年 7 月,在柬埔寨举行的第四届"湄公河下游倡议"外长会议上,美国承诺在 2013—2014 年阶段向湄公次区域五国提供 5000 万美元的援助资金。[1] 同年 12 月 20 日,美国总统奥巴马在柬埔寨首都金边出席东亚峰会期间,与《湄公河下游计划》伙伴国即柬埔寨、老挝、缅甸、泰国和越南等国领导人举行会晤,这是 2009 年希拉里与湄公河下游四国外长举行会晤以来,举行的最高级别会议。会议主要就教育、环保、卫生、能源安全、湄公河委员会—密西西比河委员会伙伴关系等议题进行会谈。

---

[1] 卢光盛、张励:《论"一带一路"框架下澜沧江—湄公河"跨界水公共产品"的供给》,载《复旦国际关系评论》(第十六辑),上海人民出版社 2015 年版,第 142—143 页。

美国在"美湄合作"框架设计中刻意排除了中国,并通过在湄公河流域提供环境保护资金、环境保护知识、环境保护行业标准、环境保护合作机制来扩大自身在环境议题上的话语权,在湄公河下游水资源开发利用上与上游展开竞争性合作,强化下游流域伙伴关系,意在构建一个制衡中国的地缘战略支点。其介入方式有几个特点。一是推动不同行为体间的合作,借助湄公河之友的平台,促进民间组织、政府、媒体的信息交流,构建社会议论的话题;二是协助法律的完善和实施,支持工作组改善现有法律条款,推动决策的公众参与;三是加强与日本、韩国、澳大利亚和欧洲国家间的合作,形成合力。

二　日本和韩国在湄公河地区的环境战略与影响

总体来说,日韩两国的湄公河战略体现了追随美国湄公河政策的特点,并注重保持在该地区政策的灵活性、连续性和协调性。日本和韩国在美国2009年启动"湄公河倡议"后,明显加强了对湄公河的外交活动,提供更多援助和扩大合作的领域。同时,日本和韩国在湄公河流域国际合作中,尤为重视湄公河水资源可持续管理及开发等方面的问题,同时支持和鼓励民间组织和私营企业发挥作用。

(一) 日本的相关政策

湄公河地区是日本传统的援助和投资地区,近年来日本加大了对该地区环境生态保护合作方面的力度,以加强对环境议题的掌控。

2009年日本与泰国、柬埔寨、老挝、缅甸和越南五个湄公河国家举行了第一届"日本与湄公河流域各国首脑会议",此后首脑峰会每年召开一次,成为日本参与湄公河流域事务的常规化协商机制。第一届首脑峰会通过了《东京宣言》,提出了"建设绿色湄公河的10年倡议",推动湄公河水资源管理是倡议的主要目的之一,内容包含援助完善交通网、促进人员交流等63项行动计划,以及3年内向五个流域国提供超过5000亿日元(约合49亿美元)的政府开发援助。2012年4月,第四届日本与湄公河流域国家首脑会议通过了《日本—湄公河合作2012年东京战略》草案，内容包括在今后三年将向区域提供6000亿日元（约合74亿美元）的政府开发援助，并制订了2013年至2015年间日本与湄公河流域国家合作的具体计划；准备通过"湄公河下游地区开发倡议"以加强同各种地区框架和第三国合作的计划。① 2012年7月，日本与湄公河地区五国共同召开了第5次"日本—湄公河外长会议"，并通过了名为《为实现〈东京战略2012〉的日本—湄公河行动计划》。该行动计划将环境的可持续性作为未来合作三大支柱之一，并在此支柱下分列了诸多具体行动、措施与项目。② 2015年安倍政府又制定了《2015新东京战略》，加强与湄公河国家在基础设施、环境保护、适应气候变化与水资源管理领域的合作，承诺向湄公河国家提供7500亿日元（6.7亿美元）的政府开发援助，还承诺在实施1100亿美元的亚洲基础设施建设投资计划过程中，给予湄公河国家优先地位，建设绿色湄公河，以增强日本与湄公河国家合作机制，以及日本与其他地区合作机制、国际组织的配合、协调等。③

日本加强其在湄公河地区投资环境、防灾减灾、应对环境和气候变化等领域的合作力度，着眼点是进一步扩大对湄公河国家在政治、经济、社会、文化等领域的影响力。同时，日本积极加强环境议题介入力度，也是为了配合美国奥巴马政府在2009年推出的"湄公河下游计划"（LMI）的实施。对于日本来说，可以利用该机制在配合美国遏制中国的同时，建立由美日主导的亚太地区新秩序。所以，日本在湄公河地区积极推动日美协调战略互补，以此配合美国的"重返亚太"以及"再平

---

① 卢光盛、张励：《论"一带一路"框架下澜沧江—湄公河"跨界水公共产品"的供给》，载《复旦国际关系评论》（第16辑），上海人民出版社2015年版，第143页。

② Ministry of Foreign Affairs of Japan, *Mekong-Japan Action Plan for realization of the "Tokyo Strategy" 2012"*, July 10, 2012, 2017年10月17日, http://www.mofa.go.jp/region/asiapaci/mekong/fm1207/pdfs/jm05_ap3.pdf.

③《日本宣布向湄公河流域国家提供7500亿日元援助》，2015年7月4日，2016年12月27日，凤凰网财经（http://finance.ifeng.com/a/20150704/13818300_0.shtml）。

衡",并试图利用中美的结构性矛盾从中渔利。①

(二) 韩国的相关政策

韩国基于其自身拓展国际空间的需要以及对美国在湄公河地区的战略响应,也跻身为湄公河地区环境事务中投入较多的域外国家之一。韩国主要聚焦于水资源、气候等议题与湄公河次区域五国开展环境合作。2011年韩国启动"韩国—湄公河国家外长会议"机制,与柬埔寨、老挝、泰国、越南等领导人会晤,通过《关于建立韩国—湄公河全面合作伙伴关系,共同繁荣文明的汉江宣言》,提出要创造"湄公奇迹",并就包括水资源保护等内容进行合作。2014年7月,第四届韩国—湄公河国家外长会议在首尔举行。本次会议由韩国和泰国共同主办,韩国、柬埔寨、老挝和越南外长以及缅甸、泰国代理外长出席会议。② 2016年6月,韩国在缅甸仰光召开的"第四届韩国湄公河经济论坛"(Mekong-ROK Business Forum)中,韩国与湄公河次区域五国越南、泰国、柬埔寨、老挝、缅甸的贸易、投资方面政府有关人员,以及45个中小企业代表等100多人参会。论坛主办国缅甸的企划财政部长官Kyaw Win对韩国为湄公河流域开发做出的贡献给予了评价,并对在"韩国湄公河行动计划"(Korea-Mekong Plan of Action)中提到的基础设施、水资源、绿色发展、农村开发、人力资源开发领域取得具体成果表示了期待。③

自1992年联合国召开环境发展大会以来,韩国就致力实现自身的"绿色增长战略",并力图以此引领亚太地区的绿色环保事业。韩国在湄公河地区开展了一系列与环境议题相关的项目。在气候方面,韩国主要与缅甸开展了名为"森林管理应对气候变化能力建设"的应对气候变化项目合作,该项目耗资230万美元,已于2015年完成。在水环境方面,

---

① 毕世鸿:《机制拥堵还是大国协调——区域外大国与湄公河地区开发合作》,《国际安全研究》2013年第2期。
② 卢光盛、张励:《论"一带一路"框架下澜沧江—湄公河"跨界水公共产品"的供给》,载《复旦国际关系评论》(第16辑),上海人民出版社2015年版,第144页。
③ 《韩国与湄公河流域国家商讨扩大合作》,新闻焦点政策,2016年7月6日,2017年12月23日, http://chinese.korea.net/NewsFocus/Policies/view?articleId=138342。

韩国与湄公河流域国家展开了河流治理方面的合作。2008年韩国政府宣布，从经济发展合作基金中为老挝提供4000万美元的贷款，该贷款主要用于两个项目，其中之一就是万象湄公河沿岸发展建设。

然而，2018年7月23日发生在老挝南部的桑片—桑南内水电站（Xe Pian-Xe Namnoy）大坝的溃坝事故不仅影响到韩国在湄公河国家水资源开发的投资，也重击了韩国这些年在湄公河地区打造的"绿色增长"环保形象。桑片—桑南内水电站溃坝是近年湄公河国家最严重的溃坝事件，该水电站位于老挝阿速坡省萨南赛县，由韩国、老挝、泰国的4家企业组成合资公司PNPC开发，项目造价10.2亿美元，是韩国在老挝首个BOT模式（建设—经营—转让）的项目，于2013年2月正式开工，原本预计在2018年投入运营，可提供410兆瓦电力。PNPC是韩国SK建筑公司、韩国西部电力公司、泰国Ratchaburi发电控股和老挝国有控股企业（LHSE）于2012年3月成立的合资企业。SK建筑公司持有PNPC 24%的股份，老挝国有控股企业持有26%，泰国Ratchaburi发电控股和韩国西部电力公司分别持有剩余股份的一半。

自进入雨季以来，溃坝的迹象早已显现，PNPC在7月23日也曾向当地政府递交过告急信，指出有溃坝的危险，但却未对附近居民发出预警，结果当晚副坝发生垮塌，超过50亿立方米洪水快速下泄，造成数十人死亡，数百人失踪，6000多人无家可归。① 该事件是老挝乃至湄公河流域数十年来最严重的一次溃坝事故，不仅使当地人民生命和财产遭受重大损失，而且还带来大批农田、多座桥梁和部分道路被冲毁淹没，河道漫溢溃决导致生态环境污染等次生灾害。2018年8月8日，老挝总理通伦·西苏里签发总理令，组建事故调查委员会，由副总理兼监察总署总监察长本通负责，将由来自多个部委和机构的14名代表组成，调查南部阿速坡省在建的桑片—桑南内水电站溃坝事故原因。该委员会重点审

---

① 《老挝水电站大坝坍塌50亿立方米水涌出 数百人失踪》，2018年12月20日，新浪网（http://news.sina.com.cn/w/2018-07-25/doc-ihftenia0494353.shtml）。

查事故大坝的勘测、设计、建设、监理和建设标准等。无论调查结论如何，此次事件对韩国参与湄公河地区的环境事务和投资均带来不利的影响。

(三) 澳大利亚在湄公河的环境战略与影响

冷战后，澳大利亚为避免在全球新的地缘政治和经济格局调整中被边缘化，希望通过在亚洲构筑的新的合作平台，成为美国和东南亚之间的桥梁和纽带。① 据此，"脱欧入亚"遂成为澳大利亚对外基本战略，湄公河地区成为其重要选项，并在环境、水资源问题方面着力较深。

澳大利亚政府自20世纪90年代以来就一直关注湄公河水资源的管理问题，将水资源及其环境的研究纳入其关注和解决东盟事务的一部分。2013—2018年澳大利亚的政府援助计划，重点关注区域、国家、私人企业和社区4个层面水资源的利用与管理。澳大利亚区域层面的合作对象是湄公河委员会，将湄公河地区治理与经济发展的核心问题——水资源治理和管理问题作为重点援助项目。澳大利亚在2000—2005年向湄公河委员会提供了810万美元用于加强该组织的技术和水文资料收集能力，以便该委员会通过科学可靠的资料给各成员国提供建议并且对流域水资源的开发给沿岸各国带来的影响做出正确的评估。同时，澳大利亚政府还对湄公河的水资源管理提出了具有前瞻性的策略报告，即《湄公河水资源战略报告（2007—2011）》。在上述报告中，澳大利亚政府特别强调了与世界银行、亚太经合组织、东盟、湄公河委员会等组织的合作。2011年底，由澳大利亚政府出资，澳大利亚和柬埔寨多部门以及国际组织联合主办的"湄公河水、粮食、能源论坛"吸引了来自湄公河地区及区域的多国官员和学者参加。2012年澳大利亚开启"澳大利亚湄公河地区—NGO参与平台"（Australian-Mekong NGO Engagement Platform，AM-NEP），

---

① 张蕴岭、沈铭辉：《东亚、亚太区域合作模式与利益博弈》，经济管理出版社2010年版，第318页。

对受澳大利亚资助的非政府组织进行指导,以发挥非政府组织在湄公河地区的影响力。① 另外,澳大利亚墨累—达令河流管理局与湄公河委员会建立了长期的合作的关系,将其水资源治理的经验介绍给湄委会。在国家层面,澳大利亚政府支持老挝、柬埔寨和越南的水资源政策研究和管理能力建设,通过资金援助和提供技术等,帮助湄公河国家提高资源利用效率、发展可持续的电力供应,进而通过节能减排为能源的可持续发展创造条件,并力求通过上述政策在湄公河地区事务中发挥更重要的作用。

澳大利亚参与湄公河水资源合作的特点,一是在法律和法规、标准制定、能力建设、知识更新和社会实践几个方面开展活动;二是以湄委会为主要合作对象,通过湄委会影响水资源的治理;三是深度介入,资助项目具有很强的战略性。

(四) 欧洲国家在湄公河地区的环境战略与影响

欧洲国家是湄公河委员会长期的合作伙伴,湄公河委员会主要项目资助都来自欧洲国家。欧洲国家重视和支持湄公河委员会的流域治理权威作用,同时支持学者开展相关的研究,成为湄公河河流知识的主要提供者。与美国和日本相比,欧洲国家的援助更偏重环境、社会、人权问题,对政治因素的考虑相对较少。②

2016年9月德国政府向湄公河委员会提供了250万欧元,以执行包括气候变化和适应、洪水和干旱管理以及可持续水电在内的战略工作,支持实施新的五年战略计划(2016—2020年)。此外,德国还为湄公河综合水资源管理、气候变化适应、防洪、可持续水电开发、湄公河组织的改革等活动提供了超过2400万欧元的资金。③ 比利时一直是湄公河委员

---

① 卢光盛、张励:《论"一带一路"框架下澜沧江—湄公河"跨界水公共产品"的供给》,载《复旦国际关系评论》(第16辑),上海人民出版社2015年版,第143页。

② 吕星、刘兴勇:《澜沧江—湄公河水资源合作的进展与制度建设》,载《澜沧江—湄公河合作发展报告(2017)》,社会科学文献出版社2017年版,第90页。

③ 湄公河委员会:《德国继续支持湄公河委员会关于下湄公河流域可持续发展》,2016年9月29日,2017年3月14日,http://www.mrcmekong.org。

会的合作伙伴之一,资助超过1400万欧元以支持航运计划,包括"柬埔寨与越南之间的航路运输协定"、"危险货物运输准则"、安装登陆设施、潮汐监控站以及 GPS 导航指导系统等。① 自 1997 年以来,荷兰为湄委会提供了 1600 多万美元,用于与湿地生物多样性有关的活动以及洪水管理和减灾。② 法国一直是 MRC 的重要发展伙伴之一,迄今已为各项目拨款达 630 万美元,③ 主要用于支持扩大湄公河水文气象周期观测系统,进行更准确的洪水和干旱预报,并将其分析水文数据应用于渔业、农业和航海等领域。2016 年 11 月瑞典政府向湄公河委员会拨款 4900 万瑞典克朗(约合 530 万美元),以推动实施湄公河 2016—2020 战略计划中的四个关键领域。瑞士向 MRC 发放了超过 1100 万美元的有关洪水管理和减灾的活动、湄公河可持续管理和发展研究以及流域发展规划等方面的援助。④

综上所述,多年来澜沧江—湄公河次区域建立了多个与环境和跨国水资源治理相关的合作机制和项目,但这些机制或自身存在缺陷,或机制相互之间缺乏协调,甚至形成了相互竞争、相互重叠的局面。参与次区域环境政治的各种行为体,如国际合作组织、各国政府、国际投资者以及非政府组织和社区民众都有各自不同的利益和关注点。总体上看,现有机制基本处于各自为政的状态,不足以为澜沧江—湄公河次区域环境安全合作提供充足的公共产品。与此同时,美日等域外大国纷纷以环境治理为平台,介入地区公共事务,尽管其参与有助于提升澜沧江—湄公河环境治理水平,但这些域外国家以环境和水资源问题为砝码加强自身在地区事务中的影响力的战略意图,也使次区域的环境问题更加复杂

---

① 湄公河委员会:《比利时的资助将有助于灌溉和跨境贸易》,2016 年 8 月 15 日,2017 年 5 月 27 日,http://www.mrcmekong.org。
② 湄公河委员会:《荷兰政府继续支持湄公河委员会》,2017 年 1 月 23 日,2017 年 6 月 1 日,http://www.mrcmekong.org。
③ 湄公河委员会:《法国提供 100 万欧元以支持扩大湄公河水文气象网络和数据的应用》,2015 年 12 月 18 日,2017 年 6 月 5 日,http://www.mrcmekong.org。
④ 湄公河委员会:《瑞士政府提供 700 多万美元为下湄公河流域的居民提供福利》,2016 年 8 月 11 日,2017 年 6 月 5 日,http://www.mrcmekong.org。

化。此外，随着缅甸等国的政治转型，其国内关注环境保护的社会团体和非政府组织的活动日益活跃，成为影响环境政治的重要变量。在此形势下，次区域现有以主权国家为主要行为体的环境治理机制显然已无法反映和容纳多样化的利益诉求。中国作为次区域环境政治的重要"当事方"，需要和相关各国一道努力，在现有合作基础上发展出更为有效的治理机制。

第 四 章

环境政治问题对中国参与次区域合作的影响

近年来，随着缅甸、老挝、泰国、柬埔寨等次区域国家环境政治的发展和美日等域外大国干预力度加大，中国在 GMS 国家投资引发的环境问题成为相关国家和国际社会指责中国的热点，甚至被妖魔化，以致缅甸密松电站、莱比塘铜矿、皎漂—昆明铁路及中柬合作大坝等重大项目相继被搁置或叫停，不仅对中国企业"走出去"参与次区域水电、矿产、农林资源开发和经济走廊基础设施建设产生了不利影响，同时，也对中国与次区域各国的关系以及中国在次区域合作中的地位和作用产生了不同程度的影响。

第一节 对中国在次区域国家投资和经济合作项目的影响

环境政治问题的爆发对中国在湄公河国家的投资和经济合作项目产生了较大影响。从负面影响来看，一是中国投资的部分项目在曲折中发展，有些项目被暂时搁置，虽然中资企业一直在努力争取，但复工仍遥遥无期（例如，缅甸密松水电站搁置事件）；二是有的项目在搁置停工后，经当地政府实地走访调查后，发布调查报告，说明中国投资项目的合法与合理性后，所投资的项目被批准同意复工，继续开展生产经营活动（例如，缅甸莱比塘铜矿项目）；三是由于项目搁置、中止，对中国在湄公河地区的国家形象产生负面影响，尤其是当地民众对中国的友好信任度降低。为继续开展项目投资合作，树立中国的国家形象，减少投资损失，维护投资权益，中国政府相关部门、投资企业工作思路有所转变。一方面，政府部门加强了赴湄公河国家投资的管理与引导；另一方面，中国在当地投资企业更重视环保要求，严格要求自己，及时调整政策与行动。同时，通过各种形式的活动积极履行社会责任，公开透明地开展项目投资与生产，为当地民众带来真正的收益，积极推动当地经济社会的发展。

环境政治问题在缅甸爆发的比较集中，2011年以来，中国在缅投资的密松大坝和莱比塘铜矿等项目因环境等问题被叫停，重挫了中国企业对缅投资的积极性，对缅投资额度明显下降。2010年中国对缅投资额为82.69亿美元，但受2011年中资项目相继搁置事件的影响，中国对缅投资额呈现下降趋势。2011年为43.45亿美元，2012年降至2.32亿美元，2013年为0.56亿美元，2014年才回升到5.11亿美元。① 如图4—1所示：

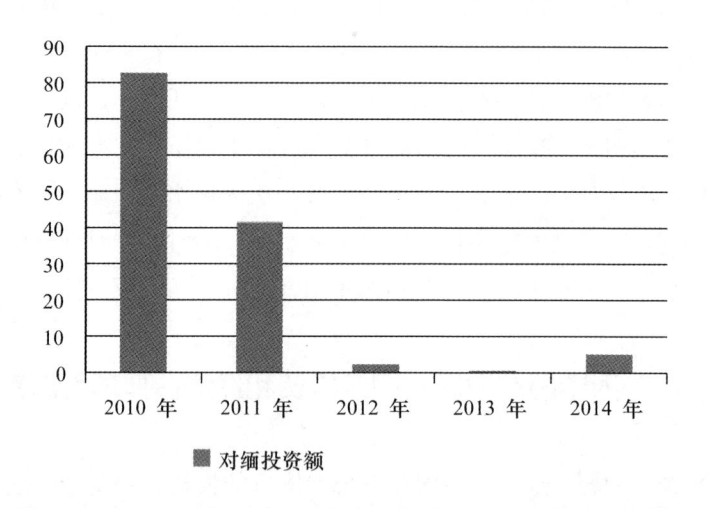

图4—1 2010—2014年中国对缅甸投资总额情况（单位：亿美元）

资料来源：DICA：Foreign Investment by Country, Data & Statistics, *Yearly Approved Amount of Foreign Investment By Country*, March, 2016, 2017年6月11日, http：//www. dica. gov. mm/sites/dica. gov. mm/files/document-files/2016_ march_ fdi_ by_ country_ yearly_ approved. pdf.

---

① DICA：Foreign Investment by Country, Data & Statistics, *Yearly Approved Amount of Foreign Investment By Country*, March, 2016, 2017年6月12日, http：//www. dica. gov. mm/sites/dica. gov. mm/files/document-files/2016_ march_ fdi_ by_ country_ yearly_ approved. pdf.

密松水电站被搁置和中国在缅投资项目遇阻之后，中国有关部门和企业都意识到了问题的严重性，并且做出了较大的调整。一是加强了对中国赴外投资企业的培训力度，要求我赴外投资企业要按照国际惯例预先进行环境影响评估和社会影响评估，并征得当地民众的支持；二是要求赴湄公河流域投资企业及其员工遵守当地的法律法规、尊重当地居民的风俗习惯，学会与当地人交朋友；三是切实改变不积极履行企业社会责任、影响投资对象国生态环境和传统文化的行为。经过整顿，中国在湄公河国家企业，尤其是在缅甸的企业，形象比以前有明显好转。中国企业在项目建设中除了履行所签订的协议外，还对项目所在地的社会环境进行评估，适当考虑项目所在地民众的利益，通过相关公益项目，创建较好的社会环境。在项目规划、实施、运营中充分考虑环境保护的方案，并注意企业形象的树立，有针对性地加强对当地各级政府、民众和国际社会、NGO 的宣传。

环境政治问题的产生，使中国企业开始转变，以投资项目为依托，积极履行企业社会责任，回馈当地社会，逐渐获得当地政府和民众认可，取得了良好的效果。由中国电建投资建设的老挝南欧江流域梯级水电站一直坚持"科学开发、绿色发展、合作共赢"的理念，积极履行社会责任。南欧江梯级项目为老挝提供 8000 余个就业岗位；南欧江流域移民工程总移民 2300 余户，安置人口 12600 多人，共规划建设 23 个移民新村；多次组织走进移民村开展金秋助学、赞助地方传统节日、公益捐赠、资助留学生等社会责任活动；为当地新建、改扩建公路 500 余公里，修建大中桥梁 20 余座。[1] 在履行社会责任方面，在缅中资企业在教育、医疗、通信及公共设施等方面捐赠现金和物资，为缅甸发展提供力所能及的帮助。[2] 中电投云

---

[1] 《老挝副总理宋迪·隆迪高度评价南欧江一级电站建设成绩》，2018 年 3 月 5 日，2018 年 6 月 17 日，中国电力企业联合会网站（http://www.cec.org.cn/zdlhuiyuandongtai/qita/2018-03-05/178261.html）。

[2] 《中缅天然气管道缅甸段投用》，2013 年 7 月 18 日，2017 年 10 月 20 日，东方早报网（http://epaper.dfdaily.com/dfzb/html/2013-07-18/content_793144.htm）。

南国际电力投资有限公司（也称伊江上游水电有限责任公司，简称伊江公司）在密松水电站停工前，就委托专业建筑企业为移民建设了 414 栋舒适的两层砖木结构住房以及邮局、警察局、消防站、阅览室、招待所、集贸市场、医院（诊所）、幼儿园、小学和中学等配套设施，给每户发放了一台 21 时彩色电视机，向社区免费提供稳定清洁的水、电等供应，并为所有学生提供教材、校服、文具等，为新村学生们提供良好的学习环境。设立了伊江水电奖学金，用于奖励考上大学的学生、鼓励优秀学生和购置教学器材。已有 7 名大学生、78 名优秀学生受到奖励。[1] 老挝、缅甸中资企业在开展项目投资建设的过程中积极履行社会责任，改善当地居民的生活水平，为老挝、缅甸当地民众修建了学校、市场、医院及寺庙等，一方面，不仅改善了当地基础设施条件，而且提升了当地教育、交通等公共服务水平；另一方面，也有利于增进彼此互信，减少当地民众对中国投资项目的疑虑，从而进一步促进中国投资项目的继续与发展，提升合作效率。

虽然环境政治问题对中国投资企业的生产经营产生了一定影响，但是随着中方投资和经营方式的改进，"一带一路"倡议的提出和澜沧江—湄公河合作机制的推进，中国对湄公河国家的投资又明显回升，并总体保持了良好发展态势。2016 年中国对越南投资获新批外资额 12.6 亿美元，成为越南第四大外资来源国。[2] 2015 年中国在老挝投资为 8890 万美元，2016 年投资超过 10 亿美元。[3] 2017 年，中国对老挝非金融类直接投资流量达 13.8 亿美元。[4] 中国已超过越南成为老挝最大的外国投资者。

---

[1] 伊江上游水电责任有限公司：《伊江上游水电责任有限公司 2010—2012 年社会责任报告》，2013 年 12 月，第 35—36 页。

[2] 驻胡志明市总领馆经商室：《中国加快对越投资步伐》，2018 年 1 月 4 日，2018 年 3 月 9 日，http://hochiminh.mofcom.gov.cn/article/jmxw/201801/20180102694214.shtml。

[3] 王国腾：《投资老挝之五：中国与老挝的经贸合作关系》，2018 年 1 月 24 日，2018 年 6 月 11 日，新华丝路网（http://silkroad.news.cn/2018/0124/81287.shtml）。

[4] 驻老挝经商参处：《我对老挝投资增长率在东盟国家中位居首位》，2018 年 2 月 1 日，2018 年 6 月 12 日，http://la.mofcom.gov.cn/article/jmxw/201802/20180202707070.shtml。

据缅甸投资与公司管理局（DICA）统计显示，2015—2016 财年①，中国对缅甸投资额为 33.24 亿美元，2016—2017 财年为 4.83 亿美元，截至 2018 年 2 月 28 日，本财年中国对缅投资额已达 13.87 亿美元。② 截至 2017 年 10 月，中国累计对柬协议投资 125.7 亿美元，占柬埔寨吸引外资总额 36.4%，是柬埔寨最大外资来源国，为柬经济社会发展做出了重要贡献。③ 据泰国投资委员会（BOI）统计，2016 年中国对泰国投资 104 个项目，新增投资 325.37 亿泰铢，2017 年中国对泰国投资 87 个项目，新增投资 275.14 亿泰铢，中国连续两年仅居日本、新加坡之后，是泰国第三大外资来源国。④

第二节　对中国参与次区域资源开发和基础设施建设的影响

中国投资在进入到湄公河国家后遭遇到的环境政治问题，对中资企业在当地的投资、经营活动，后续投资的进入，以及投资对象国都产生了一定的影响。从中资的角度来看，一些中资企业逐步调整投资思路与策略，即将进入当地的中资企业趋于谨慎，更加注重在投资前对投资对象国进行前期调研分析，掌握当地的真实情况与一手资料，以保障投资资金的安全。已经在当地投资的企业，则更加注重在投资生产过程中透明投资合作内容，规范企业投资经营行为，同时，投资领域不再局限于某一领域，开始结合当地的实际情况，进行多元化投资，投资当地优势

---

① 缅甸经济数据统计的财年时间段为：上一年 4 月 1 日—当年 3 月 31 日，例如：2015—2016 财年，则为 2015 年 4 月 1 日—2016 年 3 月 31 日。

② 2018/February Foreign Direct Investment Yearly Approved Amount By Country, Directorate of Investment And Company Administration, 2018 年 9 月 13 日，https://www.dica.gov.mm/en/topic/foreign-investment-country.

③ 熊波：《构建中柬与澜湄国家命运共同体》，2018 年 1 月 6 日，2018 年 9 月 15 日，新华网（http://www.xinhuanet.com/world/2018-01/06/c_1122219982.htm）。

④ Foreign Direct Investment Statistics and Summary in 2016 – 2017, Thailand Board of Investment, 2018 年 9 月 20 日，http://www.boi.go.th/newboi/en/Report_investment.

产业，分散资金的聚集效应，以降低投资风险。此外，一些中资企业还通过在港澳地区或海外注册分公司，把国内资金通过拨付给分公司的方式，再投向湄公河国家，以避免对象国民众对来自中国投资的意见或反对声音，提高投资效率。对于湄公河国家的一些具有较好发展前景的大型投资项目，中资企业吸取之前的教训，不再以独资进行投资，而是与其他国家的企业进行联合投资，这样既能投资当地项目，又能避免因为中国独资而招致反对，从而降低投资风险。从投资对象国的角度来看，反对或抗议中资企业在当地的部分投资，最为直接的负面影响是来自中国的投资大量减少，同时，也使其他国家在投资湄公河国家时，更加趋于谨慎，从而导致外资对当地经济发展的贡献也会直接降低。从正面影响来看，当地民众或组织的不同声音，有助于规范中资企业与其他外国企业在生产经营过程中的行为，虽然会带来暂时的阵痛，却能有助于营造良好的营商环境，因此，某种程度上说，对投资对象国的长远发展也是有益的。中资企业也开始调整在湄公河国家的投资策略，在水电、矿产、农林资源开发和基础设施建设方面都有所侧重和差异，以进一步推动湄公河国家的经济社会发展。

缅甸在政治经济转型初始，2010—2011 财年中国对缅投资达 82.692 亿美元，占当年缅甸吸引外资额的 41.35%，投资领域主要集中在石油、天然气和矿业三大领域，其中 50% 以上的外资集中在石油天然气领域，其次是电力开发领域（见表 4—1），而制造业、交通运输业、工业、饭店旅游业等领域几乎没有外资进入。随着缅甸对外开放的逐渐深入，放宽投资领域的限制，中国对缅投资理应继续保持增长态势，但受缅甸政府搁置密松电站、莱比塘铜矿罢工等一系列环境政治问题的影响，中国对缅投资趋于谨慎，呈现直线下降的态势，在 2012—2013 财年降至 2.318 亿美元，2013—2014 财年仅对缅投资 0.567 亿美元。2017—2018 财年，缅甸吸引外资 57.182 亿美元，与 2010—2011 财年相比，外资领域呈现多元化发展，各领域投资额较为均匀，农业吸引外资保持稳定，尤其是制造业、交通和通信业、房地产、其他服务业等领域呈现良好的发展态势

（见表4—1）。伴随中国积极推进"一带一路"倡议和澜湄合作，本财年对缅投资13.952亿美元，占缅甸本财年外资额的24.4%，主要投资领域为制造业、制衣和制鞋业等。总的来看，环境政治因素对投资对象国吸引外国投资产生了的直接影响，同时也带来了投资领域的变化。

表4—1　缅甸2010—2011与2017—2018财年外资投资领域一览表

单位：亿美元

序号	2010—2011财年		2017—2018财年	
	投资领域	投资额	投资领域	投资额
1	农业	1.388	农业	1.345
2	矿产开发	13.96	畜牧渔业	0.277
3	制造业	0.663	矿产开发	0.013
4	电力	82.185	制造业	17.692
5	石油天然气	101.793	电力	4.058
6	—	—	交通和通信业	9.016
7	—	—	饭店旅游业	1.768
8	—	—	房地产	12.620
9	—	—	工业区	0.340
10	—	—	其他服务业	10.053
合计		199.989		57.182

资料来源：Foreign Direct Investment Yearly Approved Amount By Sector, 2018/April, Directorate of Investment And Company Administration, 2018年9月27日, https://www.dica.gov.mm/sites/dica.gov.mm/files/document-files/yearly_approved_amount_by_sector_0.pdf.

一　水电领域

湄公河地区河流众多，水能资源丰富，但限于资金和技术的因素，水能资源都处于未开发或初级开发的阶段。湄公河国家在过去十年经济保持了快速发展，刺激了对能源的需求，但湄公河国家有限的能源供应却远跟不上，在泰国、越南、柬埔寨、缅甸均存在电力需求的缺口。虽然澜沧江—湄公河水资源丰富，但分布不均匀，全流域可开发水能资源为 58930 兆瓦，其中澜沧江 28930 兆瓦，湄公河 30000 兆瓦，而湄公河流域可开发的水能资源主要分在干流和左岸的支流，特别是老挝、越南和柬埔寨。中国在水电开发方面有非常强的优势，积极参与湄公河国家的水电投资与开发，试图为当地社会经济的发展做出贡献。中国企业把投资目标放在了对电力存在巨大需求的缅甸，然而，在 2011 年缅甸突然单方面搁置与中国合作的密松水电站，使中国投资企业蒙受巨大损失，对中国投资缅甸水电领域产生巨大影响，使中国对缅投资也呈崩塌式下降。此后，中国在缅甸再未投资大型水电站的开发建设，在缅投资领域也逐渐多元化，投资水电领域的重点也逐渐向老挝、柬埔寨转移。正是由于湄公河水能资源丰富，但老挝和柬埔寨受电网建设不足、电力紧缺与供电不平衡影响，国家经济发展严重滞后，为此，老挝和柬埔寨已把水电开发作为重要的发展领域，老挝还提出要成为"东南亚的蓄电池"，这为中国企业进入老挝和柬埔寨提供了机会。

老挝建国之初，全国仅有 3 个电站、电力装机 30 多兆瓦，整个国内仅有 1900 户通电用户和 2000 多公里输电线路，到如今已有 38 个建设项目、总装机容量 5264 兆瓦，年发电量 3000 多亿千瓦时，输电线路达 5 万多公里，变电站达 53 个，百姓用电量达到 89.6%。老挝国际经济发展规划是要动用所有经济部门发展电力，而中国企业在老挝水电领域的投资所取得的成功，为老挝国家电力的发展，保障国民经济建设做出了巨大的贡献。南欧江是湄公河左岸老挝境内最大的一条支流，流域面积 25634 平方公里，河道全长 475 公里，天然落差约 430 米，水能指标优良，是老挝政府极力推进开发的水能资源基地之一。[①] 南欧江流域流经的老挝北部地区，因电力供应不足、基础设施条件落后、经济发展较慢，亟须加大电力等基础设施建设，影响和带动当地经济社会发展。老挝南欧江流域

---

① 傅玥雯：《首个境外全流域规划开发权意义有多大》，《中国能源报》2015 年 9 月 14 日第 11 版。

梯级水电开发项目是中国企业首次在境外获得整个流域开发权和全流域整体规划开发的项目。由中国电建编制的《老挝南欧江水电规划报告》中提出"一库七级"① 的方案，以最少的移民搬迁，最少的耕地、林地淹没损失，最小的环境影响，取得最大的政治、经济、社会、环境等综合效益，实现可持续发展。由于老挝输变电设施落后，中国在老挝开展水电投资，不仅可以促进老挝北部地区电网升级与互联，而且可以进一步促进老挝三个区域电网互联，进而形成统一的全国电网，对老挝具有重要的经济社会意义，是老挝开展扶贫的重要工程。目前，由中国投资建设的老挝南欧江流域水电开发一期工程已完成，并正式签署南欧江项目二期特许经营协议和购电等协议，工程进展顺利。经过多年的建设，如今的老挝电力系统几乎是一个纯水电系统，截至 2014 年底，老挝电力总装机 324.4 万千瓦，全年发电量约 154.69 亿度，电力出口达 80%。南欧江流域 7 个梯级总装机 128 万千瓦，占目前老挝电力总装机的 39%。②中国在老挝投资开发南欧江水电站的过程中，严格遵守当地法律法规，对于失去房屋和土地的民众，秉承"移得出、稳得住、能致富"的原则，及时安置，为移民建设了安置房、学校、寺庙、医务室、市场等，保障其生活硬件。同时，为让移民致富，及时启动了"生计恢复"工程，修建了 12 公里的机耕路，并与咖啡公司合作，教导村民科学种植咖啡。在移民搬迁后的头两年中，公司还分期给予移民口粮补助，以让移民全身心投入到生计恢复工作之中。中国企业在老挝南欧江的所作所为受到老挝民众的认可，以及政府官员的赞赏，使得中国在老挝投资水电并未像在缅甸那样遭到抵制。

2006 年 2 月，中国水利水电建设集团与柬埔寨政府签订了以 BOT（建设—经营—转让）方式承建的柬埔寨甘再水电站项目协议，工程总标

---

① 南欧江流域分 7 个梯级电站进行开发，总装机容量达 128 万千瓦，多年平均发电量 50 亿千瓦时，总投资约 28 亿美元。

② 傅玥雯：《首个境外全流域规划开发权意义有多大》，《中国能源报》2015 年 9 月 14 日第 11 版。

价为 2.8 亿美元，商业运行期 40 年，这是当时柬埔寨规模最大的外国投资，超过之前所有年份投资总额的 60%。① 随着"一带一路"倡议的实施，中资企业在柬电力行业的投资涉及发电、输配电、电力施工等多领域，柬埔寨所有水电站都是由中国企业投资或控股投资建设，来自中国的投资带动了柬埔寨电力领域的快速发展。目前，柬埔寨所有的大型水电站项目，几乎均为中国企业投资建设，其中已建成项目 6 个、在建 1 个，总装机 132.72 万千瓦，总投资约 27.19 亿美元，② 只有桑河下游 2 号水电站是由中国、越南、柬埔寨三方联合投资，不过中方仍是大股东，占有股权 51%。③ 尤其是从 2014 年起，由中资企业投资开发的电站的发电量占柬埔寨全国年发电量的 80%，至 2016 年底，柬埔寨电力可供容量达到 2008 兆瓦，中资企业开发的电站为柬埔寨实现电力自给自足做出了巨大贡献。中资在柬投产水电、火电项目总装机容量 1333 兆瓦；在建水电、火电装机容量 940 兆瓦；建成 115 千伏和 230 千伏高压线路共 600 公里，占柬高压线路总长的 35%，签约和在建高压线路 1506 公里，建成后，现有线路总长将增加近 1 倍；已建成农村中压电网 2587 公里，占柬中压农网总长近四分之一，签约和在建农网线路 3506 公里，建成后将使现有线路增加 30%。④ 此外，2016 年 3 月，中国在越南以"建设—运营—转让"的 BOT 模式投资建设越南海阳燃煤电厂，该项目是迄今为止中国企业在越单笔投资金额最大的项目，总投资达 18.685 亿美元（约合 121.42 亿元人民币）；由中国电力工程顾问集团有限公司（中电工程）和马来西亚一家企业联合投资建设，特许

---

① Daniel O'neill, "Playing Risk: Chinese foreign Direct Investment in Cambodia", *Contemporary Southeast Asia*, Vol. 36, No. 2, 2014, p. 185.

② 《柬埔寨国家电力电网建设现状分析》，2015 年 8 月 17 日，2016 年 10 月 11 日，中国驻柬埔寨经商参处网站（http://cb.mofcom.gov.cn/article/zwrenkou/201508/20150801082421.shtml）。

③ 《柬能源部长：中资开发电源为柬创新历史》，《联合早报》2016 年 10 月 17 日，2017 年 6 月 9 日，http://www.zaobao.com/sea/politic/story20161017-678635。

④ 毛鹏飞：《综述：中资电力助力柬埔寨经济与民生发展》，2017 年 9 月 18 日，2018 年 3 月 21 日，新华网（http://www.xinhuanet.com/world/2017-09/18/c_1121681508.htm）。

经营 25 年后移交越南政府。①

二 矿产领域

湄公河流域国家矿产资源储量丰富，其中越南铝土矿储量很丰富，焦煤产量位居世界首位，磷矿也是越南的优势矿种；老挝已发现矿种 30 多类，主要包括锡（较早投入工业开发）、铁、铜（品位最高达到 25%）、铝、铅、锌、金、钾盐、宝石、煤和油气等；缅甸的优势矿产主要是铅锌矿、银矿、铜矿、钨矿、锡矿、宝玉石矿等；柬埔寨主要矿产是铝土矿、铜、锌、金、铁、镍、钨、宝石、花岗岩、石油等；泰国已采矿达 40 多种，钾盐丰富，但未大规模开采，主要矿产为锡、钨、铌、钽、铅、锌、金、铁、锑等。② 湄公河国家所发现的矿产资源与我国短缺的矿产资源存在一定互补性。湄公河国家除泰国进入新兴工业国家外，其他四国过去国内政局动荡，进行经济建设时间较短，都还是处于初级阶段的发展中国家。开采矿产资源成本投入较高，而湄公河国家缺乏开采的资金和技术，使得大多数矿产资源开发程度低，基本属于全球尚未开发的地区之一。我国企业掌握了勘探、开采和加工等技术和设备优势，经验丰富，资金充裕，国内市场对矿产资源存在较大需求，两者之间具有良好的互补性。

为了更好吸引外商投资进入当地，湄公河国家都制定了外国投资法，既是为保障外资投资权益，也是为维护其自身权益，但是对企业在当地的生产经营活动仍存在比较严格的限制。越南中央政府对矿产资源对外开放政策持有非常审慎的态度，越南《外资法实施细则》明确规定，矿产勘探、开发和深加工属鼓励投资领域，石油和稀有矿产开采、加工属有条件限制投资领域。③ 使得在具体操作的过程中，一些重要

---

① 邱林：《中国对越南投资骤增 究竟看好它什么？》，2016 年 4 月 1 日，2017 年 5 月 7 日，和讯网（http://opinion.hexun.com/2016-04-01/183085953.html）。
② 武晗等：《浅析我国赴东南亚矿业投资形势》，《资源与产业》2013 年第 4 期。
③ 朱帅等：《越南矿业及相关产业合作前景》，《中国矿业》2017 年第 11 期。

产业资源的开发都是对外资具有比较多的限制，例如煤炭和铝土矿就有诸多限制，尤其是越南石油行业，是外资难以进入的领域。虽然越南允许外资以独立、合资或联合经营等多种方式参与越南矿产资源投资，但由于其法律和政策存在很多不确定因素，再加上行政权力过多干预，导致实际上合作阻力非常之大。缅甸在民盟上台执政以后，为了保护其国家利益，修改了投资法，根据《缅甸投资法》第42条和第100条规定，依据矿业法开展的中小型矿产勘探开采及可行性研究、中小型矿产加工冶炼、浅层油井钻探、玉石和珠宝勘探开采等是禁止外商投资经营的行业。① 中国在湄公河国家投资所涉及的矿产投资类型包含风险勘查、勘探开采、开采加工及其他类（设立公司），以开采加工及风险勘查为主，其中开采类型项目占开采加工类总项目数量的60%。②

由于受密松水电站搁置事件、莱比塘铜矿项目反复停工的影响，以及缅甸投资法的政策限制，中国在缅投资矿产资源一度受到阻碍。但在中国矿企的努力下，莱比塘铜矿项目如今已经开始投产。缅甸达贡山镍矿项目总投资超过8.5亿美元，2011年开始投产，整个项目建成后年产镍铁8.5万吨，是中缅两国矿产领域第一个建成投产的大型合作项目。③此外，作为中国主要石油公司的中石油、中石化和中海油在缅甸海上和陆上投资的石油和天然气项目达到21个。

三 农业开发领域

湄公河国家具有发展农业的优势条件，气候条件良好，农业用地可开发性较高，泰国和越南是世界最重要的大米出口国，老挝、柬埔寨和

---

① 《缅甸公布限制投资行业》，2017年4月24日，2018年3月5日，中国驻缅甸经参处网站（http://mm.mofcom.gov.cn/article/jmxw/201704/20170402563356.shtml）。
② 武晗等：《浅析我国赴中南亚矿业投资形势》，《资源与产业》2013年第4期。
③ 《谢国祥参赞实地调研达贡山镍矿、曼德勒机车车辆厂等项目》，2017年11月13日，2018年3月6日，中国驻缅甸经商参处网站（http://mm.mofcom.gov.cn/article/ztdy/201711/20171102669360.shtml）。

缅甸约有70%的可耕地有待开发。但湄公河国家农业生产投入有限，导致农业基础设施发展迟滞。缅甸尚未建立全国性的运输系统，电力严重不足，农业灌溉设施极少，巨大的水力资源至今仅利用了6%左右，2013年缅甸农田灌溉面积仅为216万公顷，占耕地总面积的15.9%。① 柬埔寨气候旱季和雨季分明，雨季洪水泛滥，旱季则难以保证农作物生长，水利设施落后，难以应对极端气候的变化。虽然中国在湄公河国家开展农业投资前景广阔，且中国在农业领域具有资金、技术、设备、种子、耕作管理经验以及农产品加工等方面具有绝对优势，但农业投资具有其特殊性，前期成本投入较大，生产周期较长，投资回报率相对其他行业较低，导致中资企业在农业投资活动中都较为慎重，但一些投资活动也产生了环境方面的问题。20世纪90年代中期以来，中国在缅甸和老挝北部开展了较大规模的罂粟替代种植，在减少毒品生产的同时也改善了居民的生活水平。例如在老挝，中国云南天然橡胶产业股份有限公司所实施近5.5万亩的替代种植项目就为当地在减少毒品种植，提高经济发展水平方面起到了重要作用。据统计，该项目吸引了当地2000多闲散劳动力，这些劳动者的收入也从过去的200多元人民币（之前主要依靠种植罂粟）提升至600多甚至800多，增幅达到200%至300%。② 但是这种大面积单一作物种植的方式也使该地农业物种多样性、生物的物种多样性和遗传资源多样性受到影响。另外中国少数企业在缅甸经营木材行业时，也对森林造成了破坏。据环保组织"环球目击者"（Global Witness）2005年10月发表的一份调查报告称，有中国木材企业在缅甸北部进行木材采伐活动，不注重植被恢复工作，对当地森林生态系统的生物多样性造成潜在的威胁。③

---

① 张芸等：《缅甸农业发展现状及中缅农业合作战略思考》，《世界农业》2015年第1期。
② 《替代种植效益显现》，2017年11月9日，网易新闻网（http://news.163.com/11/0111/06/6Q3M015800014AEE_mobile.html#）。
③ 《中国对木材需求破坏缅甸森林》，2017年11月20日，http://www.wood168.com/woodnews/7238.html。

四 基础设施建设领域

缅甸、老挝和柬埔寨等湄公河国家基础设施落后,已成为制约湄公河国家经济社会发展的瓶颈。虽然当前湄公河国家在基础设施建设方面存在比较大的需求,但是在中资企业投资湄公河国家基础设施建设过程中,不仅受到其自身的资金、技术等因素的影响,而且还受投资对象国生态环境、土地制度、法律法规等方面的阻力与限制,随着中国"一带一路"倡议的提出,中国对外投资增长较快,尤其是对东南亚国家的基础设施投资相对较多。2014 年,中国对东盟基础设施相关领域直接投资 14.9 亿美元,2015 年为 18.7 亿美元,同比增长 25.4%;截至 2015 年,中国对东盟基础设施相关领域直接投资 153.1 亿美元,占中国对东盟直接投资总额的 24.4%。[①] 由于中资企业在湄公河地区的规模较大,企业实力相对较强,在管理能力、经验以及技术设备方面,都具有较大的优势,中资企业尤其在建设大型项目方面一直具有非常丰富的经验,以及在人力资源和技术方面的优势,与湄公河国家当地企业相比,中资企业拥有明显的优势,使得中资企业中标基础设施建设项目的概率更大,因此,中资企业也加快了对湄公河国家的承包工程业务,大型项目不断获准建设。柬埔寨 96 亿美元的铁路和海港项目,老挝 72 亿美元的中国—万象铁路项目和 21 亿美元的煤电一体化项目,缅甸 200 亿美元的皎漂—昆明铁路项目、120 亿美元的掸邦塔桑大坝项目、140 亿美元的皎漂经济特区项目,耗资 122 亿美元的中泰铁路,都正在建设或谈判之中。[②] 但与此同时,一些与次区域互联互通相关的基础设施建设项目也遇到了包括环境问题在内的各种阻碍,举步维艰。

以中泰铁路建设为例,该项目是在"一带一路"倡议下,中国与湄公河国家强化互联互通,实现互利共赢的重要项目。2013 年,李克强总

[①] 郭宏、葛顺奇:《中国对东盟基础设施投资研究》,《国际经济合作》2016 年第 12 期。
[②] 同上。

理出访泰国，与英拉总理达成了"大米换铁路"的协议；2014 年底，双方签署了《中泰铁路合作谅解备忘录》。① 但由于建设成本、运营核算、环境评估等诸多事项存有变数，项目一再延期，直到 2017 年 12 月，中泰铁路环境评估才终于通过。② 但在建设过程中仍然存在各种变数。又如，为提升湄公河航运能力，《2015—2025 年澜沧江—湄公河国家间航运发展规划》规划了湄公河国际航道疏浚工程，目的是使 500 吨级货船通行，涉及中国云南省至老挝 600 公里以上的流域。但在工程实施过程中，遭到泰国环保组织、民众的反对和质疑，第二航务工程（泰国与老挝之间的湄公河皮龙河段）勘察自 2016 年 12 月开展以来至 2017 年 2 月上旬共遭遇三次发生在泰国的示威抗议活动。2017 年 1 月初，泰国清莱府环保组织抗议爆破清理礁石将"破坏环境"，一些泰国专家批评该计划"只对中国有利、对泰国老挝有负面影响"。③ 2017 年 2 月上旬，清孔县发生大规模的抗议活动，当地一个非政府组织表示抗议没有政治意图，只是希望引起对自然环境保护的关注，也希望泰国政府"不要对中国唯命是从"。④

第三节 对"一带一路"建设和"走出去"战略的影响

一 对"一带一路"建设的影响

当前，中国正在与周边国家共同推进"一带一路"建设，以构建周边命运共同体为目标，实现互利共赢。而湄公河国家是中国与周边国家

---

① 段子芹：《"一带一路"战略下中泰基础设施建设合作研究》，硕士学位论文，云南大学，2016 年，第 36 页。
② 《环评通过！中泰铁路将于 12 月下旬开工》，2018 年 6 月 27 日，每日经济网（http://www.nbd.com.cn/articles/2017-12-05/1168255.html）。
③ 《中国驻泰领事回应湄公河疏浚争议：为各国共识》，2018 年 5 月 17 日，新华网（http://news.xinhuanet.com/thailand/2017-01/20/c_129454504.htm）。
④ 《中国主导湄公河疏浚计划遭泰团体抗议》，2018 年 5 月 17 日，联合早报网（http://www.zaobao.com/realtime/china/story20170302-731121）。

开展次区域合作成效最为显著的地区，有望成为"一带一路"倡议在周边率先取得突破和成果的先行示范区。现阶段导致环境政治问题产生的原因很多，既有湄公河国家自身的法律制度、民众参与等方面的因素，也有投资国企业没有依法开展生产经营活动、信息不对称等因素的影响。因此，环境政治问题对于投资湄公河国家的中国企业来说，是一把双刃剑，在造成环境风险和相关障碍的同时，也促使中国企业创新对外投资方式，提高标准，降低风险，保障项目和资金安全，并将推动湄公河国家内部自身的改变，创造和改善当地营商环境，以保障外资的合法权益，吸引更多的外资参与当地经济建设之中。

互联互通是"一带一路"建设的重要内容，推进澜湄国家间的中国—中南半岛经济走廊建设对中国与东盟的互联互通至关重要。近年来，中国与湄公河国家互联互通取得了明显的成效，"一带一路"建设又为其注入了新的活力。然而，中国在投资湄公河国家过程中所面临的环境政治问题，不仅使中国与东盟互联互通建设受影响，而且也使经济走廊建设举步维艰。例如，作为中国—中南半岛经济走廊重要构成部分的中泰铁路项目，建成之后不仅将极大地促进泰国东北部与首都，以及东部工业区人流和物流的流通，而且北部与老挝的中老铁路对接，也能进一步带动东盟内部互联互通战略的实施，对于推进泰国工业4.0战略，推进经济发展意义巨大。然而，泰国巴育政府出于多方考虑，仅批准从曼谷到呵叻全长253公里的标准轨高速铁路，目前动工修建里程仅占中泰铁路全长四分之一左右，离连接泰国东北部重要口岸廊开府以及东北工业区罗勇府都有较大差距。此举使得改善泰国国内基础设施进程放缓，影响了区域互联互通的推进。

从正面影响来说，环境政治因素创新了中国对湄公河国家投资的发展方式，真正有助于落实推进"一带一路"建设。"一带一路"对于湄公河国家是重要的经济、产业合作倡议。与此前的传统合作领域和方式不同，"一带一路"建设是可以创建可持续发展的新方式，与湄公河国家开展投资合作不再是简单的投资关系，是借助于投资合作项目，同时带动当地周边产业,如基础设施建设、服务业、甚至是加工制造业的发展,从而使湄公河国家的经济发展水平真正得到提升。只有湄公河国家的经济得到更为全面的发展,才能使彼此从中获得更大的合作、拓展空间,才能更好地推进"一带一路"建设在湄公河地区的生根发芽。

二 对"走出去"战略的影响

"走出去"自 2000 年确立实施以来,中国企业开始走向世界各国,积极参与全球产业竞争与合作。2013 年中国提出"一带一路"倡议,获沿线国家积极响应,为我国企业"走出去"带来新的机遇。商务部《2015 年度中国对外直接投资统计公报》数据显示,2002—2015 年我国对外直接投资额年均增幅高达 35.9%;2015 年我国对外直接投资额高达 1456.7 亿美元,超过实际使用外资额,占全球流量的份额由 2002 年的 0.4% 提升到 2015 年的 9.9%,跃居全球第二。① 截至 2015 年底,我国 2.02 万家境内投资者在国(境)外设立 3.08 万家对外直接投资企业,分布在全球 188 个国家(地区)。② 这其中,大型国企是我国企业"走出去"的最主要力量,主要承担我国重大海外投资与合作项目。由于中南半岛地区与中国海陆相连,其地缘位置优越,各国市场潜力较大,因此,湄公河国家是中国企业"走出去"的主要目标地之一。

在 2011 年之前,中国在湄公河国家开展投资合作多为大型国企,投资合作领域主要集中于基础设施、能源、矿产和水电等传统投资行业。但由于环境政治以及"中国威胁论"的影响,爆发了多起抗议中国投资、建设项目的事件,使中国在湄公河国家投资的部分项目遭受巨大损失,并且没有获得相应的经济或物质补偿,促使中国企业对参与湄公河国家的项目,尤其是一些大型项目,都更加注重风险管控和对当地信息的搜

---

① 辜胜阻等:《推动"一带一路"建设与企业"走出去"的对策思考》,《经济纵横》2017 年第 2 期。
② 商务部、国家统计局、国家外汇管理局编:《2015 年度中国对外直接投资统计公报》,商务部对外投资和经济合作司,2016 年。

集与了解，一些企业也开始重新审视其在当地的生产经营行为，规范经营，透明运作，积极改善企业形象，最大限度的降低风险，以免造成投资损失。

例如，中国企业积极吸取在缅投资的教训，主动及时调整、规范在当地生产经营活动，增加投资的透明度，发挥新闻媒体的监督作用，积极树立正面形象。2013 年 7 月 5 日，中资企业在仰光联合举办了《驻缅甸中资企业倡议书》发布会，七日周刊、仰光时报、新闻观察等 41 家缅甸媒体及 35 家重点中资企业参会，会议现场发布了《驻缅甸中资企业倡议书》，以推动两国经贸合作的发展和促进企业在缅积极履行社会责任。① 倡议书倡导在缅中资企业自觉遵守中缅两国法律法规；树立诚信观念；保护环境；加强与本土企业合作，努力为当地增加就业机会；增强社会责任，积极参与社会公益事业；利用企业优势，积极为中缅文化交流、技术交流、民间活动提供力所能及的支持。②

同时，在湄公河国家传统投资领域受影响的背景下，一些从事电子通信等新兴产业的企业开始走向湄公河国家，所带去的技术和服务获得当地的认可与支持，取得了较好的效果。如密松电站被搁置后，中国大型国企对缅投资都采取以观望为主的策略，然而由于投资方式和领域的差别，以华为集团为代表的民企投资缅甸电信市场取得了巨大的成功，其生产的电子产品深受缅甸民众的喜爱。经过华为几年的耕耘，至 2016 年 3 月，华为手机在缅甸移动通信市场的份额已达到 38%，华为手机在缅甸的份额是该品牌在国际移动通信市场中占比最多的，赢得了消费者的认可。③ 更为重要的是华为集团通过与当地企业实施战略性合作，借助当地企业平台及

---

① 驻缅甸经商参处：《中资企业缅甸媒体见面会暨〈驻缅甸中资企业倡议书〉发布会在仰光召开》，2017 年 3 月 5 日，2018 年 6 月 20 日，http：//www.mofcom.gov.cn/article/i/jyjl/j/201307/20130700189127.shtml。

② 《驻缅甸中资企业倡议书》，2018 年 6 月 21 日，缅甸金凤凰报网站（http：//www.mmgpmedia.com/local-news/3797--initiative-by-chinese-enterprises-in-myanmar）。

③ 《华为手机在缅甸市场的份额达 38%》，2016 年 3 月 25 日，2018 年 6 月 25 日，驻曼德勒总领馆经商室网站（http：//mandalay.mofcom.gov.cn/article/jmxw/201603/20160301283453.shtml）。

影响力站稳了脚跟；同时，华为集团注重全方位的产品宣传，积极回馈缅甸社会。从这个意义上说，环境政治问题客观上促使中国企业改变投资领域和方式，并在"走出去"过程中进一步提高了环保意识，对注重履行环境保护社会责任也是有积极意义的。

第四节 对中国与湄公河国家关系及国家形象的影响

一 对中国与湄公河国家关系的影响

湄公河国家的经济发展在很大程度上还主要依赖自然资源，各国对水资源的开发侧重点也不尽相同，依然遵循"本国利益最大化"的原则，彼此间存在结构性矛盾，在水量分配与环境保护方面，上下游国家难免产生分歧和矛盾，特别是在筑坝建造电站方面的协调难度仍旧比较大。[①] 由于中国地处湄公河上游，在水资源开发上占据着主动地位，长期以来湄公河国家对中国可能利用自身在湄公河流域中所处的有利位置，对流域的径流水量进行控制从而使湄公河国家生态环境遭到破坏并造成农业和渔业损失表现出深切的担忧。2010年，中国西南地区遭遇百年不遇大旱，湄公河下游国家也出现严重旱情，越南、老挝、柬埔寨、泰国等下游国家的部分社会舆论将此归咎为中国在湄公河上游地区修建大坝所致。虽然后来这一事态趋于缓和，但这种争端一遇大旱便浮出水面，在一定程度上也对中国与下游国家特别是越南的政治互信与经济合作关系产生了消极影响。

越南地处湄公河下游，而湄公河三角洲是越南最大的粮仓，因此，在湄公河水资源主要用于农业灌溉以及环境保护方面，以越南为代表的湄公河国家认为中国在澜沧江修建梯级水电站一方面会导致下游水量的减少、破坏生物多样性以及水文的变化，尤其是对越南下游

---

① 黄河：《区域公共产品与区域合作：解决 GMS 国家环境问题的新视角》，《国际观察》2010 年第 2 期。

地区带来海水倒灌以及农田盐渍化的威胁；另一方面担心发生洪水时，中国向下游泄洪，在既有库容的叠加作用下，将给下游国家带来洪水灾难。尽管下游国家的指责在很大程度上还没有得到科学的验证，但是给中国与湄公河下游国家经济合作的发展抹上了严重的阴影。① 正是由于上下游国家在湄公河水资源方面存在难以调和的争端，使中国与次区域各国、次区域内部各国间的良性合作受到了阻碍，从而也对中国与次区域国家的关系产生了不利的影响，水资源和环境问题已成为中国与湄公河国家间发展友好关系一个绕不开的核心问题与"试金石"。

二 对中国国家形象的影响

中国对湄公河国家的投资，从某种程度上来说，是中国对湄公河国家进行的经济外交，投资合作能够提高投资国的威信。但在环境政治影响下，一些投资行为也会对中国的国家形象产生负面影响。以缅甸密松电站被搁置事件为例，虽然这其中有中国企业的自身存在经营缺乏规范等问题，但受国际 NGO 或其他宣传组织影响的缅甸民众的极力反对也是导致电站被搁置的主要原因之一，从而给中缅民间友好关系蒙上了阴影。

2013 年底，针对中国对缅投资的问题，云南大学有关学者赴缅进行调研，在关于"中国对缅甸的投资和援助的主要目的"的调查结果中（见表 4—2），有 65 人认为中国主要是"为了开发缅甸的资源"，占调查人数的 75.5%；19 人认为中国是"既想开发缅甸的资源，也想帮助缅甸的经济发展"；而在参与调查的人中，仅有 2 人认为"主要是帮助缅甸的经济发展"。从调查的 3 个主要城市来看，认为"主要是为了开发缅甸的资源"是选择最多的，在内比都、仰光和曼德勒分别有 6 人、21 人和 38

---

① 何大明、冯彦：《国际河流跨境水资源合理利用与协调管理》，科学出版社 2006 年版，第 150 页。

人，占三个城市被调查人数的60%、67%和84%。在针对NGO的调查中，仰光和曼德勒有31位NGO工作人员选择了第一项，占参与调查的NGO工作者总人数的86.1%，被调查的50位市民中，有34人选择了"主要为了开发缅甸的资源"，占68%。结合表4—3可以看出，缅甸民众与NGO工作者对于中国在缅甸开展投资和援助的态度表示"很欢迎"和"比较欢迎"的有42人，占调查总人数的50.6%；但其中有22人表示不欢迎，9人表示无所谓，9人认为厌恶和拒绝。① 由此，结合调查资料可以看出，缅甸民众与NGO组织对中国在缅甸开展投资与援助的目的存在一定误解，也就导致民众和NGO组织对中国认可度不高，使中国国家形象在缅甸有待提高。从而带来的结果便是在NGO组织的错误引导下，以及误解中国的缅甸民众双重作用下，发生抗议中国政府投资项目的行为，而缅甸政府受内部压力单方面搁置投资项目，理由便是密松电站建设影响区域生态，使中国投资蒙受巨大损失，进一步对中缅关系的持续健康发展产生一定阻碍，不利于中缅关系的长远发展。

表4—2 关于"中国对缅甸的投资和援助的主要目的"调查结果

	内比都	仰光		曼德勒		总计
	市民	市民	NGO	市民	NGO	
主要为了开发缅甸的资源	6	13	8	15	23	65
主要是帮助缅甸的经济发展	0	0	0	2	0	2
既想开发缅甸的资源，也想帮助缅甸的经济发展	4	7	3	3	2	19

资料来源：卢光盛、李晨阳、金珍：《中国对缅甸的投资与援助：基于调查问卷结果的分析》，《南亚研究》2014年第1期，第18—19页。

---

① 卢光盛、李晨阳、金珍：《中国对缅甸的投资与援助：基于调查问卷结果的分析》，《南亚研究》2014年第1期。

表 4—3　　对"中国在缅甸的投资和援助态度"的调查结果

	内比都	仰光		曼德勒		总计
	市民	市民	NGO	市民	NGO	
很欢迎	1	10	1	4	1	17
比较欢迎	3	1	3	7	11	25
不欢迎	1	6	5	3	7	22
厌恶和拒绝	1	1	2	3	2	9
无所谓	2	0	0	3	4	9

资料来源：卢光盛、李晨阳、金珍：《中国对缅甸的投资与援助：基于调查问卷结果的分析》，《南亚研究》2014 年第 1 期，第 18—19 页。

三　对中国在澜湄合作中的地位和作用的影响

澜沧江—湄公河合作是中国与湄公河五国共同发起成立的新型次区域合作机制，确定以政治安全、经济的可持续发展、社会人文为三大合作支柱，以互联互通、产能合作、跨境经济、水资源、农业和减贫为优先方向。该机制将可持续发展和水资源在合作中的地位提高到前所未有高度，而这与前些年环境政治问题的影响是有一定关系的。

中国在湄公河国家投资或供给国际公共产品遭遇环境政治问题以后，及时调整思路，以适时、适合和适度为标准，时时注重国家形象建设与投资合作之间的联系，强调互利共赢，利益共享与利益保障，使湄公河国家民众逐渐转变对中国的认识。同时，随着社会的发展，湄公河国家民众也更加了解中国，逐渐理解中国"一带一路"倡议的内涵与本质，对澜湄合作机制的认识也更趋于明确和具体，更加懂得经济社会可持续发展的重要性，注重参与、融入区域倡议与合作机制，其内部也逐渐产生对中国认知的改变。2016 年 3 月澜湄合作第一次领导人会议确定了 45 个早期收获项目，覆盖五大优先领域，包括水资源管理、生态和环境保护、风险评估、减贫、防灾、疾病防治、旅游、能力建设等项目，涉及民生领域方方面面。① 经过两年来的发展，澜湄合作已具备坚实的基础，

---

① 刘卿：《澜湄合作进展与未来发展方向》，《国际问题研究》2018 年第 2 期。

为推进未来合作发展提供了稳定的保障，倡导环境和水资源方面的合作进一步巩固了中国在澜湄合作的地位与影响力。

澜湄合作作为新型次区域合作机制，其动力虽然强劲，但要保持持久的活力，仍然需要一个良好的合作环境。过去，中国企业"走出去"不断发展，中方与湄公河国家合作过程中一定程度上出现了过于注重资源开发、商品和工程质量不佳、企业履行社会责任不到位以及环境破坏等问题，影响了中国在这些国家民众心中的形象。[1] 而环境政治问题迫使中国对湄公河国家合作改变思路与策略，注重可持续发展，其所带来的正面效应有助于改善中国国家形象，提高中国在湄公河国家的软实力与影响力，也将进一步促进澜湄合作的深入发展。且澜湄合作作为一个次区域组织，也需要不断自我完善，通过制定相关决议、法律文件等形式把环境合作目标、程序、成果等固化下来，在区域合作中不断提高自身声望，扩大影响力。[2]

---

[1] 毕世鸿：《澜湄合作如何深化》，《世界知识》2016 年第 12 期。
[2] 刘卿：《澜湄合作进展与未来发展方向》，《国际问题研究》2018 年第 2 期。

第五章

大湄公河次区域的环境合作与中国的参与

人类面对全球环境危机,唯一可采取的应对方法是世界范围的国际合作,全球环境危机的日益紧迫使得环境领域成为国际合作的优先领域。所谓国际环境合作,是指针对已经发生的对国际社会有共同影响的环境问题和对全球环境有损害或潜在危害的活动,国际社会有关国家为谋求共同利益,本着伙伴和合作精神,通过协商和制度安排,采取必要的共同行动和措施加以解决的合作。环境合作也是中国参与大湄公河次区域(GMS)合作的重要领域。大湄公河次区域环境合作机制自1995年建立以来,在相关各国的共同推动下,在环境保护领域开展了卓有成效的合作并取得了积极进展。通过参与次区域环境合作实践,促进了中国与其他成员国在环境保护方面的协调合作,并对中国直接参与合作的地方政府深化环境管理和加强环境保护能力建设等起到了积极的推动作用。但由于多种因素,GMS环境合作仍未从根本上扭转次区域因经济发展、人口增长、交通条件改变等造成的环境问题。中国与GMS环境合作仍有许多有待加强和提升的地方。

第一节 大湄公河次区域环境合作的背景和意义

1992年,在亚洲开发银行的倡议下,澜沧江—湄公河流域内的中国、老挝、缅甸、泰国、柬埔寨、越南6个国家共同发起了大湄公河次区域经济合作（GMS）机制，以加强各成员国间的经济联系，促进次区域的经济和社会发展，实现区域共同繁荣。澜沧江—湄公河流域蕴藏有丰富的水能、矿产、生物和旅游资源，开发潜力巨大，自古以来这条河流就是把沿岸各国紧密联系在一起的天然纽带和民族走廊，流域内各国的民族分布、社会经济形态、文化模式、生产力发展水平等方面均有一定的共性和特点，在地理上和经济文化发展水平上可视为一个"圈"。20世纪90年代以来，随着地区形势的变化，这条有"东方多瑙河"之称的国际河流的共同开发和环境保护问题引起了有关各国的普遍关注，逐步提上议事日程。对于中国来说，积极参与次区域环境合作，对于推进澜沧江—湄公河流域的合作开发和与湄公河国家的经济合作的可持续发展，都具有十分重要的意义。

一 大湄公河次区域环境问题的提出

（一）资源型发展模式导致次区域的生态环境问题日益突出

从理论上说，一个地区的生态环境与自然资本的损耗密切相关。自然资本（natural capital）的概念出现于20世纪早期，80年代后期以来引起了广泛关注，指的是在一定时空条件下，自然资源及其所处的环境在可预见的未来能够产生自然资源流和服务流的存量。[①] 自然资本由自然资源（如空气、土壤、水和森林等）及生态系统两部分构成，既产生木材、鱼类和矿产等物品，还具有重要的生态服务功能如森林的空气净化和水土保持等，这一资本为人类提供了经济上有价值的商品和服务，是人类社会生存与发展的基础。德稻环境金融研究院（IGI）根据自然资源与GDP的增长速度将不同国家和地区划分为四类：第一类是自然资本和GDP均快速增长的地区，主要是西方发达国家；第二类是自然资本很高但GDP低速增长的地区，如不丹；第三类是自然资本低速增长但GDP快

---

① 曹宝、秦其明、王秀波、罗宏：《自然资本：内涵及其特点辨析》，《中国集体经济》2009年第12期。

速增长的地区，如中国和印度，经济快速发展的同时生态环境遭到破坏；第四类是自然资本和 GDP 均低速增长的地区，主要在欠发达国家和地区，如孟加拉国、阿富汗和非洲一些国家。① 湄公河地区国家数十年来经济的发展依赖于对自然资本的密集开发和利用，自然资本与 GDP 的关系可归属到上述的第三类。人类福利与自然资本紧密联系，人类活动直接对自然资本产生影响，包括传统发展模式对自然资源的过度开发和利用，人口增长、城镇化进程对资源需求的压力，国家不合理的基础设施建设（修筑大坝等）和对环境问题的弱治理等。自然资本在过去数十年是次区域国家经济快速发展的一个核心促进因素，但是快速的经济发展和不断增加的人口压力导致这一资本不断损耗，主要表现为水土流失、森林退化、淡水资源短缺及污染、生物多样性减少等，是当前所有次区域国家面临的主要环境问题，是人类活动和气候变化共同导致的结果。

1. 森林、湿地面积萎缩

在人类活动中，农业是造成自然资本损耗的一个全球性主要因素。次区域广泛开展的农业活动包括种植业、渔业和畜牧业，为满足当地及全球市场对农产品的需求，农业从传统生计型转向现代商业型，集约化程度不断提高。近年来粮食产量的增加主要归功于高产品种及大量农业化学品（化肥、杀虫剂等）的使用，致使土壤退化、地下水质受到污染，也影响到农户和消费者的健康。

迅速扩展的种植业不断吞噬着森林资源，大片低地森林被开辟用于种植水稻、橡胶、咖啡、可可、腰果和茶等经济作物，除了中国广西和云南外，次区域国家的森林面积在 1973—2009 年间消失了 1/3（柬埔寨 22%，缅甸和老挝 24%，越南和泰国 43%），仅在 1990—2010 年 20 年间就消失了 800 万公顷，柬埔寨经历了最高的毁林程度，平均每年消失 68.5 万公顷，天然林消失的速度最快，2010 年柬埔寨森林面积 1009.4 万

---

① 《投资"自然"发掘绿水青山的价值》，2016 年 9 月 18 日，和讯网（http://news.hexun.com/2015-07-13/177495422.html）。

公顷，天然林只有32.2万公顷，占3.2%；越南森林面积1319.7万公顷，天然林仅剩8万公顷，占0.6%。[①] 世界自然基金会（WWF）2015年4月发布的《森林生命力报告》确定的11个"毁林热点地区"包括了大湄公河流域，2001—2014年，该流域森林消失的平均速度是其他热带地区的5倍。[②] 周边国家木材市场对特定树种（如柚木和红木）的需求导致缅甸、老挝和柬埔寨森林遭到大规模的乱砍滥伐，为经济原因种植的树种取代了一些天然林。

森林大面积消失的直接后果是森林产品减少、生态服务功能退化，后者表现为水土流失、生物多样性丧失及温室气体排放量增加等，以温室气体排放量为例，1990—2005年间柬埔寨因毁林导致的年均排放量达8400万吨，缅甸是1.58亿吨。2011年缅甸因森林消失导致的温室气体排放量占了所有排放量的32%，这一比例在柬埔寨和老挝分别为46%和55%。湿地面积也在快速减少，柬埔寨失去了45%，老挝消失了30%，泰国消失的最多，达96%，湄公河三角洲只剩不到2%的原生天然内陆湿地，湿地的退化威胁到一些物种的生存，在"国际自然保护联盟濒危物种红色名录"（IUCN Red List）中，包括了湄公河流域的伊洛瓦底海豚、巨鲶和暹罗鳄3个主要物种。[③] 沿海地区的红树林因水稻种植和鱼虾养殖的扩展而遭到破坏，1980—2005年间，下湄公河国家的红树林面积缩减了22.27万公顷，[④] 使沿海地区发生洪水和暴风等自然灾害的频率增加。

[①] FAO, *Forests and Forestry in the Greater Mekong Subregion to 2020*, Bangkok, 2011, pp. 8 – 10, 2016年6月25日, http://www.fao.org/docrep/014/i2093e/i2093e00.pdf.

[②] 《2014年全球林木流失新出现的4个主要热点地区》, 2018年6月20日, 亚太森林组织网站（http://zh.apfnet.cn/index.php?option=com_content&view=article&id=2143:2014-4&catid=40:world-forest-information&Itemid=159）。

[③] ADB, *Investing In Natural Capital for a Sustainable Future in the Greater Mekong Subregion*, September 2015, pp. 19 – 21, 2018年6月27日, http://www.adb.org/sites/default/files/publication/176534/investing-natural-capital-gms.pdf.

[④] WWF-Greater Mekong, *Ecosystems in the Greater Mekong past trends, current status, possible futures*, May 2013, p. 15, 2018年7月3日, http://d2ouvy59p0dg6k.cloudfront.net/downloads/greater_mekong_ecosystems_report_020513.pdf.

2. 淡水资源退化、渔业受影响

湄公河委员会 1985 年以来的监测表明次区域的水质相对稳定，能为流域的居民、水产业及农业提供安全水源，但是人类的生产生活给水环境带来了巨大的压力，湄公河水质监测网络 2010 年的报告指出，2000—2008 年湄公河大部分地区因人类活动的影响导致水质下降，不少地方受影响的程度还很严重并呈现不断恶化的趋势。[1] 次区域的用水安全形势面临巨大挑战，一方面用水需求呈指数增长，另一方面地下和地表水资源却在日渐减少，除老挝和缅甸外，其余四国的状况并不乐观。农业是所有次区域国家最大的用水部门，占了所有取水量的 68%—98%，[2] 干旱时期的农业用水问题最突出。湄公河三角洲是湄公河盆地污水排放的目的地，工业及集约化农业的发展、快速的城镇化进程、相关国家对工业废水和生活污水的管理和处置不当等加剧了水资源的污染，城市地区的地表水污染最为突出，如金边、万象及越南的芹苴市。

大湄公河流域已修建了数十个水坝，在发挥水电开发、灌溉和洪水控制用途的同时，也带来负面影响，一定程度上影响了河流的自然水文条件，阻碍了 600 多种野生鱼类的季节性洄游，也破坏了当地生物多样性的生存环境。鱼类的迁移受阻，加之过度捕捞和使用破坏性捕鱼设备使流域的一些主要野生鱼类减少，鱼类多样性的丧失是生态系统受损的最显著标志。筑坝、为各种目的进行的大规模采砂活动使下游的营养物质和沉积物减少，对当地的农业和渔业产生影响。

3. 传统能源消费方式导致空气污染

能源是经济活动的基础，次区域国家的电力主要通过煤和水电来满足，运输和工业部门依赖柴油和汽油，石化燃料在能源结构中占了最大

---

[1] 李霞、周晔:《湄公河下游国家水质管理状况与区域合作前景》，《环境与可持续发展》2013 年第 6 期。

[2] IWMI and World Fish Center, Rethinking Agriculture in the Greater Mekong Subregion: How to Sustainably Meet Food Needs, Enhance Ecosystem Services and Cope with Climate Change, 2010, p. 3. 2018 年 7 月 6 日，http://www.iwmi.cgiar.org/Publications/Other/PDF/Summary-Rethinking_Agriculture_in_the_Greater_Mekong_Subregion.pdf.

份额。次区域所有国家的能源消费超过了能源生产,依赖能源进口,而且对能源的需求在不断增长,以运输部门为例,2000—2009 年消费的石油从 2000 万吨增加到 3000 万吨,增长 50%,2006 年以来年均能源消费需求增加 7%—16%,远远高于预期的经济发展速度。① 次区域大规模使用石化燃料导致了温室气体排放量的增加,2007 年占了所有排放量的 21%(中国除外),城市及周边地区因汽车尾气导致空气污染,同时带来了环境和健康问题。

4. 不可逆转的气候变化影响

全球气候变化使不同国家和地区受到不同程度的影响,2015 年 12 月,德国观察(German Watch)发布了《全球气候风险指数 2016》(Global Climate Risk Index 2016)报告,指出在 1995—2014 年的 20 年间,受气候影响最大的 10 个国家中包括了湄公河流域的缅甸、越南和泰国,② 气候变化的趋势已不可逆转,影响将继续存在并可能恶化。气候变化对次区域自然资本的影响广泛存在,基本上也是负面的,极端天气增多、降雨量的变化导致生物多样性减少和生态系统功能的减弱,早在 2009 年 9 月,世界自然基金会的一份报告就指出湄公河流域 163 个珍稀物种面临着温度和降雨变化带来的威胁,尤其是那些生理忍受力最差的物种。③

次区域经济对水、森林和土地资源的严重依赖使该地区更易遭受气候变化的影响,以农作物为例,对气候变化具有高度敏感性,气温升高、降雨量减少将破坏下湄公河盆地很多作物的生长,如传统雨养水稻在温度超过 35 度后将大大减产,如果没有适当的应对措施,至 2050 年可能使

---

① Pradeep Tharakan, Naeeda Crishna, Jane Romero and David Morgado, "Biofuels in the Greater Mekong Subregion: Energy Sufficiency, Food Security, and Environmental Management", *ADB*, *Southeast Asia Working Paper Series*, No. 8, January 2012, pp. 2-3, 2018 年 8 月 5 日, https://openaccess.adb.org/bitstream/handle/11540/1306/biofuels-gms.pdf?sequence=1.

② Sönke Kreft, David Eckstein, Lukas Dorsch & Livia Fischer, Global Climate Risk Index 2016, Briefing Paper, German Watch, November 2015, p. 5, 2018 年 8 月 5 日, https://germanwatch.org/en/download/13503.pdf.

③ 《WWF:气候变化威胁湄公河流域珍稀物种》,2018 年 8 月 6 日,中国天气网(http://www.weather.com.cn/static/html/article/20090927/89307.shtml)。

越南中部加莱省的水稻产量下降12.6%。① 气温上升也使得下湄公河盆地不再适宜种植橡胶、咖啡等经济作物，这对柬埔寨东部、老挝南部和越南中部的很多大型橡胶种植园是致命的威胁。海平面上升将威胁到湄公河三角洲漫长的海岸线（约650公里）和低海拔沿海地区，主要是海水倒灌和严重暴风等灾害。2014年底开始的厄尔尼诺现象使湄公河下游出现近一个世纪以来的最低水位，越南遭受近百年来最严重干旱，2016年3月中旬，该国中部和南部有近100万的人口缺乏新鲜饮用水。河流水量减少加剧了一些沿海地区海水倒灌现象，至4月中旬，海水倒灌波及湄公河三角洲15.9万公顷的稻田，② 2016年第一季度三角洲的大米产量较2015年同期减少6.2%。③ 泰国大米产量也因干旱影响而减产，政府呼吁农民减少水稻种植，改种一些耗水量较少的经济作物。

次区域国家仍处于资源型经济发展阶段，不可持续的资源利用、地区人口增长对资源的需求压力及气候变化等因素导致自然生态系统的破坏，从而危及次区域社会经济的可持续发展。2007年联合国发布《大湄公河流域环境展望》（Greater Mekong Environment Outlook），是首次针对该流域发布的联合评估报告，如果不采取及时有效的应对措施，2015—2040年间，用于弥补环境退化的支出将达到550亿美元。④

（二）湄公河地区环境问题的区域化与政治化

环境问题关系到人类的生存和发展，与国际关系有着十分紧密的联系。环境问题主要是指人类的社会活动，尤其是社会生产活动所引起的对环境

---

① USAID, *Mekong Adaptation and Resilience to Climate Change: Main Report*, *Climate Change Impact and Adaptation Study*, Interim Report, November 2012, p.47, 2018年8月7日, http://pdf.usaid.gov/pdf_ docs/PA00JN32.pdf.
② 《湄公河流域百年大旱威胁粮食安全》，《中国科学报》2016年4月13日第3版。
③ 《越南南部严重干旱 水粮告急冲击大米出口》，2018年8月9日，联合早报网（http://www.zaobao.com/news/sea/story20160421-607629）。
④ 孙芙蓉：《大湄公河次区域国家继续推进自然资产投资》，2018年8月10日，中国金融网（http://www.cnfinance.cn/articles/2015-02/04-20880.html）。

的破坏。因此，环境问题也就必然同各国的经济活动以及国际经济关系密切相关，在全球化区域化时代，环境问题已成为跨国区域乃至全球共同面临的挑战，逐渐淡化着传统的国家边界和政治分野，环境危机已造成地区之间的紧张局势甚至导致国际冲突，并发展成为一个全球性问题。1972年6月，联合国人类环境大会在斯德哥尔摩举行，有113个国家参加了这一历史性的世界环境会议。1992年12月，联合国环境与发展会议在里约热内卢举行，来自172个国家的代表出席了会议，其中108个国家元首或政府首脑都参加了此次会议，因此也被称为"地球首脑会议"。来自非政府组织的650位代表以及17000名关心环境问题的人士还参加了同时举行的关于可持续发展问题的世界论坛。聚集众多国家的领导人，共同协商环境问题，这是前所未有的。大会通过了五项重要的国际文件："21世纪议程"，"联合国森林原则声明"，"里约热内卢宣言"，"联合国气候变化框架公约"，"联合国生物多样性公约"。① 这些文件构成了国际环境保护的共同法律基础，也表明环境问题已成为国际关系重要的新课题。

由于"一江连六国"的地理因素，澜沧江—湄公河流域环境问题的国际化、政治化在水资源开发方面表现得尤为突出。在环境政治与区域安全日益凸显的背景下，近年来澜沧江—湄公河水资源的开发与保护问题成为流域内次区域合作能否可持续发展的关键，并对次区域的国际关系、区域合作产生了不可忽视的影响。尤为值得关注的是，由于中国位于澜沧江—湄公河等国际河流的上游，而且在次区域开展的"走出去"投资合作多集中于水电资源开发，在水资源的开发方面也更易于受到国际社会的批评和指责，加之美国、日本等域外大国常通过打"环保牌"干预次区域合作，从而使中国参与次区域水资源开发相关的环境问题日益国际化。②

---

① ［德］洛塔尔·京特林：《国家对跨国界污染的责任》，载《当代联邦德国国际法律论文集》，北京航空航天大学出版社1992年版。

② 刘稚：《环境政治视角下的大湄公河次区域水资源合作开发》，《广西大学学报》（哲学社会科学版）2013年第5期。

环境政治的特殊性在于，它是从自然、生态、环境的角度思考政治问题的，是一个涉及经济、政治、社会、文化等诸多领域，综合性很强、覆盖面很广的问题。环境政治的另一个特点就是政治的跨国性。环境政治所涉及的生态、资源、环境等要素都是超国界的，是基于环境问题而引发的一种突破国家主体，淡化领土界限的政治，所以它天然地要求全球视野、全球治理，从而也构成了与传统国际政治的基本区别。由于人类的可持续发展在很大程度上依赖于生态环境的可持续，所以，以生态环境为切入点审视和处理相关政治问题的环境政治必将在国际关系中扮演重要的角色，21世纪将是环境政治的世纪。① 与此同时，在区域合作中具有跨国界特征的环境安全问题的重要性也在上升，其内涵主要包含两个层次。一是在开发和利用过程中，避免区域内的环境遭到污染和破坏，以保证区域内各国适宜的生存环境；二是区域整体及区域内国家应通过合作减轻自然灾害的破坏，将环境危机影响风险降至最低。

自20世纪90年代以来，相关国家和国际组织对澜沧江—湄公河流域水资源开发开展了广泛合作，取得了一些有益的成果。另一方面，由于各国对水资源开发的利益存在差异及区域外部力量干预等因素，合作的推进也面临着诸多困难与问题，并对次区域的国际关系、区域合作产生了一定的影响，从而表现出典型的环境政治特征；而中国作为上游国家和水电开发的主体，常常陷于矛盾冲突的中心，从而为我们认识和探讨环境政治背景下中国在区域合作中的国际定位提供了一个范本。②

1. 内部因素：次区域各国在水资源开发中的利益差异

澜沧江—湄公河水资源分布与各国开发重点不一，是环境政治影响次区域水资源合作开发的内在因素。

大湄公河次区域主要的国际河流包括澜沧江—湄公河、伊洛瓦底江、

---

① 蔡拓：《当代中国如何在国际中定位的四大问题》，《当代世界与社会主义》2010年第1期。

② 刘稚：《环境政治视角下的大湄公河次区域水资源合作开发》，《广西大学学报》（哲学社会科学版）2013年第5期。

怒江—萨尔温江、湄南河、红河等,其中最大的河流当属澜沧江—湄公河。这条流经中国、缅甸、老挝、泰国、柬埔寨,最后再从越南注入南中国海的"东方多瑙河"总积水面积为79.5万平方公里,共有100多条支流,总落差达到5312米,多年平均径流量4750亿立方米,[①] 但各国拥有的水资源差异较大(见表5—1)。

表5—1　　　　　　　　澜沧江—湄公河水资源分布

国别	流域面积(平方公里)	占全流域(%)	径流量(立方米/秒)	占全流域(%)
中国	165000	21	2140	16
缅甸	24000	3	300	2
老挝	202000	25	5270	35
泰国	184000	23	2560	18
柬埔寨	155000	20	2860	18
越南	65000	8	1660	11
总计	795000	100	15060	100

资料来源:根据世界银行 *Mekong Regional Water Resources Assistance Strategy*(2004)编制。

从以上数据来看,澜沧江—湄公河89%的河段集中在老挝、泰国、中国云南省、柬埔寨,但是由于各地降水及河流水文特征具有不同特点,其径流量的分配也存在差异。老挝境内河段的年径流量占全河的35%,泰国和柬埔寨河段的年径流量各占了18%,这三个国家的干流及支流流量构成了湄公河水量的主体部分。中国的水量贡献为整个流域水量的16%,越南为11%,而缅甸对全河的水量贡献份额最小,仅为2%。尽管澜沧江—湄公河沿岸各国都受益于其丰富的水资源,但是GMS各国对河流的开发侧重点并不一致,具有结构性的矛盾。

中国比较注重对该河流的水电开发及航运。澜沧江—湄公河在我国境内落差约5000米,水能资源可开发量约为3000万千瓦,十分适宜发展

[①] 湄公河委员会:《湄公河工作规划》,1991年,1KMG/R90036号。

水电。目前，中国在澜沧江上已规划建设的大型水电站共有 8 座。同时，中国对澜沧江—湄公河国际航运的开发利用也十分重视。2000 年 4 月，中、老、缅、泰四国交通部长正式签署了《澜沧江—湄公河商船通航协议》；2001 年 6 月，中、老、缅、泰四国实现了正式通航。为确保船舶航行安全，中国政府出资 500 万美元对老挝、缅甸境内湄公河航道进行整治疏通，中国境内段景洪以下航道在 2007 年 9 月达到了通航 300 吨级船舶的标准。

缅甸较为注重湄公河的航运功能及水电开发。尽管缅甸只有 4% 的领土处在流域范围并且仅 2% 的径流量汇入湄公河，但它还是积极参与了中老缅泰四国航运通道项目及与之相关的合作，近年来也开始加大对水电资源的开发，并把水电开发列入新能源战略。

泰国对湄公河的利用侧重于农业灌溉。泰国政府则希望通过从湄公河调水计划，解决东北部灌溉和中心城市水源供需的巨大矛盾。这个计划包含两个方案：一个是在泰国东北部实行"湄公河—栖河—穆恩河（Kong—Chi—Moon）分水方案"，旨在从湄公河调水以灌溉东北部大面积干旱的土地。另一个是在北部实行谷河—因河—永河—南河（Kok—Ing—Yom—Nan）分水方案，旨在从湄公河内取水以满足泰国中心区和曼谷的水需求。①

老挝对湄公河水资源的利用集中于水电开发。老挝 97% 的国土都在湄公河流域，湄公河 60% 以上的水能资源蕴藏在老挝，湄公河老挝段的水能蕴藏量为 1.8 万兆瓦，而老挝的利用率仅为 4%。② 多年来，老挝致力于成为"东南亚的蓄电池"，并将其作为摆脱贫困、实现国家现代化及赚取外汇的重要途径之一，所以开发湄公河发展水电资源一直是老挝的重点。

柬埔寨尤为重视湄公河的渔业价值和水电开发。柬埔寨 86% 的国土

---

① 陈丽晖、曾尊固、何大明：《国际河流流域开发中的利益冲突及其关系协调——以澜沧江—湄公河为例》，《世界地理研究》2003 年第 1 期。

② 《老挝的水电市场分析》，2017 年 11 月 23 日，南博网（http://www.caexpo.com）。

在湄公河流域，在旱季和雨季具有河水调节功能的洞里萨湖在其渔业发展过程中的地位不可替代。它对柬埔寨全国捕鱼量的贡献率高达60%，超过100万的人不同程度依靠渔业为生。此外，柬埔寨政府也制订了在其境内湄公河干流或支流上开发水电的计划。

越南在湄公河流域开发中特别关注农业环境的保护。越南地处湄公河下游，湄公河三角洲是越南最大的粮仓。因此，农业灌溉成为越南利用湄公河的主要途径。但是，近年来越南下游地区面临着越来越严重的海水倒灌威胁。因此，越南政府更加注重取湄公河水灌溉农田以防止海水侵入，强调未来合作务必优先协助各国应对自然灾害、土壤盐渍化、确保粮食安全。①

综上所述，湄公河流域内的水资源利用主要分三类：航运用水、农业灌溉用水、发电用水。其中，航运用水为非消耗性用水，农业灌溉用水为消耗性用水。发电用水虽然是非消耗性用水，但会影响河流水量的时空分配，影响流域生态。由于GMS各国处于湄公河不同的河段，开发重点不一，在水量分配和环境保护方面下游国家难免和上游国家产生分歧和矛盾，随着经济不断发展，该地区对能源的需求不断增加，需要建造更多的电站包括水电站和火电站，这又会带来更多的筑坝和大气污染，从而使下游国家与周边国家的利益受到损害。② 因此，在湄公河水资源开发利用过程中，上下游各国利益的协调一直存在着结构性的矛盾和冲突。

2. 外部因素：域外大国对GMS水资源开发与环境保护的介入

大湄公河流域是连接东亚与东南亚、南亚的桥梁和枢纽，也是连接太平洋和印度洋、亚欧大陆和南亚次大陆及澳大利亚板块的海陆交通要冲，战略地位十分重要。特别是近年来在中国的快速发展以及中国同次区域国家关系不断拓展的背景下，大湄公河流域特殊的地缘战略价值更

---

① 刘稚：《环境政治视角下的大湄公河次区域水资源合作开发》，《广西大学学报》（哲学社会科学版）2013年第5期。

② 黄河：《区域公共产品与区域合作：解决GMS国家环境问题的新视角》，《国际观察》2010年第2期。

加凸显，日益引起美国、日本、印度等域外大国以及联合国、亚行、世行等国际组织的极大兴趣和关注。美、日、印等域外大国和相关国际组织对大湄公河流域各国的战略投入呈现与日俱增的态势，使次区域合作"外部主导"问题凸显。

由于中国位于多条国际河流的上游，而且在次区域开展的"走出去"投资合作多集中于水电等资源开发，美国、日本等域外大国近年常通过打"环保牌"干预次区域合作，从而使中国参与次区域水资源开发相关的环境问题日益国际化。如2011年7月22日，美国国务卿希拉里在美国—湄公河下游部长级会议上的讲话中强调，"在湄公河主流上建造新水坝对于所有共用湄公河的国家都是一个严重问题，因为如果任何一个国家建造水坝，所有国家都会遭受环境恶化的后果、粮食保障的挑战以及对社区的冲击。我希望敦促所有当事方暂时搁置建造新水坝的考虑"①。这明显就是在用环境问题挑拨中国与次区域国家的关系。

自2009年在第16届东盟地区论坛会议上希拉里与泰国、柬埔寨、越南、老挝召开五国外长会议，提出《湄公河下游倡议》，建立"美湄合作"的新框架以来，美国对次区域的介入力度日益加大，美国已在倡导湄公河委员会与密西西比河委员会的合作构想。由于该框架排除了中国，也显示出美国要在湄公河下游四国对冲中国的影响。2010年7月，美国承诺向"湄公河下游行动计划"提供1.87亿美元的援助，用于加强湄公河流域的环境、卫生、教育等议题上的合作。②

近年来，日本致力于加强同越、泰、老、柬、缅五国的双边关系，每年举行一次的"日本—湄公河首脑会议"已机制化。2012年4月21日，第四届日本与湄公河流域国家首脑会议在日本首相野田佳彦主持下在东京举行。峰会通过了《日本—湄公河合作2012年东京战略》，其中

---

① 《希拉里·克林顿国务卿在美国—湄公河下游部长级会议上的讲话》，美国国务院发言人办公室，2011年7月22日。
② 《美国宣布帮助湄公河流域国家应对气候变化计划》，2016年12月9日，http://news.sohu.com。

特别提出要"以应对气候变化、湄公河水资源流域管理与可持续使用、环境污染、自然灾害、疾病、粮食安全等领域为重点推进环境与人类安全合作"。野田宣布日本将把湄公河流域作为重点援助地区，今后3年向该地区提供6000亿日元（约合74亿美元）的政府开发援助。[①]

总之，出于国际政治博弈的需要，域外大国为制衡中国，在湄公河流域国家中利用环保问题鼓动"中国威胁论"，从而达到阻碍中国同有关国家开展合作、削弱中国在该地区影响力的目的，以配合其地区战略。

（三）大湄公河次区域环境合作的意义

1. 有利于改善大湄公河次区域环境状况，促进本地区的可持续发展

以牺牲环境为代价的经济增长是不能持久的，这已是世界的共识。大湄公河次区域经济合作极富活力，但如不重视环境问题，将会带来灾难性的后果。大湄公河次区域经济能否保持持续增长态势，在相当程度上取决于各国能否开展成功的环境合作，换言之，只有通过区域性的环境合作，才能解决区域性环境问题。通过区域性合作，各国相互交流经验和信息，相互支持，取长补短，可以增强区域内各国尤其是较为落后国家环境保护的能力。

2. 有利于改善区域内国家间关系

由于历史的原因，大湄公河次区域国家间的隔阂至今依然存在。由于各国在环境问题上比较容易找到利益的交汇点，大湄公河次区域的环境合作无疑可以起到一种建立信任与谅解的桥梁作用。

3. 有利于减少、防止因跨境环境问题引发的国家间争端与冲突

现代国际关系史的发展表明，环境问题已成为国际关系中的重要因素，跨境环境问题往往会引发国家间的纠纷。大湄公河次区域加强环境合作，既可未雨绸缪，又可协调行动，共同对付跨国境环境问题，同时增进国家间的友好关系，反之则可能导致国家关系的紧张。

---

① 《日本向湄公河国家提供74亿美元援助》，2016年12月10日，东京4月21日电，新华网。

4. 增强大湄公河次区域作为一个整体在世界环境论坛中的地位和作用

通过环境合作，大湄公河次区域各国有机会协调立场，寻求共同利益。无论是在更大范围内如 APEC 或 WTO 讨论环境问题，还是在制定国际环境条约时，大湄公河次区域国家采取共同的立场，可以以次区域国家在环境方面的话语权，扩大次区域国家在世界环境事务中的影响力。

第二节　GMS 环境合作的机制与项目

一　GMS 环境合作形成的法律机制

（一）环境合作战略法律框架的构建

目前，GMS 环境合作法律机制初步形成了以《湄公河流域可持续发展合作协定》《次区域发展未来十年战略框架》《大湄公河次区域环境部长联合宣言》《领导人宣言》《2008 年至 2012 年 GMS 发展万象行动计划》和《大湄公河次区域经济合作新十年（2012—2022）战略框架》为主体，辅之以《湄公河次区域环境培训和机构强化项目》《环境监测和信息系统建设（SEMIS）项目》《环境监测和信息系统建设（SEMIS）II 期项目》《边远大湄公河次区域（GMS）流域扶贫和环境管理项目》《大湄公河次区域环境战略框架（SEF）项目》《核心环境项目（CEP）》等具体实施规定为一体的 GMS 环境合作战略法律框架。

1995 年 4 月，湄公河中下游泰国、老挝、柬埔寨和越南四国在泰国清莱签署了《湄公河流域可持续发展合作协定》，承认"湄公河流域和相关的自然资源及环境，是沿岸所有国家争取经济和社会富足以及提高本国人民生活水平的具有巨大价值的自然资产"。2002 年 11 月，《次区域发展未来十年战略框架》将关注自然环境和社会因素，促进次区域可持续发展作为三大战略发展目标之一，为 GMS 环境合作指明前进方向。2005 年 5 月，首届大湄公河次区域环境部长会议在上海闭幕，并发表了《大湄公河次区域环境部长联合宣言》，与会各国部长和代表们在宣言中强调，要加强本区域环境保护与可持续发展，保护本地区脆弱的生态环境和生物多样性。会议的成功召开反映了 GMS 各国推动次区域环境合作的良好政治意愿，为不断深化次区域全面合作、开展不同领域的高层政策对话提供了有益的借鉴，也为次区域环境合作提供了一个良好的对话、交流、沟通和合作的平台。2008 年 3 月，大湄公河次区域经济合作第三次领导人会议在老挝万象举行，与会各国领导人签署了《领导人宣言》，并核准了《2008 年至 2012 年 GMS 发展万象行动计划》。《领导人宣言》在充分认识到社会和生态环境是可持续发展的重要因素的同时，形成了"合作对于促进经济增长、社会进步、消除贫困、保护环境具有重要意义"的共识。《2008 年至 2012 年 GMS 发展万象行动计划》在包括环境在内的 9 个领域共 200 多个项目进行了总额为 200 亿美元的投资。2011 年 12 月，大湄公河次区域经济合作第四次领导人会议在缅甸首都内比都举行，会议通过了《大湄公河次区域经济合作新十年（2012—2022）战略框架》，提出了包括"促进农业领域可持续发展、加强环境领域合作"在内的八大优先合作领域，为次区域未来十年合作发展确定了大方向，规划了新蓝图。

1994 年 4 月次区域经济合作第三次部长会议批准了《湄公河次区域环境培训和机构强化（SETIS）项目》，亚行于 1996 年 5 月正式批准该项目。项目的宗旨是协助次区域各成员国计划、制定和实施环境政策法规的能力。在成员国建立环境与自然资源管理培训中心。为各国环境能力建设提供交流网络。促使各国在环境标准和自然资源管理方面相互达成协议。1994 年 9 月次区域经济合作第四次部长会议签署了《环境监测和信息系统建设 SEMIS I& II 项目》，亚行于 1996 年 5 月正式批准。该项目由亚行、联合国环境规划署（UNEP）与湄公河委员会共同合作，由各成员国环境机构实施。项目目标是促进大湄公河次区域国家环境信息交流，加强支持环境决策能力。1996 年 8 月次区域经济合作第六次部长会议提交了《边远大湄公河次区域（GMS）流域扶贫和环境管理项目》草案，1997 年 1 月亚行正式批准该项目。项目第一阶段于 1998 年 6 月启动，于

1999年7月结束。第二阶段于2000年1月启动，周期为12个月。主要是通过讨论农村贫困与环境退化的关系问题，增强大湄公河次区域国家保护生物多样性的建设能力。1998年12月《大湄公河次区域环境战略框架（SEF）项目》获得批准，1999年4月正式启动。该项目主要对次区域自然资源等开发活动对环境的影响进行宏观评估，实现GMS环境与经济、社会发展决策的一体化。2005年获得批准的核心环境项目（CEP）的实施将加强环境工作组的项目发展和监测能力，加强GMS环境规划和管理能力，并通过GMS环境运行中心加强项目管理与协调。①

（二）跨界环境影响评价法律制度的不断完善

跨界环境影响评价是指对可能引起重大跨界环境损坏的活动，行为起源国要在其执行项目之前对其潜在的跨界环境影响进行预测、评估，并采取相应的预防措施，以减少或消除该项目活动可能对环境产生重大损失的跨界影响。而跨界环境影响评价法律制度，是跨界环境影响的法律化、制度化的体现，是国家通过立法使之有国际层面的立法，也有国内层面的立法。对跨界环境影响评价的范围、内容、对象和程序等进行规定，并作为大湄公河流域国家共同遵行的法律规定。1995年，柬埔寨、老挝、泰国和越南四个流域国在清迈签署了《湄公河流域持续发展合作协定》，从合作目标和原则、组织机构、分歧和争端的解决等方面达成统一意见。规定水资源的开发项目必须进行预先评估，一旦调查认为开发计划将影响其他国家，将被禁止。2001年，中国、泰国、缅甸和老挝四国在"上湄公河航道疏通工程"中首次在该流域使用了环境影响评价方法，正式开始了在全流域建立跨界环境影响评价制度的实践与探索。2004年11月，在泰国曼谷举行的世界自然保护大会，包括中国在内的澜沧江—湄公河流域国家的环境部长们一致同意在未来的重大项目工程中采用跨界环境影响评价制度。目前，大湄公河次区域除缅甸外的下游国

---

① 卢光盛、邓涵：《中国与湄公河流域国家环境合作的进展、机制与成效》，载《大湄公河次区域合作发展报告（2014）》，社会科学文献出版社2014年版，第44—48页。

家中都已经制定了环境影响评价制度。在处理环境影响评估的主要问题方面，缅甸实施的项目则通常采用世界银行和亚洲开发银行的环境保护的法律和标准。特别是，"湄公河流域扶贫和环境管理"的实施，评价了 GMS 六国边远地区与贫困和环境退化有关的流域自然资源管理的法规、政策、战略和管理经验。这为大湄公河次区域国家建立长期的跨界环境影响评价法律制度提供了坚实的基础。

（三）环境法律的交流与学习

大湄公河次区域环境合作为成员国环境法律、政策与经验借鉴搭建了高层次的交流平台。通过这个有效平台，大湄公河次区域成员国积极讨论环境合作领域的新问题，自检自查以往环境项目的执行情况，总结经验教训，及时协调合作中出现的问题，制订出下一步项目合作的计划可行性方案。使大湄公河次区域环境保护法律、政策实现共享和交流，以确保这一对话形式的持续性和可行性。各成员国不断改进和完善各自的国家法律、双边以及多边条约和协定。同时大湄公河次区域环境合作也进入了新的阶段，如生物多样性法律保护、大湄公河流域管理、大湄公河工业污染防治和大湄公河化学品管理等切实满足各方实际需要的法律合作项目也就出现了。

二 GMS 环境合作形成的安全合作机制

安全合作机制方面，GMS 环境合作已形成三个主要的环境安全合作机制：环境工作组会议（WGE）、大湄公河次区域环境部长会议、大湄公河次区域六国领导人峰会。

环境工作组会议（WGE）创建于 1995 年，其宗旨是指导、监督次区域的环境和自然资源管理，每年召开会议，督促环境优先项目的落实。于 2006 年在曼谷设立的大湄公河次区域环境运营中心（Environmental Operation Center，EOC）承担环境工作组的秘书处职责。环境保护部代表中国参加环境工作组，并负责我国参与 GMS 环境合作的组织协调工作。在工作组会议的推动下，合作机制设立了次区域环境部长会议。环境部长会议是一种高层环境对话形式，自 2005 年开始，每 3 年召开一次。2005 年 5 月 25 日，"首届大湄公河次区域环境部长会议"在上海举行。会议发表了"核心环境规划"，还有其旗舰环境项目"生物多样性保护走廊倡议"。会议还发表了对自然资源和环境的可持续性发展的部长联合声明。大湄公河次区域（GMS）环境部长们积极呼吁发展本地的伙伴合作关系并动员更多的财政和技术援助，以帮助该地区改善环境和实施自然资源管理目标。2008 年 1 月 29 日，在老挝首都万象举行的"第二届大湄公河次区域环境部长会议"上发表了"部长联合声明"。声明说，部长们通过一项声明，重申将加强环境保护和该地区的政治意愿的可持续发展，决心进一步在大湄公河次区域环境合作的深层次化，以及需要采取切实可行的和积极的方式，以实现可持续和整体经济增长。环境部长会议是 GMS 环境合作的最高决策机制，会议的召开丰富了领导人会议的内涵，为次区域各国开展环境合作奠定了良好的基础。领导人峰会是大湄公河次区域经济合作的最高决策机构，自 2002 年开始每 3 年召开一次，至今共召开过 4 次。领导人会议的成功召开反映了 GMS 各国推动次区域环境合作的良好政治意愿，为不断深化次区域全面合作、开展不同领域的高层政策对话提供了有益的借鉴，也为次区域环境合作提供了一个良好的对话、交流、沟通和合作的平台。

三 GMS 机制下的环境合作项目

CEP 是 1995 年 GMS 合作以来最大规模的环境合作项目，也是首次吸收大规模捐助资金的合作项目，资助方包括亚洲开发银行、芬兰和瑞典政府、全球环境基金（Global Environment Facility，GEF）、中国减贫与区域合作基金（Poverty Reduction and Regional Cooperation Fund）和北欧发展基金（Nordic Development Fund）。CEP 的目的是为次区域的经济发展提供友好型环境支持，促进地区合作，改善发展计划，保护生物多样性并提高适应气候变化的能力，该项目之下包括了 5 个子项目：GMS 经济部门战略与经济走廊的环境影响评价、生物多样性保护与生物多样性走廊规划、环境绩效评估和可持续发展计划、GMS 环境管理能力建设的发展与制度化及项目发展与可持续财政项目。该项目受到次区域六国环境部长的监督，由亚行管理的环境运营中心（Environment Operations Centre）具体实施，与各国政府、当地社区及 NGO 的研究网络共同工作。2006 年 CEP 首先从泰国开始实施，将环境问题融合到运输、旅游、能源和农业项目领域中。

BCI 项目于 2006 年开始实施，是 CEP 的一个旗舰项目，目的是防止生态系统的退化，关注环境评估、计划、革新试验及监督，组建了环境工作组，主要通过选定试点区域建立生物多样性保护走廊，恢复和维持现有自然保护区和野生生物保护区之间的联系，将被分割的野生动物栖息地重新连通起来，并在走廊区域内进行生态扶贫开发。BCI 是 GMS 合作在生物多样性保护方面进行国际合作迈出的第一步，先后实施了两期，一期项目已经完成（2005 年—2011 年下半年），2011 年底二期项目（2012—2016）获得批准，总额 2840 万美元，包含了几十个不同专题的子项，是亚行史上最大的区域项目。① 二期项目的重点是改善跨境生物多样性保护区管理及当地民生，加强应对气候变化的能力建设，推广低碳发展并推动可持续环境管理的融资力度。次区域六国共同实施了为期 10 年（2005—2014 年）的三条生物多样性保护走廊项目，② 分三个阶段进行：2005—2008 年为第一阶段，分别在次区域六国选择重点区域建立保护走廊，以恢复和维持现有国家公园和野生生物保护区之间的联系，中国的西双版纳和香格里拉德钦地区位列其中；2009—2011 年是第二阶段，在重点地区建立了更多的保护走廊；2012—2014 年第三阶段的重点是巩固可持续的自然资源使用和环境保护带来的收益。③ 2009 年，开展了南

---

① 叶焱焱：《大湄公河次区域核心环境项目第二期在广西启动》，2016 年 12 月 13 日，广西新闻网（http://news.gxnews.com.cn/staticpages/20140313/newgx5321ae1b-9858666.shtml）。

② 三条生物多样性保护走廊的范围北起中国西双版纳，南至柬埔寨洞里萨湖，分别是中国西双版纳、中越交界黄连山—老挝丰沙里地区、老挝南部山地国家自然保护区；缅甸德林达伊西部森林—泰国岗卡章国家公园地区；柬埔寨豆蔻山脉。

③ 李霞：《中国参与的大湄公河次区域环境合作》，《东南亚纵横》2008 年第 6 期。

北经济走廊战略及行动计划的战略环境评估（Strategic Environmental Assessment）。三条生物多样性保护走廊的总面积达 233.84 万公顷，每年提供的非木材产品、碳存储、水质调节及水土流失控制等生态系统服务价值高达 92.85 亿美元，平均每公顷 3970.66 美元。①

除 CEP 和 BCI 两个重点项目外，近年来亚洲开发银行主导的项目主要有：2010 年开始的"促进次区域可再生能源、清洁燃料和能源有效性"项目，通过提供技术援助，以环境友好型和共同合作的方式帮助湄公河五国改善能源供应及安全；2013 年，亚行战略气候基金（Strategic Climate Fund）出资 980 万美元（赠款 580 万美元、贷款 400 万美元）用于次区域洪水和干旱风险管理与缓解项目（Flood and Drought Risk Management and Mitigation Project），② 主要在柬埔寨、老挝和越南实施，目的是提高这些国家应对灾害、并从灾害中恢复的能力。

四 次区域各国的相关措施

为应对生态环境问题，次区域国家采取了一定的措施，各国均许诺支持绿色、包容及可持续的经济发展，制定了气候变化、生物多样性和水资源等方面的战略及相关的环境法律、法规和标准，参与了一些主要的多边国际环境协定如《联合国生物多样性公约》（1992）、《联合国气候变化框架公约》（1992）、《联合国防治沙漠化公约》（1994）、《濒危野生动植物种国际贸易公约》（1973）、《拉姆萨尔公约》（湿地公约，1971）等。中国在主要的国家计划及减贫战略文件均强调自然资本和生物多样性，2015 年 1 月开始实施史上最严环保法，开启了强调可持续利

---

① ADB, *Investing In Natural Capital for a Sustainable Future in the Greater Mekong Subregion*, September 2015, p. 17, 2017 年 7 月 13 日, http：//www.adb.org/sites/default/files/publication/176534/investing-natural-capital-gms.pdf.

② ADB, *Loan Agreement (ADB Strategic Climate Fund) for Greater Mekong Subregion-Flood and Drought Risk Management and Mitigation Project (Cambodia Component)*, January 2013, pp.1 – 2, 2017 年 7 月 14 日, http：//www.adb.org/sites/default/files/project-document/75637/40190- 013-cam-sfj1.pdf.

用自然资本的中国绿色经济之路。柬埔寨第三个五年计划（2012—2017年）对可持续管理和适应环境、资源开发设置了优先性，组建了国家绿色发展理事会。越南2012年开始实施《环境保护税法》，主要针对不同的污染源制定办法。缅甸2012年通过了《环境保护法》，2016年新政府为保护森林资源，下令全面禁止伐木。老挝对《环境保护法》进行修订，增加条款加强对土地和水资源的可持续管理。泰国于2013年3月公布了《国家绿色发展政策》和《2013—2030年绿色发展国家战略》，成立了国家绿色发展理事会及秘书处。

中国（广西和云南）、越南开展了大规模的植树造林，1990—2010年增加了810万公顷的森林面积，[1] 中国造林包括防护林、经济树种和果园，越南主要是栽种一些外来的单一树种，尤其是相思树和桉树。人造林能稳定当地的农业系统，但不能完全替代天然林的功能。沿海地区大面积种植红树林有助于水产养殖业的可持续发展，对改善沿海地区的保护是个高效益的选择，越南北部110万美元的红树林恢复项目每年可节约海堤维护费730万美元，并能有效防范暴风。[2] 在植树造林的同时，各国设立的保护区自20世纪70年代以来快速扩展，主要保护现存的天然林和一些重要的次生林，2012年保护区的面积达3162万公顷，分别占次区域土地面积和森林面积的12.3%、26%，覆盖比例最高的是柬埔寨和泰国，分别占国土面积的28%和22%。[3] 老挝政府2012年3月批准在16个省份新建49个森林保护区，这一项目还为当地居民提供了就业机会，南尔

---

[1] WWF-greater Mekong, *Ecosystems in the Greater Mekong Past Trends, Current Status, Possible Futures*, May 2013, p.16, 2017年5月27日, http://d2ouvy59p0dg6k.cloudfront.net/downloads/greater_mekong_ecosystems_report_020513.pdf.

[2] Oli Brown, *Alec Crawford and Anne Hammill, Natural Disasters and Resource Rights: Building Resilience, Rebuilding Lives*, International Institute for Sustainable Development, Manitoba, Canada, March 2006, p.10, 2017年9月17日, https://www.iisd.org/sites/default/files/publications/tas_natres_disasters.pdf.

[3] ADB, Asian Water Development Outlook 2013: Measuring Water Security in Asia and the Pacific, p.40, 2017年9月23日 http://www.adb.org/sites/default/files/publication/30190/asian-water-development-outlook-2013.pdf.

-普雷（Nam Et-Phou Louey）国家生物多样性保护区（5959 平方公里）每年可为当地的 81 个村庄提供价值 188 万美元的收益，其中 70% 为生活物资，其余 30% 为现金收入。① 柬埔寨于 2016 年 4 月底将总面积 100 万公顷的 5 个森林区划为保护区。国家之间还开展跨境合作，云南西双版纳州 2010 年与老挝在边境线上建立了 65 万亩的那木哈自然森林保护区，2012 年双方计划再建一个 85 万亩的保护区。② 保护区体系对保护一些重要的森林资源和物种是必要的，但在保护区之外还有很多受到生存威胁的物种，有一部分保护区也只是名义上存在，并无实质效果。

湄公河五国同时是东盟成员国，柬埔寨、缅甸、泰国和越南还参与了东盟遗产公园项目（ASEAN Heritage Parks Programme），目标是有效减少生物多样性的消失。下湄公河国家通过湄公河委员会（MRC）对水资源进行管理，1995 年泰国、老挝、柬埔寨和越南四国签署了《湄公河流域可持续发展合作协定》，是世界上第一个河流协定，在流域生物多样性保护合作机制中发挥着重要的作用。

五 现有机制、措施的效果评估

环境合作机制主要是通过制度安排在环境领域内实现区域合作。"制度可以通过规制行为者的行为减少不确定性、限制信息的不对称性并形成稳定的预期，从而减少冲突，加强合作，实现共同利益。"③ 大湄公河次区域环境合作法律机制与安全合作机制的初步形成为 GMS 各国在环境保护领域开展卓有成效的合作奠定了良好的法制保障和政治互信基础，使次区域各成员国在环保问题上能够一起相互帮助、协力推进，共同促

---

① ICEM, Lessons Learned in Cambodia, Lao PDR, Thailand and Vietnam: Review of Protected Areas and Development in the Lower Mekong River Region, 2003, p. 56, 2017 年 9 月 24 日, http://www.mekong-protected-areas.org/lao_pdr/docs/lao_lessons.pdf.

② 王艳龙：《中国老挝今年将合建森林保护区 150 万亩》，2017 年 9 月 25 日，中新网（http://www.chinanews.com/df/2012/02-13/3665459.shtml）。

③ 于宏源：《国际机制中的利益驱动与公共政策协调》，《复旦学报》（社会科学版）2006 年第 3 期。

进湄公河流域的可持续发展与生态环境保护。在实质性合作方面，环境合作机制的建立为 GMS 各国积极推动大湄公河生物多样性走廊项目，强化其次区域环境法律合作旗舰项目地位，并积极围绕此项目，促进开展生态恢复与扶贫、森林生态系统与生物多样性保护、国际环境公约履约等合作，促进环境立法发展与完善、环境执法管理机构能力建设等都起到了十分重要的推动作用。

但与此同时，次区域各国也应当看到，虽然近年来 GMS 环境合作不断走向务实，形成了多领域、多层次、多渠道的格局，环境领域的机制化建设逐步明显，但是 GMS 环境合作机制建设仍然处于起步阶段，还需要长期有效的建设和完善。

（一）相关机制的约束性不足

首先，GMS 环境合作机制具有协商一致、不干预内政的特点。互不干涉内政是现代国际法的一项支柱性原则，也是发展中国家之间进行地区合作的重要准则。① 这一原则运用于 GMS 环境合作法律机制时，能够保证机制的某种稳定性，但同时也降低了成员国开展环境合作的监督和强制执行意愿，因此在环境合作过程中只是制定了一些框架和原则要求相关国家遵守，而且仅仅依据一些软法，如行动计划、宣言、决议、谅解备忘录等来展开环境合作，并没有任何一部包含全面立法、严格执法的环境法律。已有的环境合作依据文本缺乏实用性和可操作性，更缺乏约束力和解决环境问题的惩罚监督机制。② 例如，1995 年 4 月由越南、老挝、缅甸、泰国四国签署的《湄公河流域可持续发展合作协议》目前已经生效，并在协议的基础上成立了湄公河委员会。该组织以保护湄公河流域的资源可持续利用和生态平衡为己任，积极寻求联合国环境规划署、联合国开发计划署、世界银行、全球环境基金的援助，旨在对本流域重大的环境项目进行管理。尽管《湄公河流域可持续发展合作协议》

---

① 夏林、江雪晴：《东盟会取消互不干涉内政原则吗？》，《环球时报》2006 年 4 月 20 日。
② 曲如晓：《东盟环境合作的现状与前景》，《当代亚太》2002 年第 2 期。

第 4 条规定："成员国在主权平等和领土完整的基础上进行合作，对湄公河流域的资源进行利用和保护"①，这就意味着在没有考虑流域国家河岸权②和利益的前提下，其他国家不能否决或推进流域内的环境或建设项目。但实践证明，在没有成员国授权的情况下，湄公河委员会根本无法解决实际问题。有证据显示，该协议无法在各成员国国内相关立法中找到支持，无论是 1998 年越南的《水资源法》还是在 1996 年老挝的《水资源法》中都没有遵守其政府曾在湄公河协议中做出的承诺。③

其次，GMS 环境合作是以项目为基础的，缺乏制度保障。GMS 环境合作的运作机制是在亚洲开发银行的直接资助和鼓励联合资助背景下，以合作项目做牵引，鼓励在项目合作机制（The Regional Cooperation Strategy and Program，RCSP）以及六国高峰共识基础上展开的务实合作。在制度建设方面，各国依赖政府首脑会议、正式的和非正式的环境部长会议等组织形式开展合作，而没有建立常设的环境合作机构来协调和约束各国的环境政策。

最后，GMS 环境工作组之间缺乏有效的沟通与协调。目前，大湄公河次区域经济合作机制主要集中在能源、交通、环境、农业、电信、贸易便利化、投资、旅游、人力资源开发 9 个重点领域，针对每个领域均设有工作组或论坛，基本上是 9 条合作主线分类并行。由于各合作领域内容有交叉，目前主要依靠亚行秘书处进行协调。总体看，该协调机制各个工作组内部沟通和协调不够，这也影响到政策制定方向和项目执行效果。可以看出，大力推进和不断深化 GMS 环境合作机制建设，需要次

---

① Agreement on the Cooperation for the Sustainable Development of the Mekong River Basin，2017 年 11 月 20 日，www.mrcmekong.org/assets/Publications/agreements/agreement-Apr95.pdf.

② 河岸权与土地密切相关，其原则是临近某条河流的土地所有者拥有该河流一定数量和质量的天然径流。河岸权的所有者在两方面受到法律保护：禁止上游地区抽取其拥有的水量或向其所属地区排泄洪水。换言之，禁止上游地区大幅度增减河流水量，致使下游地区受到不利影响。

③ Antonio P. Contreras，Transboundary Environmental Governance in Southeast Asia，*Amit Pandya and Ellen Laipson*，Transnational Trends：Middle Eastern and Asia Views，2008.

区域各国在环境领域的共同利益为基础，灵活把握"协商一致、互不干预内政"的原则，并在此基础上，进一步完善合作机制的框架和内容，切实发挥 GMS 环境合作机制应有的效能。①

（二）合作机制层次仍有待提升

1995 年以来，GMS 环境合作机制由 GMS 领导人峰会、GMS 环境部长会议及环境工作组会议三个层次构成，以正式和非正式的高层对话形式为主，缺乏一个权威的、专门的环境合作机构来协调和约束各国的环境行为，也没有解决环境问题的监督机制和争端解决机制，已成为次区域环境合作进一步深化的重大障碍。② GMS 环境合作主要以项目为基础，缺乏制度的保障，六国在环境合作基本规则方面还没有达成共识，环境领域的合作还只是松散的、很大程度上受各国政治意愿的左右。③ 环境合作深化还存在另外两个制约因素，一是环境合作在次区域合作中的战略地位不高，二是资金缺乏，④ 国家之间在信息、成果方面的交流和共享不足，民众还普遍存在生态知识方面的缺乏和破坏行为等社会性问题。

此外，从国家层面来看，次区域各国共同面临经济发展与发展模式的转型挑战，第一要务是通过发展来改善民生，一些已有环境保护法律、政策的实施不具有强制性和连贯性，政府不同机构对相关的环境问题有不同的管辖，如生物多样性、森林、土地和水等，导致责任和权限的碎化、重叠，跨部门合作存在一定的困难，在实施过程中也没有有效的监管程序，很难评估实际效果。在湄公河地区，各国都认为环境退化是个共同面对的问题，但是其优先性排在经济发展之后，投资主要集中在基础设施建设和能源部门。

---

① 卢光盛、邓涵：《中国与湄公河流域国家环境合作的进展、机制与成效》，载《大湄公河次区域合作发展报告（2014）》，社会科学文献出版社 2014 年版，第 44—48 页。
② 周江：《论大湄公河次区域环境安全问题》，《理论与现代化》2012 年第 6 期。
③ 边永明：《大湄公河次区域环境合作的法律制度评论》，《政法论坛》2010 年第 4 期。
④ 李霞：《中国参与的大湄公河次区域环境合作》，《东南亚纵横》2008 年第 6 期。

六 次区域环境合作的发展前景

生态环境问题对人们的日常生活及更广泛的国家利益产生影响，次区域很多自然资源的管理超越了国家边界，如水资源、森林资源和生物多样性保护等，需要在地区层面进行合作治理，深化环境合作是次区域可持续发展的一个关键推动力量。GMS合作需要构建一个完整、可靠和有效的环境合作机制，充分发挥地区机制的作用使经济发展与环境退化之间求得平衡。相关各国都应遵循的生态环境保护法规，由于各国在政治制度、经济形态和法律制度方面的差异导致很难在短期内构建一个统一的框架，在环境合作中最迫切需要讨论的不是最佳行为标准，而是各国都能够接受和遵守的最低规则和标准。[①] 环境项目是为了维持自然资本的良性运行，需整体规划次区域的环境项目，建立管理和监督机制。可重点开展以解决次区域各国面临的核心环境问题与替代生计为主体的能力建设合作，推动自然资本与生物多样性保护走廊建设。[②] 在GMS合作机制下，实施教育战略，填补国家和地区层面对自然资本认知的鸿沟，加强技术和制度能力建设，对各国实施共同但有区别的责任原则。促进现有的双边和多边合作更加有效，争取不同领域的多方行为体参与（包括国家、NGOs、当地社区及全球组织），在以下几个方面进一步加强地区和国家间的合作，发挥不同利益主体和责任主体的作用。

（一）制定次区域环境合作与可持续发展的整体规划

澜沧江—湄公河流域不同的区域有不同的资源环境，因此在各国发展计划中必须考虑到各区域自然功能的区别以及各区域不同的开发目标。湄公河流域是一个整体，牵一发而动全身，虽然流域内各国社会行为具有差别，但流域内一个国家的经济活动，往往引起全流域的生态和环境问题，导致整个流域的可持续发展受到影响。想要做好流域整体的开发

[①] 边永民：《大湄公河次区域环境合作的法律制度评论》，《政法论坛》2010年第4期。
[②] 《第四次大湄公河次区域环境部长会议在缅甸举行》，2017年8月27日，中国环保新闻网（http://www.cepnews.com.cn/news/406435）。

工作，各国必须通力合作，遵循共同制定的生态环境保护法，共同促进全流域的综合开发。在对流域内自然资源开发利用的同时还必须重点整治资源浪费和生态环境的退化，让流域的巨大财富造福于民。

（二）加强以水土和生态环境为核心的流域管理

澜沧江—湄公河流域是一个由多国自然—经济—社会各子系统组成的复合系统，其中关系错综复杂，必须加强流域国之间的协调和监督功能。其中最为主要的一方面是人地关系的处理。流域各国应该通力协作，共同规划实现澜沧江—湄公河流域可持续发展的基本要求。在流域的开发过程中，加强对流域水土资源的管理，应用遥感、地理信息系统和全球定位系统等先进技术，对水资源和水环境实行监测，建立澜沧江—湄公河流域自然与环境的基础信息系统。

（三）加强对森林资源的保护

保护森林资源需由各国共同制定保护森林资源的法规，并积极采取有效的措施制止目前流域森林覆盖率呈不断减少的趋势。比如森林的乱砍滥伐，如果植林速度大于砍伐速度可缓解森林减少的趋势，反之亦然。这就要求人们逐渐减少对燃木的需求，可开发天然气和太阳能等新的能源来取代木材，同时提高伐木效率，使得木材在砍伐过程中的损失减少。如老挝由于伐木的技术和设备比较差，往往要损失伐木总量的30%至40%，目前越南总伐木量的一半遗留在林地或被腐烂掉或被作为柴火用。① 所以借助新技术来保护森林是非常重要的。

（四）改变传统的轮垦耕作方式

农业经济活动对流域内环境影响最大，这个结论来自于湄公河委员会的《湄公河流域诊断研究最终报告》。人口的增长，农业的发展，传统的轮垦耕作使得林地进一步被侵占，森林退化加剧，水土流失增加，流域的环境资源受到严重影响，这样的农业是无法持续的。鉴于此，人口

---

① 邓小海、仇学琴：《云南省国际旅游业在大湄公河次区域中的地位分析——基于次区域国际游客离境调查》，《旅游学刊》2006年第1期。

增长率必须得到控制，同时扩大灌溉增加土地的复种指数；可以提倡短期稻品种；引入抗虫和耐风稻的新品种，降低自然灾害损失和提高加工等级，通过改进谷物质量等措施以改造传统农业。

（五）加强生物多样性保护

澜沧江—湄公河流域内有众多动植物种群，有很多珍稀物种已经濒临灭绝，这些珍稀物种是流域乃至世界的财富，因此必须建立自然保护区来进行保护。目前流域内有很多自然保护区，距世界上占总国家面积12%的警戒线不远，问题在于管理水平参差不齐，由于资金不足，老挝和柬埔寨的大部分自然保护区形同虚设，没有真正的管理。而泰国对此很重视，其自然保护区面积占到国土面积的13%，其中7%是国家公园和森林公园。

第三节　中国参与 GMS 环境合作的缘起与进展

大湄公河次区域内各国就环境问题开展合作的渊源可以追溯到1992年，在亚洲开发银行倡议下，大湄公河次区域6国举行首次部长级会议，共同发起了大湄公河次区域经济合作（GMS）机制，以加强各国间的经济联系，促进次区域的经济社会发展，实现共同繁荣。此次会议就环境与地区永续发展关系进行了明确的阐述，并决定加强区域合作，共同采取行动保护环境，把永续发展原则渗透到各国的发展进程之中。

中国与 GMS 实质性的环境合作始于1995年。这一年，大湄公河次区域经济合作机制将"环境"确定为主要合作领域之一，并且成立了 GMS 环境工作组（WGE），使 GMS 环境合作开始步入正轨。1997年，中国通过了次区域环境计划，签订了《湄公河流域可持续发展合作协定》，奠定了参与次区域环境合作的基本框架。2002年，GMS 首次领导人会议在柬埔寨金边举行，批准了《次区域发展未来十年战略框架》，并决定其后每3年在成员国轮流举行一次 GMS 领导人会议。GMS 合作开始上升到领导人层级，中国与 GMS 环境合作也由此进入了一个新阶段。2005年，首届大湄公河次区域环境部长会议在中国上海召开，GMS 六国环境部长及相关官员代表出席了会议,并出台了《核心环境规划》及其旗舰环保项目《生物多样性保护走廊计划》。会议还发表了一份部长联合声明,支持自然资源和环境的可持续发展。

一 中国参与 GMS 环境合作的重点

中国与 GMS 环境合作是以项目为基础的。为了促进次区域内环境管理和技术合作,推动次区域和周边国家的可持续发展,在参与 GMS 环境合作的前期过程中,中国积极参与了《上湄公河航道改善工程》的环境监理和监测项目、《湄公河次区域环境培训和机构强化项目》、《环境监测和信息系统建设(SEMIS)I&II 项目》、《边远大湄公河次区域(GMS)流域扶贫和环境管理项目》、《大湄公河次区域(GMS)环境战略框架(SEF)项目》等一系列环境合作项目。在此基础上,中国于 2006 年参加了 GMS 环境合作以来最大规模的合作项目——核心环境项目(Core Environment Program,CEP),特别是第一期核心环境项目(CEP – I)成为中国与 GMS 环境合作的重点。

核心环境项目(CEP)是大湄公河次区域环境合作十余年来最大规模的合作项目,也是首次吸引发达国家大规模捐助资金的合作项目。该项目于 2005 年 5 月和 7 月分别获得大湄公河次区域第一届环境部长会议和第二次领导人会议批准,并于 2005 年 12 月得到亚洲开发银行(Asian Development Bank,ADB)批准后,自 2006 年 4 月相继在中国云南及广西、柬埔寨、老挝、泰国和越南正式启动。总共包括 5 个子项目:GMS 经济部门战略与经济走廊的环境影响评价、生物多样性走廊(Biodiversity Conservation Corridors Initiative,BCI)、环境绩效评估和可持续发展计划、GMS 环境管理能力建设的发展与制度化以及项目发展与可持续财政项目。项目目标主要包括:(1)评价在该地区即将实施的发展策略、经济和廊道项目投资计划对环境可持续性可能造成的影响;(2)至少在五个试点进行生物多样性保护廊道的建设;(3)在大湄公河次区域内建立起制度化的环境影响评价(EPA)机制,可持续的发展规划;(4)提高该区域的环境管理能力,使环境管理制度化；(5) 计划的发展、传播和持续经济援助。项目一期执行时间为 2006 年 12 月—2009 年，执行总金额为 2500 万美元。2009—2011 年为一期增资阶段，增资总金额为 660 万美元。项目二期（2012—2016）于 2011 年底得到亚行批准，主要包括战略环评、生物多样性保护、气候变化和低碳发展以及可持续环境管理等内容。①

作为核心环境项目（CEP）的旗舰项目，生物多样性走廊（BCI）由我国政府率先提出，得到了次区域各国和国际机构的积极响应。从项目内容看，生物多样性走廊（BCI）计划为期 10 年，分三个阶段展开。2005—2008 年作为 BCI 项目执行的第一阶段，项目在选定区域的试点区建立保护走廊，恢复和维持现有国家公园和野生生物保护区之间的联系，保护野生动物栖息地，加强生态服务功能，通过减少贫困措施和自然资源可持续利用提高当地社会福利。中国云南省西双版纳和香格里拉德钦地区、广西百色市靖西县被确定为试点区。在对试点项目第一阶段进行评估之后，各方已就第二阶段（2009—2011 年）的工作进行规划，扩大建设规划，在重点地区建立更多的走廊。项目除恢复栖息地之间的联系外，还将包括减少走廊内和周边社区的贫困人口、制定适宜的土地使用和管理制度。截至目前，前两个阶段已顺利完成，已在 6 个流域国家建立了生物物种保护的重点区域，恢复和维持现有国家公园和野生生物避难所之间的联系，有效开展了对大湄公河次区域东部的黑冠长臂猿、野牛等珍稀物种的保护工作，对试点项目的评估工作也于 2011 年初顺利开展。第三阶段（2012—2014 年）的重点则是巩固可持续的自然资源使用和环境保护带来的收益。

二 中国参与 GMS 环境合作的主要进展

GMS 核心环境计划和生物多样性保护廊道一期项目在亚行和我国政

---

① 《亚洲开发银行专家到广西考察大湄公河次区域核心环境项目二期筹备情况》，2017 年 10 月 21 日，广西壮族自治区环境保护厅网站（http://www.gxepb.gov.cn/zrst/swaqydyx/201210/t20121017_12820.html）。

府的大力支持和推动下，已于 2011 年下半年顺利完成。2011 年 7 月 28 日，第三次大湄公河次区域环境部长会议在柬埔寨金边举行。各国就《大湄公河次区域核心环境项目生物多样性保护走廊计划二期框架文件（2012—2016）》达成原则一致。2011 年底，总额 2840 万美元的二期项目得到批准，项目将由大湄公河次区域六国实施。二期项目主要包括四大板块内容：一是完善环境规划的体系、方法和保障机制；二是加强跨境生物多样性保护景观的管理，改善当地生计状况；三是制定适应气候变化和低碳发展的战略；四是提高机构开展可持续环境管理的能力，加大对可持续环境管理的资金支持力度。本项目还包含几十个不同专题的子项，这是亚行历史上最大的区域项目。①

2014 年 1 月，亚洲开发银行、环境保护部对外合作中心和云南省环境保护厅共同签署了核心环境项目二期云南项目执行协议。该项目执行期为 3 年，主要内容：一是在西双版纳开展纳板河—曼稿保护区生物多样性保护廊道建设示范和中老跨边界自然保护区合作示范；二是开展德钦生态旅游减贫和生态保护示范。② 2014 年 3 月 13 日，大湄公河次区域核心环境计划与生物多样性保护廊道规划项目二期广西启动会在南宁召开并进入实质性实施阶段。

三 中国参与 GMS 环境合作的成效分析

（一）促进了湄公河流域国家的可持续发展

作为推动次区域可持续发展的坚定支持者和实践者，中国政府高度重视并积极参与 GMS 环境合作，为湄公河流域国家可持续发展做出了积极贡献。

---

① 《大湄公河次区域核心环境项目第二期在广西启动》，2014 年 3 月 13 日，2017 年 10 月 22 日，广西新闻网（http://news.gxnews.com.cn/staticpages/20140313/newgx5321ae1b-9858666.shtml）。

② 《大湄公河次区域核心环境项目二期北京子项目暨云南子项目启动会在昆明召开》，2014 年 3 月 17 日，2017 年 10 月 22 日，云南省环境保护厅网站（http://www.ynepb.gov.cn/zwxx/xxyw/xxywrdjj/201403/t20140317_42724.html）。

首先，促使湄公河流域各国将环境保护的要求融入经济发展规划和引进外来投资的过程之中。流域各国加强了经济竞争力和环境管理效率，将环境考虑融入土地和资源的使用规划、开采、生产和加工（例如基础设施建设和采矿业）过程中，减少对次区域自然生态系统的损害，积极应对气候变化对次区域生物多样性、生活和经济竞争力产生的环境风险和脆弱性。同时，加强了湄公河流域国家的环境保护能力建设，为环境部门和相关机构配备合适和充足的人力和技术资源，使它们能够有效地影响重要发展部门，从而支持大湄公河次区域经济合作项目。根据大湄公河次区域万象行动计划（2008—2012 年）的建议，次区域各国正通过加强对环境部门的扶持支持确立并已体现于 CEP – BCI 项目中的"环境保护促进发展"目标，建设消除贫困、生态资源丰富的大湄公河次区域。

其次，为 GMS 各国生物多样性走廊项目提供经验支持。GMS 国家基本是《生物多样性公约》及其《卡塔赫纳生物安全议定书》、《气候变化框架公约》、《保护臭氧层维也纳公约》及其《关于消耗臭氧层物质的蒙特利尔议定书》、《关于持久性有机污染物的斯德哥尔摩公约》等多个重要国际环境公约的缔约方或签署国。相对于次区域其他国家，中国在上述领域拥有相对丰富的多边国际合作经验，特别是在生物多样性领域，中国不仅是《生物多样性公约》及其《卡塔赫纳生物安全议定书》的缔约方，在自然保护区建立、生物多样性保护、退化生态系统恢复重建、依法监管等方面也具有一定优势。[①] 中国率先倡议并积极参与 GMS 生物多样性廊道项目，有利于充分发挥中国在多边环境履约方面的优势，促进次区域六国"经济走廊"内生物多样性资源的保护与可持续利用。

最后，作为大湄公河次区域合作成员中唯一的大国，中国对 GMS 环境合作的态度和参与力度已成为影响次区域环境合作取得进展和成效的重要变量。由于环境资源具有公共性，最终的利益分配不可能完全取决

---

① 李霞：《中国参与的大湄公河次区域环境合作》，《东南亚纵横》2008 年第 6 期。

于投资者的投资比例,因此,可能会出现"搭便车"的投机行为。作为次区域环境合作的倡导者和积极推动者,中国积极参与 GMS 环境合作不仅有利于次区域生态恢复和扶贫工作的开展,保护森林生态系统与生物多样性,同时也有利于推动解决次区域内环境合作的"搭便车"行为,加强彼此沟通、交流,消除各国在环境合作过程中的矛盾与误解,使次区域环境合作进一步深化。

(二) 增强了中国相关省区的环境保护能力

中国积极推动核心环境计划和生物多样性保护廊道及其合作机制化的建设,并以生物多样性保护廊道的规划为工作核心,建立了国家和地方项目实施机构和区域项目工作机制,通过国家和地方项目实施机构组织的一系列能力建设、宣传推介、廊道规划等活动,各级项目实施机构的生物多样性保护能力和环境管理能力显著提高,参与环境合作地区在生态建设、能力发展、环保意识等方面取得了明显成绩。公众的生物多样性保护意识也得到有效加强,进而促进了当地自然生态保护区和生物多样性保护廊道规划的建设。①

云南从起步阶段就积极参与到 GMS 合作中,成为国家参与该机制的窗口和前沿省份,探索和积累经验,不断成长。2011 年,在环境保护部的支持、指导下,云南省环境保护厅积极参与 GMS 第三次大湄公河次区域环境部长会议和第十七次环境工作组会议,全面参与 GMS 环境合作云南示范一期项目的实施和二期项目(2012—2016)的准备,一期项目包括亚洲开发银行援助的《大湄公河次区域生物多样性保护廊道建设云南示范项目(一期)》《大湄公河次区域金四角旅游开发战略环评项目》《大湄公河次区域环境绩效评估云南能力建设项目》等项目,通过项目的实施,地方环保局和科研机构在生物多样性保护、战略环评和环境绩效评估等方面的能力得到了加强,促进了云南省与大湄公

---

① 《大湄公河次区域核心环境项目第二期在广西启动》,2014 年 3 月 13 日,2017 年 10 月 26 日,广西新闻网(http://news.gxnews.com.cn/staticpages/20140313/newgx5321ae1b-9858666.shtml)。

河次区域国家的交流与合作。其中西双版纳生物多样性保护廊道建设示范项目探索出一条生物多样性保护的新途径,有效促进了云南省生物多样性保护工作的创新发展,切实提升了地方政府部门联动和公众参与保护生物多样性的能力,为今后云南省、中国乃至次区域和全球进行生物多样性保护廊道建设提供了可借鉴的经验,为我国参与 GMS 环境合作做出了积极的贡献。[①] 2011 年 4 月,云南成功举办了"大湄公河次区域核心环境项目——生物多样性保护走廊计划一期中方成果推介会",扩大了中国参与 GMS 环境合作和生物多样性保护走廊建设的积极影响。

广西于 2006 年开始实施大湄公河次区域核心环境项目,经过多年核心环境项目的实施,推动了靖西邦亮长臂猿省级自然保护区的成立,目前该保护区已晋升国家级自然保护区。[②] 同时在省级和县级成立了项目管理办公室和由各政府部门组成的项目指导委员会,在项目示范区开展了参与式农村社会经济调查、完成了廊道地区土地利用规划和廊道设计方案、更新了生物多样性调查的数据。该项目还将生物多样性保护与扶贫相结合,投入了 3 万美元的村级滚动资金以改善当地居民的生产生活质量。[③] 通过参加生物多样性廊道(BCI)项目,项目区社会经济调查、生物多样性调查、廊道地区土地利用评估、生物多样性保护廊道建设等工作取得有效进展,为广西自然保护事业引进了技术、管理经验和资金,并培养了大批专业和管理人才,促进了广西生物多样性保护。此外,GMS 核心环境研究项目:《广西环境绩效评估报告—2010》在核心环境项目生物多样性保护廊道项目(CEP - BCI)的资金和技术支持下已于 2012

[①] 《2011 年大湄公河次区域环境合作》,2012 年 11 月 2 日,2017 年 10 月 26 日,云南省环境保护厅网站(http://222.221.5.177/dwhz/dmghcqyhz/201211/t20121102_36243.html)。

[②] 《靖西邦亮长臂猿自然保护区晋升国家级自然保护区》,2017 年 11 月 3 日,百色新闻网(http://news.bsyjrb.com/content/2014-01/29/content_35424.htm)。

[③] 《亚洲开发银行专家到广西考察大湄公河次区域核心环境项目二期筹备情况》,2017 年 11 月 6 日,广西壮族自治区环境保护厅网站(http://www.gxepb.gov.cn/zrst/swaqydyx/201210/t20121017_12820.html)。

年7月最终完成。① 通过绩效评估，将有助于广西发现经济活动对环境的各种不良影响，描述出现的各种环境问题，识别环境管理中存在的缺陷与问题，改善与提高环境状况，促进可持续发展。

四 进一步提升中国参与 GMS 环境合作层次的路径

（一）进一步强化生物多样性走廊项目的旗舰项目地位

作为 GMS 核心环境项目中的旗舰项目，中国首先倡议并积极参与的生物廊道多样性廊道一期项目的顺利完成虽然取得了一系列令人瞩目的进展和成效，但仍未从根本上扭转次区域因经济发展、人口增长、交通条件改变等而造成的生态环境破坏问题，已经取得的进展和成果也亟须进一步巩固。在此背景下，进一步强化生物多样性走廊项目的旗舰项目地位就显得尤为重要。因此，时任国家总理温家宝在第二届、第三届 GMS 六国领导人会议的讲话中都分别强调要深化 GMS 环境合作，"积极实施生物多样性保护廊道计划"，"执行好生物多样性保护廊道项目"。② 环境保护部吴晓青副部长在第二届 GMS 六国环境部长会议上代表中国政府的发言中也强调：GMS 环境合作中要以 CEP 项目为主导、进一步强化实施生物多样性保护廊道建设旗舰项目。③

目前，核心环境计划和生物多样性保护廊道规划（CEP – BCI）二期项目已进入实质性实施阶段。云南和广西两省（区）应就如何加强机构和能力建设，做好跨境生物多样性廊道规划和建设，利用村级发展基金改善地区生计，编制好生物多样性景观管理的投资计划等内容，制订出

---

① 《大湄公河次区域核心环境项目成果——广西环境绩效评估报告（EPA）》，2017年10月8日，广西壮族自治区环境保护厅网站（http://www.gxepb.gov.cn/xzfw/wdxz/201207/t20120723_11677.html）。

② 云南省环保厅：《大湄公河次区域环境合作》，2016年10月15日，http://www.ynepb.gov.cn/dwhz/dmghcqyhz/201211/t20121106_36318.html。

③ 《大湄公河次区域核心环境项目二期启动会在南宁召开》，2014年3月17日，2016年10月16日，广西壮族自治区环境保护科学研究院网站（http://www.gxhky.org/xwzx/xmdt/201403/t20140318_18346.html）。

切实可行的工作计划，以保障项目的顺利实施，促进本地区的经济社会与生态环境的和谐发展。①

作为区域环境合作的倡导者和积极推动者，中国今后应进一步全面参与核心环境项目，积极推动大湄公河生物多样性走廊项目，强化其次区域环境合作旗舰项目地位，并积极围绕此项目，促进开展生态恢复与扶贫、森林生态系统与生物多样性保护、国际环境公约履约等合作，促进环境管理机构建设和能力建设活动。

（二）积极发挥我国在多边环境履约方面的优势

GMS 国家均是《生物多样性公约》及其《卡塔赫纳生物安全议定书》、《气候变化框架公约》、《保护臭氧层维也纳公约》及其《关于消耗臭氧层物质的蒙特利尔议定书》、《关于持久性有机污染物的斯德哥尔摩公约》等多个重要国际环境公约的缔约方或签署国。我国相对于其他国家在这些领域尤其生物多样性领域具有更加丰富的多边国际合作经验，除此以外我国对于建立自然保护区、生物多样性保护和退化生态系统的恢复重建等方面也很有经验。我国还是《生物多样性公约》及其《卡塔赫纳生物安全议定书》的缔约方。我国在 GMS 框架下提出了建立次区域生物多样性走廊的具体合作项目，这很具战略意义。为了充分发挥我国在多边环境合作领域的优势，可将《生物多样性公约》以及其他相关的涉及生态保护的国际公约和 GMS 生物多样性走廊项目结合开展合作。

（三）加强同环境 NGO 的合作与协调

近年来，环境 NGO 在 GMS 的影响不断上升，规模不断扩大。一方面，环境 NGO 的参与和实践促进了政府间的环保合作，提高了企业的环保自觉性和民众的环保意识，有利于推动 GMS 的经济、社会和环境协调发展。另一方面，环境 NGO 在 GMS 的活跃也给中国参与该地区经济合作带来了前所未有的环保压力。中国只有充分认识 GMS 地区环境 NGO 的双

---

① 《大湄公河次区域核心环境项目二期启动会在南宁召开》，2014 年 3 月 17 日，2016 年 10 月 20 日，广西壮族自治区环境保护科学研究院网站（http://www.gxhky.org/xwzx/xmdt/201403/t20140318_18346.html）。

重影响，进一步重视加强同环境 NGO 的合作与协调，才能与 GMS 国家在环境领域迈上合作共赢的新台阶。

在与国际环境 NGO 合作与协调方面，早在 1997 年第三次环境工作组会议上，亚洲开发银行行长特别顾问、会议主席洛哈尼博士就强调了与环境 NGO 进行对话的重要性。并鼓励世界自然保护联盟（IUCN）、美国大自然保护协会（TNC）、世界自然基金会（WWF）、国际发展研究中心（IDRC）、国际鹤类基金、湿地国际等参会的环境 NGO 代表们执行他们的各项使命和活动，尽可能多地关注大湄公河次区域。各与会环境 NGO 也对 GMS 环境战略表现出浓厚的兴趣，纷纷表示愿意与 GMS 环境项目合作，并提供帮助。① 当前，参与到 GMS 生物多样性保护的大型国际环境 NGO 主要有四个：世界自然保护联盟（IUCN）、世界自然基金会（WWF）、国际野生生物保护学会（WCS）、全球环境研究所（GEI）。这些环境组织除了参与由政府主导的 GMS 生物多样性保护走廊项目以外，它们更多的是在大湄公河流域的国家公园和自然保护区等试点区实施着跨国界研究项目，通过提供人力、物力、财力等方式，对 GMS 生物多样性保护发挥着重要作用。② 例如，世界自然基金会通过与大湄公河次区域多家研究机构的项目合作，在发现新物种方面起了重要作用。③ 针对国际环境 NGO 在 GMS 环境治理中的积极作用，中国可以通过网络信息技术，协调彼此活动。同时，通过共同设置一些环境培训项目或举行研讨会等形式，与国际环境 NGO 分享在 GMS 环境合作以及治理过程中的知识、经验、信息。针对近年来国际环境 NGO 通过制造舆论压力和影响政府决策等方式等给中国参与 GMS 经济合作带来前所未有的环保压力这一新的趋势和现象，我国可以通过召开研讨会、情况通报、联合研究等方式加强

---

① 环境保护部国际合作司：《中国参与大湄公河次区域环境合作回顾》，中国环境科学出版社 2008 年版，第 264 页。

② 刘昌明、段艳文：《论国际环境非政府组织（NGO）在大湄公河次区域经济合作（GMS）生物多样性保护中的作用》，《东南亚纵横》2011 年第 9 期。

③ 刘瑞、金新：《大湄公河次区域非传统安全治理探析》，《东南亚南亚研究》2013 年第 2 期。

与环境非政府组织的经常性联系,并在条件成熟时建立与这些环境 NGO 的制度化沟通渠道,争取有利于我国政府和中资企业的政策和舆论环境。

在与中国国内环境 NGO 的合作与协调方面,首先,中国可以利用国内环境 NGO 拥有较高的公信力、非政治性和道德性等特点,积极和国内的 NGO 合作,通过"NGO 外交"帮助政府在 GMS 地区进行沟通和交流,澄清误解,树立中国在次区域环境合作过程中的负责任的国家形象。其次,中国可以利用本土 NGO 在环境保护中"第三极"的角色和作用,对"走出去"的中资企业和驻外政府机构人员的行为进行监督,提醒政府注意参与 GMS 环境合作过程中的决策和效能等问题,督促企业在 GMS 投资所在国和地区履行相关环境保护的规则和标准。最后,支持中国本土环境 NGO 与 GMS 环境 NGO 加强合作,积极参与 GMS 环境治理。位于北京的一家中国本土环境 NGO "全球环境研究所"(GEI)已经开始了这方面的尝试。他们在中国水利水电建设集团与老挝电力公司的合资项目南俄 5 (Nam Ngum 5)水电站影响到的社区,帮助当地居民发展社区林业、沼气利用等可持续发展模式,以免由于水坝建设后家园被淹而断了其生计。① 同时,全球环境研究所还凭借自身的专业知识为湄公河流域各国政府在环境保护方面提出了宝贵建议并引导当地公众参与环境治理。② 中国国家发改委气候司司长苏伟在"应对气候变化——非政府组织在行动"主题边会上致辞时表示,"NGO 的实践是对政府行动的有益补充,中国政府将进一步加强与 NGO 的交流和合作"③。2011 年,中国环境保护部出台《关于培育引导环保社会组织有序发展的指导意见》,意见指出近年来环保社会组织在提升公众环境意识、促进公众环保参与、改善公众环保行为、开展环境维权与法律援助、参与环保政策的制定与实施、监督企业的环

---

① 吴敖祺:《"NGO 外交"的中国使命》,2012 年 2 月 29 日,2017 年 7 月 13 日,环球网(http://opinion.huanqiu.com/1152/2012-02/2482464.html)。
② 刘瑞、金新:《大湄公河次区域非传统安全治理探析》,《东南亚南亚研究》2013 年第 2 期。
③ 苏伟:《中国将为 NGO 参与应对气候变化开拓更多途径》,2013 年 11 月 16 日,2017 年 7 月 14 日,中国新闻网(http://www.chinanews.com/gn/2013/11-16/5510849.shtml)。

境行为、促进环保国际交流与合作等方面发挥了重要作用。①

（四）增进在水资源开发管理方面同次区域各国的沟通与合作

当前，次区域各国都制订了大规模修建水电设施的宏伟计划，希望以此促进国家农业、林业和工业的迅速发展，提高人民生活水平、消除贫困。然而，由于中国在澜沧江—湄公河的地理位置中占据了上游天然的主动和优势地位，故下游五国对我国既充满合作发展的热情，又存在承担消极后果、恐惧吃亏的疑虑。下游国家深切担忧上游国家对径流水量进行控制，破坏生态环境并造成下游国家渔业和农业的损失。2010年中国西南地区遭逢百年大旱，湄公河流域国家也发生了不同程度的旱情，下游各国视为生命线的湄公河的水位更降至20年来最低点。柬埔寨、老挝、泰国、越南等国的社会舆论和部分国际环境NGO将此归咎于中国在湄公河上游修建大坝。中国方面则解释为是极度干燥的气候导致了旱灾。中国境内的澜沧江出境处的径流量仅占到湄公河的16%，并不能对下游的流量产生决定性的影响。这一事态后来虽趋于缓和，但这种争端使得区域内包括环境领域在内的良性合作受到了阻碍。也对中国与次区域国家的关系产生了不利的影响。湄公河次区域是中国周边外交的重要方向，而湄公河水资源治理问题已成为中国与次区域国家之间的一个核心问题和"试金石"。因此，在提升中国与GMS环境合作的过程中，中国必须进一步加强水资源开发管理上同次区域各国的沟通与合作。

首先，中国在参与湄公河水资源开发管理的过程中，应更加关注保护跨境河流生态环境、兼顾湄公河上下游利益，共同保护、利用、管理好这一跨境河流。要把水资源开发与环境保护紧密联系起来，从流域整体的角度进行设计和开发。② 针对目前各国对水资源开发重点存在结构性的差异、合作开发的协调难度较大的现状，中国应积极开展与湄公河委

---

① 《环保部给力环境NGO 十二五构建社会组织体系》，2011年1月10日，2017年7月15日，腾讯财经网（http://finance.qq.com/a/20110111/000101.htm）。

② 刘稚：《环境政治视角下的大湄公河次区域水资源合作开发》，《广西大学学报》（哲学社会科学版）2013年第5期。

员会（MRC）的对话与合作，推进区域资源开发和环境管理的制度建设。例如，可以考虑适时将水资源问题纳入 GMS 机制，建立以项目为主导的水资源合作，使该机制成为次区域水资源治理的制度化平台。

其次，中国在参与湄公河水资源治理中，应改变传统的由国家主导的垂直化的"管制"模式，而采取一种包括各种利益攸关方参与的平行化的"治理"模式，积极参与构建湄公河流域开发的利益共享机制。2012 年 11 月 7 日，老挝宣布正式开工建设沙耶武里水电站，作为下游湄公河干流上的第一座大型水电站，该项目的启动标志着湄公河水资源开发进入"后沙耶武里"时代。从之前反对建设水坝，到现在主张利益分享，一些利益攸关方对待水电开发的态度正在发生微妙的变化。近来在有关国际组织和国家发布的报告中，也都强调了湄公河水电开发中利益分享的重要性。[1] 作为一个负责任的大国，中国应与湄公河国家一道着眼于构建"后沙耶武里"时代湄公河水资源的利益分享机制，通过参考国际通行的最佳做法，积极构建各种利益攸关方的参与机制，推动伙伴关系建设。尤其应通过建立公私部门的良好合作关系，确保利益分享机制具有可持续性。同时，积极拓展 GMS 国际河流合作开发的深度与广度，建立信息共享渠道，及时就有关问题沟通协调，以坦诚、务实态度解决相互间纠纷，消除疑虑，增进互信。通过对大湄公河流域水资源开发与保护进行通盘战略性规划，努力将潜在的负面影响降到最低程度，避免这一问题影响到中国与周边国家的关系。[2]

最后，应重视公众参与环保制度的建设。大湄公河次区域有众多的民族，各个民族都有自身的传统文化，其中一些民族的生态传统文化对保持生物多样性贡献巨大。比如中国云南省境内有 16 个跨界而居的少数民族，他们相同的传统生产方式、崇拜神林、保护水源和禁忌的习惯为

---

[1] 郭延军：《湄公河水资源治理的新趋向与中国应对》，2014 年 1 月 17 日，2017 年 8 月 16 日，东方早报网（http://www.dfdaily.com/html/51/2014/1/17/1107154.shtml）。

[2] 卢光盛、邓涵：《中国与湄公河流域国家环境合作的进展、机制与成效》，载《大湄公河次区域合作发展报告（2014）》，社会科学文献出版社 2014 年版，第 44—48 页。

构建大湄公河次区域的生物多样性保护的公众参与制度提供了先天条件。因此应当支持少数民族和当地社区与保护生物多样性目标一致的活动，尊重流域有利于生物多样性保护和持续利用的传统生活方式，并可将其继承和发扬。

第六章

命运共同体视角下的澜湄国家环境利益共同体建设

澜沧江—湄公河次区域是连接太平洋和印度洋、亚欧大陆和南亚次大陆的海陆交通要冲，湄公河国家是与中国"同饮一江水、命运紧相连"的友好邻邦，也是我国践行"亲、诚、惠、容"的周边外交，建设"一带一路"和"周边命运共同体"的重要依托，战略地位十分重要。在环境政治问题成为次区域地缘政治、地缘经济新焦点，并对中国参与次区域合作构成新挑战的形势下，应适应周边区域环境政治和环境安全的发展要求，探讨中国对外投资、环境外交战略调整的必要性和可行性，切实提升中国与湄公河国家在环境合作的层次和水平，避免环境问题的高度政治化，以消除该地区"中国环境威胁论"的影响；通过与湄公河国家构建休戚与共的环境利益共同体，提升与周边国家的政治互信，促进贯彻落实党中央提出的"亲、诚、惠、容"周边外交新理念和构建"澜沧江—湄公河命运共同体"的进程。

第一节 推动澜沧江—湄公河国家环境利益共同体建设

一 背景与意义

从环境政治的视角看，澜沧江—湄公河流域虽有中、缅、老、泰、柬、越六个国家，但其生态环境系统却是一个不以国家的行政疆域为分割的整体。地处澜沧江流域的云南素有"亚洲水塔"之称，是湄公河、红河、萨尔温江、伊洛瓦底江等东南亚著名江河的上游地带，中南半岛东部和中部的广大山地，均系云南横断山脉向南延伸的亲缘山地，最长的一条一直伸展成为马来半岛的骨干。因此可以说，澜沧江—湄公河流域"山脉同缘，江河同源"，属于同一个地理气候单元。澜湄流域国家独特的地理环境、空间区位决定了资源、环境的共生性和利益共享性，任何环节的破坏都会打破整个生态系统的平衡并产生跨界影响。尤其是"一江连六国"的湄公河，更是构成了经济区域化背景下中国与湄公河国家相互依存、休戚与共的生命线与利益重叠线。

澜湄国家命运共同体是首个得到相关国家正式认可的命运共同体。2016年3月23日在海南三亚召开的澜沧江—湄公河合作首次领导人会议正式启动了"澜沧江—湄公河合作"机制，发布了《打造面向和平与繁荣的澜湄国家命运共同体》的《三亚宣言》，从而标志着因水结缘的沿岸六国在共同推进次区域合作、打造命运共同体方面取得了历史性的重大进展。从现今地缘政治、周边环境来看，可以说湄公河地区是我国打造周边国家命运共同体条件最好的区域和优先方向，澜湄国家命运共同体也是首个得到相关各国认可并已进入建设过程的命运共同体。在此背景下，中国应对次区域环境政治问题挑战的总体思路，就是要以环境和水资源合作为基础，建立全流域合作机制，形成利益共享、风险共担的澜湄国家环境利益共同体，积极助推澜湄国家命运共同体建设。

从国际大环境来看，近年来以美国为代表的单边主义、贸易保护主义、新孤立主义在全球蔓延，也在倒逼澜湄次区域各国携手共同应对。面对美国特朗普政府挑起的中美贸易战，中国将坚定不移地实行更加开放的政策，维护多边主义与贸易自由主义，并积极拓展多元化的国际市场。湄公河国家多处在经济发展起飞阶段，市场有限，外向型经济特点突出，且在全球生产网络中处于低端位置，最先感受到单边主义、保护主义的冲击，迫切需要加强区域合作，利用相互之间山水相连、文化相通的地缘人文优势，抱团取暖，共度时艰，通过深化合作来推动域内生产要素快速、高效流动，释放经济活力，共同提升在全球价值链中的地位，为区域经济可持续增长注入强劲动力。在这一进程中，生态环境问题因其跨国性、敏感性和普适性，往往成为区域内各国合作的博弈点和域外势力、国际舆论的介入点，从而使环境合作、环境利益共同体建设的任务更加紧迫。

从更广阔的视角看，近年来中国积极倡导人类命运共同体建设和互利共赢的新型国际关系理念，在具体议题上，环境领域无疑是个较好的、同时也是没有获得足够重视的时势场域。在国家角色的塑造上，环境问题是"建设性"而非"破坏性"的，对待环境问题的立场、态度及应对行为是中国践行和平发展的一个重要平台。积极打造澜湄国家环境利益共同体，可以使中国倡导的新理念更有说服力和感召力，也可为新形势下中国开展国际环境合作、环境外交提供重要的参考模式。

二 定义与内涵

关于什么是环境利益，学术界有多种解释。综合来看，环境利益是指人类从自然生态系统所获得的维持自身生存与发展的各种收益，主要包括经济利益、资源利益、生态利益和安全利益。现代环境危机的实质是人类片面追求自然的经济价值而忽略甚至牺牲其他环境利益，从而导致环境破坏并最终危及人类自身的可持续发展。因此，这里所说的环境利益是包括经济、资源、生态、安全等内容的复合体，其实质是强调环境利益的平衡性、综合性和可持续性。

利益共同体是基于特定的利益共享关系而结成的群体，其核心"利益共享"（又称利益分享）概念即是从资源保护领域引申而来的。作为一种理念和实践，利益共享（benefit sharing）是人类在获取和利用自然资源的过程中逐渐产生和发展起来的，首先被运用于全球范围内的生物资源保护（包括动物、植物、微生物）。1993年12月29日，全球第一份有关保护和可持续利用生物多样性协定——《生物多样性公约》（Convention on Biological Diversity）正式生效，其中明确将利益共享和主权原则作为遗传资源获得和利用的基本原则，在这里，利益共享主要是指如何在资源的使用国与提供国之间分享由资源利益所带来的收益，鼓励相关行为体在协商的基础上共同分担资源开发的成本和收益，以缓和各方的矛盾和争端，构建利益共享机制因而成为资源开发过程中的重要环节，这可视为对利益共享狭义上的理解。[1] 此外，国际河流管理也有一种比较流行的学说，即水资源利益共同体论。其主张将整个国际河流作为统一的地理和经济单位，流域国家或沿岸国家被视为一个利益关系共同体，强调相关国家成立国际机构，相互合作，共同管理，制定和实施全流域整体开发与发展规划，促进流域整体利益的实现。[2]

根据以上相关理念和澜沧江—湄公河次区域的具体情况，可引申出"澜沧江—湄公河国家环境利益共同体"的主要内涵，是基于澜沧江—湄公河的跨界属性所决定流域生态系统的整体性和环境影响的关联性，以流域、流域国以及流域地区共同的环境利益与集体认同的相互信任为契合点，通过建立环境利益主体间的合作协调机制，共同治理域内环境事务，形成利益共享、风险共担的环境利益共同体。从本质上看，澜湄国家环境利益共同体建设要解决的是澜湄六国在环境利益紧密交织的情况下，所涉及的环境利益跨境协调的问题；其共同任务和发展目标，是域内各国在维护本国利益的基础上，认可流域其他国家的合理利益，并构建共同的环境利益；各国在资源开发与保护中享有共同利益并承担共同的责任，在共同的平台内协调各国的利益诉求，加强环境合作，对澜沧江—湄公河次区域环境进行共同治理、共同保护，以寻求共同的环境安全和可持续发展。中国与湄公河国家环境利益共同体建设是对澜湄国家命运共同体建设的具体实践，同时也会对"中国—东盟命运共同体"的建设起到良好的先行示范作用，从而推动中国—东盟一体化的进程。

---

[1] 《生物多样性公约》，2017年8月20日，http://www.cbd.int/doc/legal/cbd-zh.pdf。
[2] Mathias Finger, Ludivine Tamiotti and Jeremy Allouche eds., The Multi-Governance of Water: Four Case Studies, p. 30.

三 问题与挑战

湄公河流域生态环境较为脆弱，是极易受灾害影响的地区之一，因此，流域各国环境利益紧密相连，各国加强合作与沟通，共同应对环境问题，具有重要的战略意义。但目前"澜沧江—湄公河国家环境利益共同体建设"仍面临各种困难和问题。首先，虽然澜湄国家都是发展中国家，都面临着经济发展和快速工业化、城市化过程中产生的生态环境破坏问题，但各国所处的地理位置不同，经济社会发展水平和环境保护意识、环境治理能力等存在着较大差异。在资源开发与环境保护问题上，既有共同利益，如应对气候变化、水环境污染、森林土壤退化等方面的合作，也存在分歧，如水电开发和渔业、农业发展等矛盾。其次，多年来澜沧江—湄公河次区域已建立了湄公河委员会、大湄公河次区域合作等多个与环境和跨国水资源治理相关的合作机制，但这些机制或自身存在缺陷，或机制相互之间缺乏协调，在机制功能、参与主体、项目规划等方面多有重叠，呈现出"机制拥堵"和边际效应递减的问题。总体上看，目前缺少具有全流域视角和权威性的环境合作机制，现有机制已不能为澜沧江—湄公河次区域环境合作提供充足的公共产品。最后，近年来美日等域外大国纷纷以环境治理为抓手，介入地区环境事务，尽管其参与有助于提升澜沧江—湄公河环境治理水平，但这些域外国家以环境和水资源问题为砝码加强自身在地区事务中的影响力的战略意图，也使次区域的环境问题更加复杂化和政治化。此外，随着缅甸等国的政治转型，其国内关注环境保护的社会团体和非政府组织的活动日益活跃，成为影响环境政治的重要变量，在此形势下，中国与次区域国家在资源开发和经济合作项目方面，经常面临着资源民族主义、环境民族主义、域外大国和非政府组织的干扰，甚至影响到相关各国的双边和多边关系。在此形势下，次区域现有以主权国家为主要行为体的环境治理机制显然已无法反映和容纳多样化的利益诉求。中国作为次区域环境政治的重要"当事方"和唯一的大国，需要和相关各国一道努力，积极提供环境合作方面的公共产品，在现有合作基础上发展出更为有效的治理机制。

四 合作思路

在澜湄国家命运共同体视野下，六国要基于澜沧江—湄公河全流域的生态整体做出全面统筹与设计，以务实精神来构建和扩大共同环境利益，依托澜湄合作机制着力构筑尊崇自然、绿色发展的生态体系，携手共谋全球生态文明建设之路，牢固树立尊重自然、顺应自然、保护自然的意识，坚持走绿色、低碳、循环、可持续发展之路，以人与自然和谐相处为目标，实现世界的可持续发展和人的全面发展。为此，各国应摒弃意识形态、社会制度方面的差异，加强沟通，增强政治互信；建立覆盖全流域和环境的水资源管理与利益分享机制，共同应对解决防洪减灾，生态资源遭到破坏等问题。现阶段要聚焦可持续发展议题，把澜湄水资源和环境合作中心作为澜湄国家加强技术交流、能力建设、旱涝灾害管理、信息交流、联合研究等综合合作的平台，加强技术合作、人才和信息交流，促进绿色、协调、可持续发展。以实现澜湄次区域经济利益、生态利益、政治利益和安全利益等为综合目标，以推动全流域人类社会共同发展为目的，兼容不同的价值理念并兼顾不同群体的利益需求，明确共同体内更广泛的环境利益主体的生态责任和权利，把维护次区域生态系统可持续性作为各主体利益追求的基本约束。要避免以国际河流生态系统为对象的"公有悲剧"，切实加强澜湄国家水资源可持续管理及利用方面合作，共享河流信息资料，共同保护沿河生态资源，科学开发澜湄水电资源。鼓励可持续与绿色发展，加强环保和自然资源管理，可持续和有效地开发和利用清洁能源，建设区域电力市场，加强清洁能源技术交流与转让。严格保护生物多样性和生态环境。继续深化澜湄六国在自然资源保护、农村可持续发展等方面的合作。

五 发展趋势和目标

澜沧江—湄公河合作机制的建立并非空穴来风，而是长期以来中国与湄公河五国在 GMS 等多种机制、多个领域内不断深化合作、利益密切交融的结果。从澜湄合作的战略定位、发展趋势来看，与其他机制相比，其主要特点和发展趋势体现在合作的自主性、全面性和机制的开放性三个方面。原有的次区域合作机制多由国际机构和域外大国主导，相关规划制定和项目落实与次区域国家实际需求和期待尚存在一定差距。相比而言，澜湄合作的核心理念是流域国家的共商、共建、共享，合作的规划制定和项目设置等都由沿岸六国通过平等协商共同决定，直接反映各国的实际利益和需求；其最大优势就是由各国政府间直接推动，可以更充分地发挥区域内地缘人文、基础设施、政策协调等得天独厚的优势，通过在各领域的全面合作将澜湄流域建成一个密不可分的命运共同体，共同促进区域的可持续发展。另一方面，澜湄机制的建立并不意味着抛弃 GMS 等合作机制而"另起炉灶"。长期以来，次区域内多种合作机制发挥了不同的功能，满足了多层次需求和各方利益。澜湄合作在短期内不可能取代这些比较成熟、各具特色的合作机制，而应与现有机制形成互补互助的关系。作为中国—东盟合作的有机组成部分，澜湄合作将秉持中国和东盟一贯倡导的"开放的地区主义"精神，与大湄公河次区域经济合作（GMS）、湄公河委员会（MRC）和东盟—湄公河流域开发合作（AMBDC）等现有多边机制相互补充，相互促进，合作机制、平台相互联通，资源共享，从而促使合作效益最大化。

同样，澜湄机制下的水资源和环境合作同样也应秉持自主、全面、开放和互利共赢的精神，以澜湄环境利益共同体建设为目标，深入推进合作。在机制建设上，目前应重点解决好以下两个问题。一是澜湄合作机制与大湄公河次区域合作（GMS）和湄公河委员会（MRC）等已有合作机制的协调问题。如澜湄合作在规划和项目的设计上应高度重视与大湄公河次区域经济合作（GMS）等既有机制的相互衔接，以形成合力，促使效益的最大化，而尽量避免"机制拥堵"可能带来的内耗。二是湄公河地区各国对参与澜湄合作的利益诉求不一，特别是在水资源开发问题上湄公河地区国家对上游的中国怀有一定的戒心。澜沧江—湄公河是流域六国共同命运的天然纽带，澜湄合作也是因水而生的合作机制，流域水资源开发利用是一个不可分割的整体，也是澜湄命运共同体能否顺利建成的关键。因此，要高度重视水资源方面的合作，长远来看，作为澜湄合作的大国和上游国家，中国应与下游国家一道，参考国际通行的最佳做法，综合、全面考虑各种因素，在澜湄合作框架下建立具有全流域视角的涉水环境合作与协调的长效机制，逐步打消上下游国家间的猜忌和指责；长远目标是通过加强生态环境和水资源合作等各种利益纽带，扩展"澜湄合作"的广度和深度，形成一个"你中有我，我中有你"的地区合作态势，以利益共同体为基础构建澜湄命运共同体。

第二节 构建澜湄全流域的环境和水资源合作治理机制

鉴于目前澜湄次区域与环境和水资源合作相关机制存在功能重叠和地缘政治竞争，并缺乏权威性全流域机制整合的现实，中国作为次区域唯一的大国，应以沿岸六国共同主导的澜沧江—湄公河合作为依托，以"同饮一江水、命运紧相连"为根本动力，推进构建覆盖全流域、具有多主体、多层次、宽领域特征的环境和水资源合作治理和利益分享机制，切实加强澜湄国家在气候变化、环境问题、水资源管理、自然灾害等领域的合作，确保澜湄国家环境利益共同体建设的有效推进，以实现澜湄国家生态环境的可持续发展。

一 以澜沧江—湄公河环境合作中心为平台，务实推进澜湄国家环境合作

2016 年 3 月，李克强总理在首次澜湄合作领导人会议上倡议"共同设立澜沧江—湄公河环境合作中心"；2017 年 11 月 28 日，澜沧江—湄公河环境合作中心在北京正式成立，标志着澜湄环境合作成为本地区共商、共建、共享新型次区域合作机制的重要平台。未来依托澜湄环境合作中

心，将率先在以下几个方面积极推进澜湄环境合作。一是做好澜湄环境合作顶层设计，积极开展《澜沧江—湄公河环境合作战略》的编制工作，明确澜湄环境合作的目标、优先领域和实施机制，并为具体项目实施提供指导，推动澜沧江—湄公河区域六国生态环境保护合作，促进可持续发展。二是构建澜湄环境合作对话平台，加强区域环境政策沟通对话，包括各国政府、国际组织、学术机构和企业之间的交流对话，多渠道促进澜湄环境交流合作；通过在生态环境管理、生物多样性保护、环境监测等领域加强政策对话与合作、开展联合研究，为区域合作提供全方位的智力支持，推动联合国 2030 可持续发展议程的具体落实。三是围绕优先合作领域，推动实施"绿色澜湄计划"旗舰项目，开展相关水环境治理、生态系统管理、生物多样性保护项目与活动；在澜湄环境合作战略指导下，加快推动澜湄国家在环境政策对话、能力建设、环境政策主流化、示范试点项目等重点领域的项目合作，并吸引澜湄国家企业共同参与项目合作，增强澜湄环境合作的动力和活力。①

二 以澜湄合作为依托建立全流域水资源和环境治理的对话合作机制

澜沧江—湄公河合作是次区域首个由域内六国自主提出、共同主导的合作机制，具有整体性和权威性。面对目前流域内众多的合作机制，澜湄水资源和环境合作机制也应发挥整体性和权威性的优势，同时兼顾开放性和互补性，在广泛的对话和全流域治理机制两个方面形成自己的特色与定位。②

全球有 263 个跨境流域（国际河流或湖泊），其中有 195 个签订了联合管理协议，同时联合国机构的一份报告指出，只有 105 个跨境流域实现

---

① 高敬：《澜沧江—湄公河环境合作中心成立 将推动澜沧江—湄公河区域六国生态环境保护合作》，2017 年 11 月 28 日，新华网。
② 吕星、刘兴勇：《澜沧江—湄公河水资源合作的进展与制度建设》，载《澜沧江—湄公河合作发展报告（2017）》，社会科学文献出版社 2017 年版，第 91—92 页。

了有效管理，占全球跨境流域的40%。①　实践证明，缺乏制度约束的水资源开发竞争，不仅带来较高的管理成本，总体收益也低于制度性合作。澜湄合作是因水而生、因水而兴的合作，水资源开发和水环境治理是环境合作的重点领域。中国在参与湄公河水资源开发和环境治理的过程中，应更加关注保护湄公河流域的生态环境、兼顾好河流的上下游利益，将水资源开发与环境保护紧密联系起来，从流域整体的角度共同开发、管理、保护好这一跨境河流。②

澜湄合作机制启动以来，六国积极推进水资源领域的务实合作，在成立联合工作组、建设澜湄水资源合作中心、开展人员培训、推进技术交流及项目合作等方面均取得了积极进展。但目前的合作还在起步阶段，尚未进入到全流域的制度建设和运行的深层次合作，今后各国应本着共商、共建、共享的原则，从以下三个方面积极推进澜湄水资源和环境合作的制度建设。

首先，要加强域内各国在气候变化、环境问题、水资源管理、自然灾害等领域的沟通与合作，建立情报共享、利益协调、危机管理的合作机制，增强对话和协商推进机制常态化建设。建议澜湄合作中国秘书处或澜湄水资源合作中心借鉴国际经验，定期举行"澜湄环境合作论坛"，邀请政府官员、智库学者、国际组织、民间机构、企业和媒体，围绕澜湄环境合作或水资源合作，开展深入的讨论和分析。也可以围绕澜湄环境合作的战略规划报告，介绍报告的内容和执行情况，收集社会各界对合作的意见和建议，与流域内的不同利益群体开展有效互动。

其次是建立环境和水情的信息共享机制和监管机制，协调促进澜湄流域环境和水资源的共同治理。通过建立环境信息共享机制，及时回应下游国家生态环境保护关切；对不涉及国家安全机密的信息进行互换合

---

① 俄勒冈州立大学：《国际水资源协定地图集》，俄勒冈州立大学出版社2002年版，2018年3月2日，http://www.transboundarywaters.orst.edu/publications/atlas/index.html。
② 刘稚：《环境政治视角下的大湄公河次区域水资源合作开发》，《广西大学学报》（哲学社会科学版）2013年第5期。

作，对重大行动和重大规划进行提前预测通知；通过建立常态化澜湄环境协调机制，在上下游国家间达成流域共同治理的理念，协助下游国家合理利用水资源、改善河流治理；完善流域环境保护合作监管机制，通过建立监管机构、科技交流与合作机制，共同预防河流灾害及其他环境问题的发生，共同防治流域水环境及其生态危机，以增进彼此互信。

最后，积极开展与湄委会的对话与合作，加强与湄委会的战略对接和统筹谋划，妥善解决好上下游关系中的生态环境保护等敏感问题，在应对气候变化、防灾减灾、环境保护、保证能源和粮食安全、水电开发和能力建设等领域加强与湄委会的友好合作，推动实现澜湄流域的可持续发展。依托澜湄合作机制下建立的澜湄流域水资源合作中心，加强与湄委会成员国的水文信息交流、技术交流和旱涝灾害管理合作。

三 在澜湄合作框架下创建"环境共护平台"

当前，澜湄流域上下游国家制定一项统一、具有广泛约束力的政策框架的条件还不成熟，环境合作应遵循渐进的原则，先在技术层面上实现信息共享，开展环评合作，再在政府层面开展定期磋商，最后制定强有力的政策和法律框架，建立有效的流域环境治理架构。

首先，应加强与湄公河国家开展环境影响评价合作。应以《环境影响评价法》为依据，建立中国与 GMS 国家的战略环境影响的评价制度和指标体系，加强对环境影响的动态评估，并适时制定相关的环境政策和法规，不断推进中国与湄公河国家环境合作项目的建设以及可持续发展战略的贯彻实施。只有通过事前和事后的环境影响评估，才能明确优先合作领域，有效开展环境合作。

其次，要加强与湄公河国家的法律协调。协调与投资、贸易有关的法律，包括各种环境制度、标准等，大力推进可持续生产与贸易、投资，尤其要加强在利用外资方面的环境政策协调。同时，也要在国内开展相关投资、贸易和环境法律的协调。即应确保贸易和环境政策相互支持，同时利用贸易协定中的相关条款，确保协定的缔约方不以削弱或减少环境和劳工保护来鼓励投资、贸易。

最后，进一步细化 FTA 协定中的环境条款或协议。其中包括：一是在协定框架下由各成员共同赋权的次区域环境合作委员会负责帮助各国协调环境政策，促进环境保护技术转让，筹集环境保护基金，开发环境合作项目，开展环境保护教育与咨询，促进信息交流等。二是明确合作方式。如依托具体合作项目，在环境人力资源开发、技术交流等领域，以会议、培训等形式推动能力建设。三是明确环境合作资金。以环境合作项目为核算单位，制定合作项目的费用分摊比例以及管理办法，落实环境合作的各项内容。四是明确环境问题争端解决机制。应坚持以坦诚、务实的态度解决相互间可能出现的争端和分歧，在澜湄合作框架内形成一个统一的争端解决机制，设立争端解决条款，消除疑虑，增进互信。①

四 重视加强同环境 NGO 的合作与协调

应该看到，一方面近年来环境 NGO 在湄公河地区的活动的确给中国参与该地区经济合作带来了前所未有的环保压力，另一方面，环境 NGO 的活跃也提高了企业的环保自觉性和民众的环保意识。中国只有充分认识湄公河地区环境 NGO 的双重影响，进一步重视加强同环境 NGO 的合作与协调，才能与湄公河国家在环境领域迈上合作共赢的新台阶。

针对国际环境 NGO 在 GMS 环境治理中的积极作用，中国可以通过网络信息技术，协调彼此活动。同时，通过共同设置一些环境培训项目或举行研讨会等形式，与国际环境 NGO 分享在 GMS 环境合作以及治理过程中的知识、经验、信息。针对近年来国际环境 NGO 通过制造舆论压力和影响政府决策等方式等给中国参与次区域经济合作带来前所未有的环保压力这一新的趋势和现象，我国可以通过发布环境监测情况说明、召开环境保护与可持续发展学术研讨会、参与多边机制下环境项目研究立项

---

① 余振：《中国 FTA 战略中的国际环境合作：现状、问题与对策》，《世界经济与政治论坛》2009 年第 5 期。

等方式加强与环境 NGO 的沟通与联系，并适时地与这些环境 NGO 建立制度化的沟通渠道，解惑释疑，为我国政府与企业争取有利的政策与舆论环境。

在国内，政府可以与和国内的环境 NGO 进行合作，借助"NGO 外交"的独特作用，帮助政府与湄公河流域国家进行沟通和交流，澄清误解，树立中国在次区域环境合作过程中的负责任的国家形象。2011 年，中国环境保护部出台《关于培育引导环保社会组织有序发展的指导意见》，指出近年来环保社会组织在提升公众环境意识、促进公众环保参与、改善公众环保行为、开展环境维权与法律援助、参与环保政策的制定与实施、监督企业的环境行为、促进环保国际交流与合作等方面发挥了重要作用。① 中国可以利用本土 NGO 在环境保护中"第三极"的角色和作用，对"走出去"参与 GMS 经济合作的中资企业的商业行为进行监督，督促并帮助企业严格履行在湄公河流域投资所在国及其地区的环境保护标准与政策要求。同时，支持本土环境 NGO 与 GMS 环境 NGO 加强合作，积极参与次区域环境治理。② 同时，结合我国对外援助机制和方式改革，推动我国非政府组织走出去服务国家战略，努力树立负责任的大国形象，使中国与湄公河国家的政治经济关系能够持续稳步发展。

五 引入公众参与环境治理机制

近年来在环境政治向民间渗透的背景下，湄公河地区各国社区公众，尤其是偏远落后地区的民众希望通过政府教育、宣传，或者借助非政府组织获得必要的环境保护知识和相关法律法规知识，以便在环境问题发生时能够保护自身的基本利益。虽然湄公河地区公民社会日益活跃，但非政府的环境政治行为体真正参与环境和资源开发管理的机会仍然十分

---

① 《环保部给力环境 NGO 十二五构建社会组织体系》，2011 年 1 月 10 日，2018 年 4 月 23 日，腾讯财经网（http://finance.qq.com/a/20110111/000101.htm）。

② 卢光盛、邓涵：《中国与湄公河流域国家环境合作的进展、机制与成效》，载《大湄公河次区域合作发展报告（2014）》，社会科学文献出版社 2014 年版，第 53 页。

有限,所谓的"公众参与治理",局限于社区会议或一些利益攸关者论坛上,而且是在项目已经被政府列入日程之后或者是动工之后。正因为缺乏合理有效的参与机制,受影响群体一般倾向于通过抵制和抗议来参与水资源开发项目。从一些反坝案例可以看出,很多时候,当地社团反对的并非水坝本身,而是建坝决策过程的不透明,以及弱势移民被排斥在外的利益分配机制——能源效益被输送外流,而移民得到的补偿不成比例,原有生计遭到破坏,无法分享资源开发带来的利益。而公共利益的实现方式是"参与治理",即在政治决策过程中考虑所有利益攸关者的关切。从广义上讲,公众参与应包括从信息传播到决策参与的全部过程。因此,要引入公众参与环境治理机制,使包括受影响民众在内的各利益攸关方在水电开发中得到合理的利益分配或利益补偿,并将水资源开发对环境、社会和文化的影响降至最低。事实上,对于直接受影响的当地居民来说,如能及时获得相关信息并保证他们在决策过程中发出声音,作为项目的受益者之一,他们也可以成为水电开发的支持者而非反对者。

六 加强域内外国家在地区环境治理问题上的对话与合作

鉴于近年来域外大国纷纷以环境和水资源治理为平台,介入地区环境事务的现实,应依托澜湄合作机制加强域内国家与美、日等域外大国在相关事务上的沟通与协调,开展功能性合作,减少竞争。当前,美、日、韩、澳等域外国家相继加大在湄公河地区环境和水资源合作方面的投入,各国的规划大都是一揽子计划,不可避免地造成项目之间的重复,如果没有有效的沟通与协调,不但造成资源的浪费,而且还会导致国家间的恶性竞争。尽管各国在战略目标和具体利益上存在差异,但各国在支持澜沧江—湄公河次区域发展方面的目标基本是一致的,这给域内外国家之间的协调与合作提供了可能性。

参与澜湄次区域合作的相关国家应充分利用地区现有的中、日、韩与东盟"10+3"、东亚峰会、中美亚太事务磋商等双多边机制,就澜沧江—湄公河次区域合作的相关领域问题进行协调。例如,中、日、韩三国可在绿色经济与环保方面加强政策协调和技术合作，共同推动次区域可持续发展。当前，美国在次区域的投入也主要集中在环境和民生领域，虽然美国的资金投入远远小于中国，但其社会反响较好。而中国的投资多以大项目为主，难以快速惠及民生。因此，中美也可以在环保、教育、公共卫生等领域加强协调合作，中方可发挥地缘和资金的优势，美方可利用其技术及经验优势，开展一系列务实合作，共同改善次区域的环境和民生问题。

第三节 构建澜湄次区域相关利益主体共同参与的利益共享机制

一 以多元治理为基础构建多层次环境和水资源利益分享机制

参与次区域环境政治的各种行为体，如各国政府、国际合作组织、国际投资者以及非政府组织和社区民众都有各自不同的利益和关注点。中国在参与澜湄环境合作和水资源开发管理的过程中，应采取一种涵盖多个利益攸关方共同参与的多元"治理"模式，并以此为基础构建次区域环境与水资源开发的利益共享机制。一些国家和国际组织近年来发布的调研报告中，也都开始强调利益分享机制在湄公河水资源开发管理中的重要性。① 湄公河地区一直是中国周边外交的重要方向，作为一个负责任的上游大国，中国应与湄公河国家一道着眼于构建湄公河地区环境和水资源的利益分享机制，通过参考国际通行的最佳做法，构建湄公河流域相关利益主体共同参与的利益分享机制，积极推进澜湄环境利益共同体建设。同时，通过对澜湄流域水资源开发与环境保护进行全局性战略规划，努力将潜在的负面影响保持在可控范围，避免这一问题影响到中国与湄公河国家间的睦邻友好合作关系，增进政治互信。

---

① 郭延军：《湄公河水资源治理的新趋向与中国应对》，2014年1月17日，2018年5月7日，东方早报网（http://www.dfdaily.com/html/51/2014/1/17/1107154.shtml）。

二 在国家层面，通过互利合作与下游国家建立一揽子利益关系

澜湄各国政府在水资源开发与环保方面虽各有侧重，但也存在着诸多利益契合点。例如，对于大多数下游国家而言，中国在上游修建水坝是一把"双刃剑"。一方面，上游修建大坝可能会影响到下游国家的生态安全和资源安全，另一方面，中国在上游修建大坝也有助于调节湄公河的季节性流量，这对于深受洪涝、干旱等自然灾害之苦的下游国家来说是利好。而且，中国生产的电力可以通过各种合作形式输送到下游国家，缓解其电力紧张状况。可见，上下游国家在水电开发和环保问题上存在共同利益，而共同利益会使国家倾向于开展合作，从而降低发生资源和环境冲突的风险。因此，现阶段中国可以通过区域电力合作、航运开发等，使下游国家享受到中国水资源开发带来的红利，与湄公河国家在防洪控洪、灌溉、航运和水电开发领域建立一揽子利益关系，以互利合作来消除下游国家的疑虑。例如，中国作为上游国家，可将澜湄水资源分配问题与湄公河全段通航问题联系起来。可承诺干季月份排放给下游适当水量，减轻干旱压力，同时也可保证下游河段稳定通航。又如，中国在澜沧江建设的梯级水电站工程，也要考虑能否给下游国家带来一定的经济利益，如向电力短缺的越南和泰国送电，使上下游国家在水电开发上结成利益共同体。另外，在一些相关项目的规划和运行中，注重开展流域联合环境及社会影响评估，充分考虑和照顾各种利益攸关方的关切，构建合理的利益补偿和利益分享机制，夯实共同利益的基础。[①] 协调流域间的涉水利益，加强流域国间的政治互信，统一流域国在环境合作方面的行动。

三 在地方社区与民众层面，增大环境和资源开发合作的受益群体

由于国际河流所具有的"整体性"和"共享性"特征，在其开发和

---

① 屠酥、胡德坤：《澜湄水资源合作：矛盾与解决路径》，《国际问题研究》2016 年第 3 期。

治理过程中，出现了越来越多的非国家行为体，利益诉求也趋于多样化。推动建立利益攸关方之间的利益分享机制，公平分配国际河流开发和流域环境权益，日益成为一种国际趋势和区域共识。而在湄公河流域地区也是如此。中国参与澜湄次区域合作和推动"一带一路"建设的一个重要宗旨，就是要惠及周边国家，让周边国家民众也能享受到中国发展的红利。因此，中国在开展水资源和环境合作过程中要有意识地增加受益群体的范围与数量，不仅仅让对象国政府、大型企业在中国的水利设施建设、航运贸易与安全发展中获利，也要让对象国地方政府、小型企业、社会组织、社区民众在农业、渔业发展项目、环保移民项目、健康教育项目、公益事业项目等中感受到中方对他们的帮助与关怀，使经济发展及合作成果更多地惠及湄公河地区人民，从而激发他们同中国开展环境与水资源合作的意愿与动力。在一些有环境影响的项目规划、建设和运行中，必须充分考虑对当地生态环境和居民生产生活产生的负面影响，并建立完善的利益补偿机制，从而保证开发项目的顺利推进。

第四节 进一步提升中国对湄公河国家投资合作中的环保能力

面对在湄公河地区投资合作过程中面临的环境问题，近年来中国已从政府、银行等不同主体出发，从法律角度加强环境保护能力建设，颁布了一些相关法律法规。中国银行和兴业银行也相继推出"绿色信贷""节能减排项目贷款"等项目。但这些法律法规在境外投资企业很难对照执行，中国对外直接投资环境保护的标准指南则约束力不强且很难考核，中国银行业在相关的政策上存在内容不完备与国际规则脱轨等问题。① 因此，进一步提升中国企业对湄公河国家投资贸易

---

① 《环境与社会责任：中国金融"崛起"的两翼》，2006 年 12 月 15 日，2018 年 6 月 3 日，中国发展简报网（http://www.chinadevelopmentbrief.org.cn/qikanarticleview.php?id=584&page=0）。

活动中的环境保护能力迫在眉睫。

一 进一步健全有关境外投资企业的环境保护法律法规

目前，中国在湄公河国家的投资项目在环境影响评估（EIA）、社会影响评估（SIA）和健康影响评估（HIA）方面已有了很大进步，但还有一些不完善的地方需要改进。首先，要进一步健全和细化中国在境外投资企业环境保护方面的相关政策与法规。在法规制定方面，应对较多的环境保护法规进行统一梳理，制定一套专门针对境外投资企业环境保护的权威性法规，为评定企业环境行为提供可靠的标准。在法规执行方面，环境保护部门应得到法律的授权以加入境外投资的审查。同时严格执行环境影响评价制度和"三同时"制度[①]，加强在对外投资项目中的环境影响评价执行力度。此外，还要做到区别对待，对不同性质的投资项目、产业应执行不同的审批制度，尤其是对有可能造成环境污染的产业投资要严格管控，防患于未然。

二 适当提高中国银行业对境外投资项目的环境保护门槛

一是环境保护政策应纳入银行信贷决策之中。银行业应尽可能避免项目融资中的短视行为，注重可持续发展，将环境政策纳入到银行信贷决策之中。二是借鉴国际经验，制定适合湄公河国家经济发展水平的环境保护政策。目前联合国系统很多现成环境政策标准可用，如赤道原则、国际金融公司（IFC）的绩效标准等可直接使用，并根据中国的银行具体情况来制定相应的环境保护政策。三是积极推动银行业制定并执行可操作的环境政策。为此，政府可帮助银行在其融资决策中更多强调环境保护的因素，同时加强银行业有关环境保护政策的

---

① "三同时"制度指中国《环境保护法》第26条规定的"建设项目中防治污染的设施，必须与主体工程同时设计、同时施工、同时投产使用；防治污染的设施必须经原审批环境影响报告书的环保部门验收合格后，该建设项目方可投入生产或者使用"。

人次训练。①

三 切实加强对境外投资企业的环境监督与执行力度

首先要倡导企业树立环保理念，尊重东道国宗教信仰、风俗习惯，保障劳工合法权益，实现自身盈利与环境保护"双赢"；投资合作项目必须依法取得当地政府环保方面的许可，履行环境影响评价、达标排放、环保应急管理等环保法律义务；鼓励企业与国际接轨，研究和借鉴国际组织、多边金融机构采用的环保原则、标准和惯例。②

其次，国内相关部门需密切关注中国在湄公河国家投资企业的环境行为，在制定政策和选择项目时更多地考虑环境的因素，努力提高中国"走出去"企业的环保意识。

最后，要鼓励和监督中方企业在湄公河国家切实履行企业的社会责任。一是企业要明确自身在东道国的环境保护责任。通过企业座谈协商、政府引导、与对方国沟通等方式，设定对应的、明晰的环境保护责任。二是强化对外投资企业和援助机构的社会责任，鼓励企业采取清洁生产的模式，从源头削减污染，提高资源利用率。

四 加强在澜湄次区域环境保护能力建设进程中的沟通与协调

中国企业在"走出去"过程中要树立环保理念，将环境影响评价、协议保护机制、生态补偿（生态服务费）和企业社会责任纳入其中；倡导企业尊重东道国宗教信仰、风俗习惯，保障劳工合法权益，实现自身盈利与环境保护"双赢"。同时，中方企业要树立起积极沟通的观念，要就自身在澜湄环境合作中所做的努力与贡献与东道国政府与民众进行沟通，让其了解真实情况，起到增信释疑的作用。同时，中国在积极履行区域内国际环境保护时，要借助传统媒体、网络媒体以及各项国际环保

---

① 葛蔡忠等：《中国对外投资中的环境保护政策》，中国环境科学出版社2010年版，第132—133页。
② 马昀：《"一带一路"建设中的风险管控问题》，《政治经济学评论》2015年第4期。

交流会等平台，客观、全面地突出自身在 GMS 环境保护方面所起到的推动作用，并与对方积极协调，增进 GMS 各国乃至其他国家同中国进一步在环境保护方面的合作意愿，以及消除对中国政府、中国企业在 GMS 的误解。

五 加快调整对次区域的投资结构和方向

中国对缅甸、老挝等次区域国家的投资结构存在不平衡性，大多集中在水电、矿产、木材等资源性开发行业。在发展中国家聚焦的区域结构与资源聚焦的行业结构的双重影响之下，中国在缅项目更可能遭受"资源诅咒"（Resources Curse）。在环境政治影响下，如果投资本身就属于冲突较高的资源行业，将面临巨大的冲突风险。[①] 有鉴于此，我国企业在湄公河国家投资方向应结合国内产业结构调整适当转变，积极探索投资制造业、服务业等劳动密集型产业。湄公河国家面临比较严重的失业和贫困问题，因此很希望外国投资于能够减少贫困和提供就业机会的项目。要仔细分析相关国家经济形势和政府的投资导向，尽量向东道国政府所引导的行业倾斜，以规避政策风险。现阶段可以投资于农业和农产品加工、基础设施建设、制造业、服务业、医疗卫生等惠及民生的项目。与此同时，在缅甸、老挝、柬埔寨等国家的投资和援助要多方面采取措施，提高项目的本土化程度，增加对方企业和劳务在工程建设中的参与程度，使其从中获益并带动当地经济发展水平。建设运营期间，可培养扶持当地企业为项目生产一些简单的材料，安排当地劳动力承担一些工作，通过招聘当地人进入管理层，用当地人管理当地人，从而减少交流中因文化、宗教信仰不同而产生的不必要的麻烦。同时也可通过提高当地收入，使当地的经济得到发展，环境得到改善。

同时，中方还应适当加大对湄公河国家环境和民生领域的投资和援

[①] 蒋姮：《中国在缅甸的投资风险评估——中缅蒙育瓦铜矿调研报告》，《中国经济报告》2013 年第 6 期。

助力度。目前，美国和日本均把环境、健康、教育等民生领域作为与湄公河国家合作的重点领域，通过一揽子的援助项目，使湄公河国家民众得到了实实在在的利益，这对于提高援助国的软实力和国家形象十分有帮助。而中国在次区域的投入主要用于互联互通等大型基础设施项目建设，对民生及环境领域的投入仍相对有限。未来，中国的投资应更注重民生与环保，增大环境和资源开发合作的受益群体。

六 开展公共外交，进行正面宣传和舆论引导

公共外交是对传统外交的有效补充，应当成为中国应对湄公河国家环境政治问题的战略举措。中国企业在海外开展投资经营活动时，更多是与所在国政府、企业和社区社团高层打交道，对所在国的社会舆论与公共关系关注不多，对积极利用 NGO 来促进经营也重视不够。密松事件发生之后，中国企业开始更多关注投资项目的社会舆情、危机处理和企业社会责任实践等方面问题，更多注重与环境 NGO 和缅甸社会各界的接触和交往，取得了一定的成效，但在投资经营活动中忽视公共外交的工作仍较为普遍。事实上，近年来中国政府和企业在缅甸等国家的环保、移民、基础设施建设和公益事业等方面投入力度很大，但中国企业"只做不说"或"多做少说"较为低调的宣传方式形成的信息不对称，导致这些努力被当地民众和 NGO 所忽视。而某些组织和媒体根深蒂固的偏见以及别有用心的渲染，都是导致中国投资蒙上"环境破坏者和社会问题制造者"污名的重要原因。因此，我国政府和企业要不断加强与环境 NGO、媒体和公众的沟通和对话，通过开展灵活有效的公共外交，加大正面宣传和舆论引导力度，赢得当地民众的理解和支持，从而抵消环境政治的不良影响，增加中国投资的正能量和透明度。总的来说，中国对湄公河国家的公共外交要持续展开，并将之上升到周边外交、环境外交的战略层面。只有赢得当地社会的民意，才能更好地保障中国投资利益。

参考文献

中文著作

巴忠倓主编:《生态文明建设与国家安全——第七届中国国家安全论坛论文集》,时事出版社2009年版。

范亚新:《冷战后中国环境外交发展研究》,中国政法大学出版社2015年版。

葛察忠、夏友富、智颖飙、龙凤等编著:《中国对外投资中的环境保护政策》,中国环境科学出版社2010年版。

郭锐:《东亚地缘环境变化与中国区域地缘战略》,社会科学文献出版社2015年版。

何大明、冯彦:《国际河流跨境水资源合理利用与协调管理》,科学出版社2006年版。

华启和:《气候博弈的伦理共识与中国选择》,社会科学文献出版社2014年版。

环境保护部国际合作司:《中国参与大湄公河次区域环境合作回顾》,中国环境科学出版社2008年版。

黄昌朝:《东亚区域环境公共产品供给研究——以日本环境外交为例》,复旦大学出版社2017年版。

李建平、李闽榕、王金南主编:《全球环境竞争力报告(2015)》,社会科学文献出版社2015年版。

李向阳主编:《未来5—10年中国周边环境评估》,社会科学文献出版社

2017年版。

刘稚主编：《大湄公河次区域合作发展报告（2010—2016年）》，社会科学文献出版社2011—2016各年版。

石源华主编：《中国周边外交学刊》第1辑，社会科学文献出版社2016年版。

王金南、吴舜泽、曹东等：《环境安全管理评估与预警》，科学出版社2007年版。

肖显静：《生态政治——面对环境问题的国家抉择》，陕西科学技术出版社2003年版。

徐祥民、孟庆垒：《国际环境法基本原则研究》，中国环境科学出版社2008年版。

郇庆治：《环境政治国际比较》，山东大学出版社2007年版。

于宏源：《国际气候环境外交：中国的应对》，中国出版集团东方出版中心2013年版。

张海滨：《环境与国际关系：全球环境问题的理性思考》，上海人民出版社2008年版。

张洁主编：《中国周边安全形势评估（2016）一带一路：战略对接与安全风险》，社会科学文献出版社2016年版。

张勇：《环境安全论》，中国环境科学出版社2005年版。

周亚敏：《以绿色区域治理推进"一带一路"建设》，社会科学文献出版社2016年版。

译著

［俄］A.克斯经：《生态政治学与全球学》，胡谷明、徐邦俊等译，武汉大学出版社2008年版。

［美］罗尼·利普舒茨：《全球环境政治：权力、观点和实践》，郭志俊、蔺雪春译，山东大学出版社2012年版。

［英］马克·史密斯、皮亚·庞萨帕：《环境与公民权：整合正义、责任

与公民参与》，侯艳芳、杨晓燕译，山东大学出版社2012年版。

[德] 马丁·耶内克、克劳斯·雅各布主编：《全球视野下的环境管治：生态与政治现代化的新方法》，李慧明、李昕蕾译，山东大学出版社2012年版。

[美] P.麦卡利：《大坝经济学》，周红云等译，中国发展出版社2001年版。

[德] 托马斯·海贝勒、[德] 迪特·格鲁诺、李惠斌主编：《中国与德国的环境治理——比较的视角》，中央编译出版社2012年版。

许庆玲、[美] 尼古拉·A·罗宾逊编：《在区域政府间治理中加强可持续发展："东盟方式"的经验和教训》，曲云鹏译，法律出版社2005年版。

[澳] 约翰·德赖泽克：《地球政治学：环境话语》，蔺春雪、郭晨星译，山东大学出版社2012年版。

中文论文（含译文）

蔡守秋：《论环境外交的发展趋势和特点》，《上海环境科学》1999年第6期。

曹德军、陈剑煜：《政治的自然之维：探寻国际生态政治理论图谱》，《鄱阳湖学刊》2016年第3期。

陈丽晖、曾尊固、何大明：《国际河流流域开发中的利益冲突及其关系协调》，《世界地理研究》2003年第1期。

陈宇：《资源民族主义及其成因》，《国际观察》2017年第3期。

崔海宏：《科尔曼生态政治观及其当代启示》，《学理论》2015年第4期。

董亮：《国际环境政治研究的变迁及其根源》，《教学与研究》2016年第5期。

杜鹏：《环境正义：环境伦理的回归》，《自然辩证法研究》2007年第6期。

付广华：《环境保护的多重面相：人类学的视角》，《国外社会学科》2014

年第 5 期。

郭延军：《大湄公河水资源安全：多层治理及中国的政策选择》，《外交评论》2011 年第 2 期。

郝少英：《区域环境合作：丝绸之路经济带生态保障的法律对策》，《南京工业大学学报》（社会科学版）2016 年第 1 期。

洪菊花、骆华松：《中国与东南亚地缘环境和跨境河流合作》，《世界地理研究》2015 年第 1 期。

黄河：《区域公共产品与区域合作：解决 GMS 国家环境问题的新视角》，《国际问题研究》2010 年第 2 期。

胡涛、赵颖臻、周李等：《对外投资中的环境与社会影响案例研究：国际经验与教训》，世界资源研究所工作论文，2013 年 7 月。

孔凡义：《国外环境政治研究：现状及其评价》，《国外社会科学》2010 年第 4 期。

孔志坚、雷著宁：《国际非政府组织在缅甸的发展及其影响》，《国际研究参考》2014 年第 4 期。

雷俊：《国家—社会—生态的互动：当代中国的环境政治过程》，《理论探索》2015 年第 6 期。

李霞：《中国对外投资的环境风险综述与对策建议》，《中国人口·资源与环境》2015 年第 7 期。

廖亚辉：《缅甸：中资莱比塘铜矿为何遭反对》，《世界知识》2013 年第 9 期。

梁海峰、周建标：《环境政治视角下的环境全球治理探析》，《山西农业大学学报》（社会科学版）2010 年第 2 期。

刘健：《莱茵河流域的开发建设及成功经验》，《世界农业》1999 年第 2 期。

刘京希：《生态政治理论的方法论原则》，《江海学刊》2001 年第 4 期。

刘乃京：《环境外交：国际力量互动与较量的新界面》，《国际论坛》2003 年第 6 期。

刘然：《生态政治研究引论》，《探索与争鸣》2003年第1期。

刘向阳：《环境政治史理论初探》，《学术研究》2006年第9期。

刘学敏：《中国与东南亚的生态环境合作》，《东南亚纵横》2005年第5期。

刘英：《论生态学马克思主义的生态政治思想》，《云梦学刊》2016年第2期。

刘稚：《环境政治视角下的大湄公河次区域水资源合作开发》，《广西大学学报》（哲学社会科学版）2013年第5期。

卢光盛、李晨阳、金珍：《中国对缅甸的投资与援助：基于调查问卷结果的分析》，《南亚研究》2014年第1期。

陆聂海：《生态政治和政治生态化刍议》，《中共乌鲁木齐市委党校学报》2007年第4期。

罗圣荣、安东程：《缅甸资源民族主义及其影响研究》，《世界民族》2016年第4期。

[加拿大] 莫里斯·斯特朗：《外交政策中的环境问题》，《外交评论》2008年第3期。

仇华飞、孟峤：《当代国际环境政治研究理论探讨》，《同济大学学报》（社会科学版）2012年第6期。

曲如晓：《东盟环境合作的现状与前景》，《当代亚太》2002年第2期。

孙凯：《从边缘到主流：环境外交发展历程》，《新视野》2001年第5期。

孙凯：《国际环境政治中的"认知共同体"理论评述》，《华中科技大学学报》（社会科学版）2010年第2期。

屠酥、胡德坤：《澜湄水资源合作：矛盾与解决路径》，《国际问题研究》2016年第3期。

[日] 丸山正次文：《环境政治理论的基本视角——对日本几种主要环境政治理论的分析与批判》，韩立新译，《文史哲》2005年第6期。

王冲：《缅甸非政府组织反坝运动刍议》，《东南亚研究》2012年第4期。

王逸舟：《生态环境政治与当代国际关系》，《浙江社会科学》1998年第

3 期。

王志坚、何其二：《简论国际河流水政治复合体》，《水利经济》2013 年第 4 期。

韦健锋、张会叶：《湄公河水电开发对地区局势的影响》，《亚太安全与海洋研究》2015 年第 2 期。

吴海金、朱磊：《环境政治问题的深层思考——评丹尼尔·A. 科尔曼的环境政治观》，《理论月刊》2006 年第 10 期。

吴昊：《全球化背景下环境外交对国际关系的影响》，《经济视野》2017 年第 13 期。

[奥] 乌尔里希·布兰德、马尔库斯·威森文：《全球环境政治与帝国式生活方式——复合危机中国家—资本关系的表达》，李庆、郇庆治译，《鄱阳湖学刊》2014 年第 1 期。

吴志成、狄英娜：《欧盟的绿色外交及其决策》，《国外社会科学》2011 年第 6 期。

夏永红、刘芳：《全球环境治理何以成为问题?》，《绿叶》2012 年第 8 期。

向延平、陈友莲：《跨界环境污染区域共同治理框架研究——新区域主义的分析视角》，《吉首大学学报》（社会科学版）2016 年第 3 期。

许长新、孙洋洋：《基于"一带一路"战略视角的中国周边水外交》，《世界经济与政治论坛》2015 年第 5 期。

郇庆治：《环境政治视角下的生态文明体制改革》，《探索》2015 年第 3 期。

郇庆治：《环境政治学视野下的绿色话语研究》，《江西师范大学学报》（哲学社会科学版）2016 年第 4 期。

杨党校：《一般本体论的生态政治》，《山东大学学报》（社会科学版）2014 年第 3 期。

余振等：《中国 FTA 战略中的国际环境合作：现状、问题与对策》，《世界经济与政治论坛》2009 年第 5 期。

张海滨:《全球环境与发展问题对当代国际关系的挑战》,《世界经济与政治》1993 年第 3 期。

张梦雅、胡潇潇:《浅谈新媒体背景下我国公共外交的新发展》,《新闻研究导刊》2015 年第 13 期。

张胜军:《全球气候政治的变革与中国面临的三角难题》,《世界经济与政治》2010 年第 10 期。

英文专著

Adam Simpson, *Transforming Environmental Politics and Policy: Energy, Governance and Security in Thailand and Myanmar (Burma): A Critical Approach to Environmental Politics in the South*, GBR: Ashgate Publishing Ltd., 2014.

Andy Stirling, Ian Scoones and Melissa Leach, *Dynamic Sustainabilities: Technology, Environment, Social Justice*, London, UK: Earthscan, 2010.

John Dryzek, *Deliberative Democracy and Beyond: Liberals, Critics, Contestations*, Oxford: Oxford University Press, 2002.

Kate O'Neill, *The Environment And International Relations*, Cambridge University Press, 2009.

Matthew Paterson, *Understanding Global Environrnental Politics: Domination, Accumulation, Resistance*, New York: Macmillan Press, 2000.

Michele M. Betsill and Elisabeth Corell, *NGO Diplomacy—The Influence of Nongovernmental Organizations in International Environmental Negotiations*, The MIT Press, 2008.

Baldwin, David A., *Neorealism and Neoliberalism: The Contemporary Debate*, New York: Columbia University Press, 1993.

Kristin Shrder-frechette, *Taking Action Saving Lives: Our Duties to Protect Environment and Public Health*, Oxford University Press, 2007.

英文编著

Gustavo Sosa-Nunez and Ed Atkins eds. , *Environment, Climate Change and International Relations*, Bristo: England, 2016.

John Dryzek and David Schlosberg eds. , *Debating the Earth: The Environmental Politics Reader*, Oxford: Oxford University Press, 2001.

Monique Skidmore and Trevor Wilson eds. , *Dictatorship, Disorder and Decline in Myanmar*, Australian National University, ANUE Press and Asia Pacific Press, 2008.

World Commission on Environment and Development, *Our Common Future*, Oxford: Oxford University Press, 1987.

英文研究报告和工作论文

Asian Development Bank, *Myanmar: Agriculture, Natural Resources, and Environment Initial Sector Assessment, Strategy, and Road Map*, April 2013.

David A. Raitzer, JindraNuella G. Samson and Kee-Yung Nam, "Achieving Environmental Sustainability in Myanmar", *ADB Economics Working Paper Series*, No. 467, December 2015.

Evelyn Goh, "Environmental Security in Southeast Asia", Draft paper presented at UNU-Ford Foundation Conference on "A New Security Agenda? Non-Traditional Security in Asia", United Nations Headquarters, New York, 15 March 2002.

Global Witness, *A Disharmonious Trade: China and the Continued Destruction of Bur-ma's Northern Frontier Forests*, London, Oct. 21, 2009.

International Water Management Institute (IWMI), *Environmental Livelihood Security in Southeast Asia and Oceania: A Water-Energy-Food-Livelihoods Nexus Approach for Spatially Assessing Change*, White Paper, 2014.

Tao Hu and Yiting Wang, *Environmental and Social Risk Management of Chi-*

nese Transnational Corporations, A Collaboration of Yale School of Forestry and Environment Studies and WWF, 2014.

The Burma Environmental Working Group (BEWG), *Burma's Environemt: People, Probl-ems, Politics*, Thailand: Wanida Press, June 2011.

Tun Myint, *Environmental governance in the SPDC's Myanmar, Implications of Current Development Strategies for Myanmar's Development.*

英文论文

Andrea Haefner, "Regional environmental security: cooperation and challenges in the Mekong subregion", *Global Change, Peace & Security*, Vol. 25, No. 1, 2013.

Benjamin Sovacool, "Environmental Conservation Problems and Possible Solutions in Myanmar", *Contemporary Southeast Asia*, Vol. 34, No. 2, August 2012.

Iiliana B. Andonova and Ronald B Mitchell, "The Rescaling of Global Environmental Politic", *Annual Review of Environment and Resources*, No. 35, 2010.

Joan Martinez-Alier, Leah Temper, Daniela Del Bene and Arnim Scheidel, "Is there a Global Environmental Justice movement?", *The Journal of Peasant Studies*, Vol. 43, No. 3, 2016.

Jörg Balsiger, "New Environmental Regionalism and Sustainable Development", *Procedia Social and Behavioral Sciences*, Vol. 14, 2011.

Jörg Balsiger, "New Environmental Regionalism and Sustainable Development in the European Alps", *Global Environmental Politics*, Vol. 12, No. 3, 2012.

Jörg Balsiger and Miriam Prys, "Regional Agreements in International Environmental Politics", *International Environmental Agreements: Politics, Law and Economics*, Volume 16, Issue 2, April 2016.

J. R, McNeill, "Observations on the Nature and Culture of Environmental history", *History and Theory*, Vol. 42, No. 4, December 2003.

Lorraine Elliott, "ASEAN and Environmental Cooperation: Norms, Interests and Identity", *The Pacific Review*, Volume 16, Issue 1, 2003.

Kevin Woods, "Transboundary Environmental Governance in the Greater Mekong Subregion: the Politics of Participation", *Watershed*, Vol. 10, No. 2, November 2004-June 2005.